INTERNATIONAAL PUBLIEKRECHT VANUIT POLITICOLOGISCH PERSPECTIEF

INTERNATIONAAL PUBLIEKRECHT VANUIT POLITICOLOGISCH PERSPECTIEF

Charlotte Hille

Tweede, gewijzigde editie

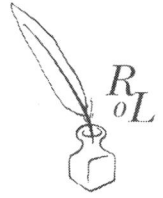

DORDRECHT
2011

Cover Design / Illustration: studio Thorsten /
De presidenten Reagan and Gorbachev tekenen het INF Verdrag in het Witte Huis, 8 december 1987.

This book is printed on acid-free paper.

Library of Congress Cataloging-in-Publication Data

paperback   ISBN   9789089790842

Copyright 2011 Republic of Letters Publishing BV, Dordrecht, The Netherlands / St.Louis, MO.

All rights reserved. No part of this publication may be reproduced, translated, stored in a retrieval system, or transmitted in any form or by any means, electronic, mechanical, photocopying, recording or otherwise, without prior written permission from the publisher.

Republic of Letters Publishing has made all reasonable efforts to trace all rights holders to any copyrighted material used in this work. In cases where these efforts have not been successful the publisher welcomes communications from copyright holders, so that the appropriate acknowledgements can be made in future editions, and to settle other permission matters.

Authorization to photocopy items for personal use is granted by Republic of Letters Publishing BV provided that the appropriate fees are paid directly to The Copyright Clearance Center, 222 Rosewood Drive, Suite 910, Danvers, MA 01923, USA. Fees are subject to change.

INHOUDSOPGAVE

Voorwoord

Hoofdstuk 1 – Basisbegrippen in internationaal recht	1
Hoofdstuk 2 – Staatsvorming	15
Hoofdstuk 3 – Institutioneel recht	45
Hoofdstuk 4 – Mensenrechten	91
Hoofdstuk 5 – Humanitair recht	123
Hoofdstuk 6 – Conflictbeheersing	137
Hoofdstuk 7 – Terrorisme vanuit juridisch en politicologisch perspectief	161
Hoofdstuk 8 – Europees recht	175
Index	203

VOORWOORD

Het idee om een boek over internationaal publiekrecht te schrijven voor studenten politieke wetenschappen ontstond uit gesprekken met Jos de Beus. Dit boek komt voort uit een collegereeks internationaal publiekrecht in de cursus Rechtsorde Politicologisch Beschouwd die onderdeel uitmaakt van de bachelor politieke wetenschappen aan de Universiteit van Amsterdam.

Dit boek is bestemd voor studenten politicologie, maar kan ook voor andere belangstellenden een inleiding zijn in de complexiteit van het internationale recht, en de wisselwerking tussen recht en politiek.

De thema's die in dit boek behandeld worden hebben zowel politieke als juridische componenten. De student leert in dit boek de zienswijze van de jurist te begrijpen en met het recht te werken. Recht en politiek zijn met elkaar verbonden, en ook de thema's die behandeld worden in dit boek hangen samen met elkaar. Thema's die aan de orde komen zijn staatsvorming, mensenrechten, humanitair recht, conflictbeheersing, terrorisme, institutioneel recht, internationale hoven en Europees recht. Deze onderwerpen sluiten het meest aan bij de publiekrechtelijke activiteiten die politicologen kunnen tegenkomen. Dit betekent dat andere onderwerpen die tot het internationaal publiekrecht behoren niet worden behandeld. Men denke aan internationale economische betrekkingen en internationaal milieurecht. Er wordt ook niet naar Nederlands recht verwezen, om dit boek zo toegankelijk mogelijk te maken voor mensen zonder voorafgaande kennis van het recht.

De basis van het internationaal publiekrecht is de staat. Daarom begint dit boek na een introductie van terminologie in hoofdstuk 1 in hoofdstuk 2 met concepten en problemen rond staatsvorming. Staten werken in bilaterale en multilaterale verbanden samen. Internationale intergouvernementele organisaties en internationale hoven spelen een belangrijke rol bij de ontwikkeling en codificatie van internationaal publiekrecht. In hoofdstuk 3 wordt de structuur van internationale organisaties behandeld en de structuur en werking van internationale hoven besproken. De internationale intergouvernementele organisaties en Hoven die worden behandeld zijn allen van belang voor Nederland en Europa. Verschillende internationale organisaties en internationale Hoven houden zich bezig met de rechten van de mens, welke in de loop van de twintigste eeuw in belang zijn toegenomen in het internationaal publiekrecht, wat onder andere tot uiting kwam in codificatie van individuele en groepsrechten. In hoofdstuk 4 worden verdragen met betrekking tot de rechten van de mens en hun procedures besproken. Ook worden er

VOORWOORD

procedures besproken die niet gebonden zijn aan een verdrag. Een bijzondere vorm van mensenrechten zijn de rechten die burgers en strijders hebben ten tijde van oorlog. Daarom wordt het humanitair recht in hoofdstuk 5 besproken. Een belangrijk doel van internationaal recht en internationale betrekkingen is om conflicten te voorkomen, en als dit niet lukt, op te lossen. Dit kan via meer politiek getinte interventies (denk aan *mediation* of humanitaire interventie) of puur juridisch procedures (denk aan internationale rechtspraak). Dit is onderwerp van hoofdstuk 6. In hoofdstuk 7 wordt de problematiek van terrorisme in historisch, juridisch en politiek perspectief geplaatst. Sommigen liëren terrorisme aan oorlog (de *War on Terror*). Op internationaal niveau wordt regelgeving aangepast en gewerkt aan een verbeterde samenwerking tussen staten en internationale intergouvernementele organisaties op het gebied van terrorismebestrijding. Tenslotte vindt inmiddels een groot deel van de nationale wetgeving haar oorsprong in Brussel. Europees recht, behandeld in hoofdstuk 8, is heel uitgebreid en bevat alle componenten die in de eerdere hoofdstukken apart als volkenrecht werden behandeld. Hiermee heeft de politicoloog een eerste inzicht in het internationaal publiekrecht. Om de geïnteresseerde lezer verder op weg te helpen vindt u aan het eind van ieder hoofdstuk titels om meer te lezen over het betreffende onderwerp. Omdat dit een handboek is, vindt u geen voetnoten. Dit moet de leesbaarheid van het boek vergroten.

In deze tweede herziene druk is op verzoek staatsaansprakelijkheid toegevoegd in hoofdstuk 2. De jurisprudentie is uitgebreid. Hoofdstuk 8, dat een vergelijking van internationale hoven bevatte, is samengevoegd met hoofdstuk 3 over institutioneel recht. In hoofdstuk 4 is jurisprudentie over mensenrechtenschendingen toegevoegd. In hoofdstuk 6 is de paragraaf waarin bemiddeling wordt behandeld uitgebreid en zijn human security en de Responsibility to Protect toegevoegd.

Bij het schrijven van dit boek hebben velen hulp geboden om de tekst zo leesbaar mogelijk te maken. Ik wil mijn studenten rechtsorde bedanken voor de feedback die ze hebben gegeven toen ik het boek als pilot gebruikte. In het bijzonder bedank ik mr Maurits Gorlee voor het lezen van de paragraven over staatsaansprakelijkheid, dr Erica Pasini, mr drs Simone Schwartz en drs Renee Gendron M.Sc. voor hun waardevolle commentaar op de hoofdstukken over mensenrechten, humanitair recht en conflictbeheersing, drs Alexander Bon, mr Elodie van Sytzama en mr Carla Houben voor het lezen van het hoofdstuk over conflictbeheersing, dr Giliam de Valk voor de feedback op het hoofdstuk over terrorisme. Drs Margriet Goos M.Sc en dr mr Lia Versteegh dank ik voor het becommentariëren van het hoofdstuk over de Europese Unie, en bijzondere dank gaat uit naar Margriet Goos voor haar feedback op de paragraven over *human security* in het hoofdstuk over conflictbeheersing. Ook wil ik de anonieme referees bedanken die het boek van waardevol commentaar hebben voorzien. De samenwerking met de uitgever, de heer van Leusen, heb ik als zeer prettig ervaren, en ik wil de uitgever dan ook danken voor zijn snelle en klantgerichte manier van werken, en zijn geduld als een tekst pas laat op de avond werd opgestuurd. Prof. dr. Ruud Janssens dank ik voor het lezen van het manuscript, en Sophie Vermeij voor het controleren van de tekst. Tenslotte wil ik dr Ruud van den Berg bedanken voor de jarenlange goede samenwerking, en Ruud Janssens voor zijn aanmoediging.

Charlotte Hille
juli 2011

HOOFDSTUK 1

BASISBEGRIPPEN IN INTERNATIONAAL RECHT

INLEIDING

Het internationaal publiekrecht vormt een basis voor de verhoudingen tussen staten. Gaat het bij politicologie om machtsverhoudingen, bij internationaal publiekrecht staat het systeem van regels en wetten centraal dat de verhoudingen tussen staten, tussen staat en internationale (non)gouvernementele organisaties, en tussen staat en individu regelt.

GESCHIEDENIS VAN INTERNATIONAAL RECHT IN VOGELVLUCHT

Al heel vroeg in de geschiedenis werden er afspraken gemaakt tussen volken, met name tijdens en na conflicten. Het eerst bekende internationaal verdrag is het vredesverdrag dat Hammurabi, koning van Babylonië rond 1800 voor Christus, sloot na een conflict met een buurland.

In de Ptolemeïsche tijd was het gebruik dat na een conflict de Egyptische farao een familielid uithuwelijkte aan de overwinnaar van de strijd (de koning of heerser van het overwinnende land) om zo de vrede te bezegelen en te garanderen dat een nieuw conflict moeilijk zou zijn, omdat men doorgaans zijn familie niet aanvalt. Ook in de Griekse en Romeinse tijd werden vredesverdragen gesloten met andere landen en stadstaten.

Met de opkomst van de (natie)staat en de vrede van Westfalen begon het belang van internationaal publiekrecht, oftewel regelgeving over de vraag hoe met elkaar op een geciviliseerde manier om te gaan en oorlogen te vermijden, aan belang te winnen.

Een belangrijke jurist van Nederlandse bodem is Hugo de Groot (1583-1645), ook wel Grotius genoemd. Hij wordt gezien als de grondlegger van het internationale zeerecht, en heeft een belangrijke rol gespeeld bij het ontwikkelen van oorlogsrecht. Zijn belangrijkste werken omvatten *Over het recht van oorlog en vrede (De iure belli ac pacis)*, en *Mare Liberum* (over zeerecht*)*.

Abbé de Saint Pierre (1658-1743), een Franse geestelijke die als diplomaat voor Frankrijk de onderhandelingen tijdens de Unie van Utrecht bijwoonde, publiceerde in *Projet pour rendre la paix perpétuelle en Europe* een systeem dat in de toekomst het uitbreken van oorlogen in Europa moest voorkomen. Het was gebaseerd op de volgende afspraken en

HOOFDSTUK 1

veronderstellingen:

1. De vrede moest gebaseerd zijn op een machtsevenwicht, waarbij conflicten zouden moeten worden voorgelegd aan een groot congres met de bevoegdheid tot conflictoplossing.

2. Er zou een Senaat moeten komen met een wisselende voorzitter, die ook als Arbitragehof zou kunnen fungeren als het congres niet tot een voor alle partijen bevredigende oplossing van het conflict zou kunnen komen.

3. Wanneer een staat de uitspraak van het arbitragehof niet zou nakomen, werd deze staat de oorlog verklaard, waarbij de staat alle kosten zou moeten dragen.

4. Staten zouden geen veroveringsoorlogen mogen voeren, en dus binnen hun grenzen moeten blijven.

Jean Jacques Rousseau (1712-1778), een Franse filosoof die iets later leefde, las de theorieën van de Saint Pierre en was er enthousiast, maar ook heel sceptisch over. Volgens hem waren heersers vooral op macht uit, en zouden ze altijd hun macht willen vergroten. Een statensysteem waarbij iedereen binnen zijn grenzen zou blijven leek dan ook een utopie. Rousseau dichtte de theorieën dan ook niet veel praktische waarde toe.
Immanuel Kant (1724-1804), de beroemde Duitse filosoof, nam kennis van zowel de theorieën van de Saint Pierre als de (negatieve) reactie van Rousseau op zijn werk. Rousseau's theorieën hadden mede het Franse gedachtegoed ten tijde van de Franse Revolutie geïnspireerd. Kant was juist wel enthousiast over de theorieën van de Saint Pierre, mede naar aanleiding van de Franse revolutie, die heel wat veranderingen in de Europese politiek tot gevolg had en nog zou hebben. Kant voegde zijn eigen theorie toe, gebaseerd op een verdere uitwerking van de theorieën van de Saint Pierre. Als we er met onze huidige kennis van de internationale verhoudingen naar kijken, valt op dat de ideeën van Kant in feite grotendeels gerealiseerd zijn in een internationale organisatie als de Raad van Europa.
De theorie van Kant, zoals hij die verwoordde in zijn boek "Over de Eeuwige Vrede" was als volgt: de ideale staatsvorm zou de republikeinse zijn. Er zou een federatie van vrije staten moeten komen. Staten zouden universeel gastvrijheid moeten verlenen aan burgers van andere staten. Om de samenwerking tussen staten in goede banen te leiden zou er geen vredesverdrag mogen worden gesloten waarin de mogelijkheid op een nieuwe oorlog al lag besloten. Staten kunnen nooit eigendom

worden van andere staten. Staande legers moeten op termijn worden afgeschaft. Staten zullen zich onthouden van inmenging in de interne aangelegenheden van andere staten. Tijdens oorlog zal een staat zich onthouden van activiteiten die toekomstig vertrouwen in deze staat te niet doen. Ook zou er een internationaal orgaan moeten komen waar problemen tussen staten besproken zouden kunnen worden, met een duidelijke institutionele, democratische structuur, en regels met betrekking tot besluitvorming, gebruikte talen, en eigen inkomsten.

Toen Kant dit schreef, leek zijn theorie nog grotendeels utopisch, net als de theorie van Abbé de Saint Pierre, maar inmiddels is het internationale institutionele recht zo ver ontwikkeld, dat er voor internationale organisaties regels zijn die de officiële talen bepalen, de manier van financiering van de organisatie, er zijn regels betreffende de besluitvorming, toelating en uitstoting van Staten.

Tot het begin van de 20ste eeuw werd het internationaal publiekrecht vooral gekenmerkt door politieke machtsverhoudingen. De machtigste landen creëerden het internationale recht, en zij hadden de meeste rechten. Ook waren het met name de Europese staten en de Verenigde Staten die de toon zetten. Er is dan ook wel kritiek geuit dat het internationaal publiekrecht eurocentrisch zou zijn. In de loop van de 20e eeuw zou dit tot op zekere hoogte veranderen met meer kansen voor kleine en arme staten, en werd besluitvorming bij consensus belangrijk.

De 20ste eeuw kan gezien worden als de eeuw van het internationale recht. Vanaf het eind van de negentiende eeuw werd het humanitair recht, recht ten behoeve van combattanten en bevolking in tijd van oorlog versterkt met de oprichting van het Rode Kruis door Henri Dunant en het afsluiten van de Haagse Conventies in 1899 en 1907. In de VS werd General Order 100 aangenomen die naast humanitair recht bezettingsbeleid behandelde. Deze Conventies waren bedoeld om het gebruik van wapens die onnodig lijden meebrachten te beperken en uit te bannen, en regels te stellen met betrekking tot gedrag in tijden van oorlog. De Europese vorsten namen deel aan deze conferentie, die geïnitieerd werd door de Russische tsaar. De conferentie werd gehouden in Den Haag. Dit was het begin van vele verdragen op het gebied van humanitair recht die zouden volgen.

De Eerste Wereldoorlog maakte de noodzaak om na te denken over rechten van volken duidelijk. Nadat de vrede gesloten was in 1918 werd de Volkenbond in 1919 opgericht, die als doel had om te voorkomen dat ooit een oorlog als de Eerste Wereldoorlog zou uitbreken. De Volkenbond had als juridische basis een verdrag waarin bepalingen waren opgenomen hoe gehandeld moest worden als er een gewapend conflict dreigde. Ook diende de Volkenbond om de problemen, die door de Eerste Wereldoorlog in het

Midden Oosten en Oost Europa waren ontstaan, mede op te lossen. Het onderwerp van zelfbeschikking werd voor het eerst genoemd, en er werd besloten tot het instellen van mandaatgebieden. Deze gebieden waren volgens Westerse politici nog niet in staat om zichzelf te besturen, en moesten daarom door een mandataris, een Westers land, geregeerd worden (als een soort kolonie) totdat de bevolking en politieke leiders voldoende waren opgeleid om het land zelf te besturen. Het doel was dus om het land in de toekomst zelfstandig te laten worden. Van dekolonisatie van kolonies waarover Europese staten zeggenschap hadden was toen echter nog geen sprake.

In 1925 werd een verdrag aangenomen dat het gebruik van chemische wapens verbood. Dit verdrag kwam voort uit de vreselijke ervaringen met gifgas tijdens de Eerste Wereldoorlog. Hoewel het een stap voorwaarts was voor het humanitaire recht, moest het recht nog verder evolueren, want het verdrag gold alleen voor de staten die partij werden bij het verdrag.

Enkele jaren later, in 1928, werd het Kellogg Briand pact gesloten, dat stipuleerde dat het niet was toegestaan om door middel van agressie territorium uit te breiden. Dit is uiteindelijk één van de belangrijkste verdragen van de 20ste eeuw geworden, omdat het in feite het verklaren van oorlog niet rechtmatig verklaart. De regels met betrekking tot conflictbeheersing en de organisatie van de Volkenbond, die ook een Permanent Hof van Justitie had waaraan conflicten konden worden voorgelegd, waren niet afdoende, en de macht van de organisatie niet groot genoeg om het uitbreken van de Tweede Wereldoorlog te voorkomen.

In 1941 werd tussen Groot Brittannië en de VS een verdrag gesloten dat een blauwdruk moest vormen voor de invulling van de wereld na de oorlog, het Atlantisch Handvest (Atlantic Charter). Na de Tweede Wereldoorlog, in 1945, werd besloten om een nieuwe mondiale organisatie op te richten die tot doel had om de wereldvrede te bewaken. De Verenigde Naties werden opgericht, met als één van de belangrijkste organen de Veiligheidsraad. In de Veiligheidsraad kregen de overwinnaars van de Tweede Wereldoorlog vetorecht, terwijl er ook 10 andere lidstaten in zaten, die om de twee jaar rouleerden. De taak van de Veiligheidsraad was en is om effectieve maatregelen te kunnen nemen wanneer een conflict dreigt of is uitgebroken. Daartoe kunnen politieke, juridische en militaire maatregelen worden genomen. Ook heeft de organisatie een politiek orgaan waarin alle lidstaten vertegenwoordigd zijn, de Algemene Vergadering, suborganisaties die zich met bepaalde onderwerpen bezighouden, en een eigen rechtsprekend orgaan, het Internationale Hof van Justitie. Dit Hof is de opvolger van het Permanente Hof van Justitie, dat was opgericht onder de Volkenbond. Na de Tweede Wereldoorlog volgde het dekolonisatieproces, waarbij binnen korte tijd veel kolonies de onafhankelijkheid uitriepen, vaak na een onafhankelijkheidsstrijd.

In 1960 nam de VN een resolutie aan die dit dekolonisatieproces ondersteunde, en het daarmee legitimeerde. Mensenrechten kwamen hoger op de politieke agenda te staan. Ging het eerst nog om groepsrechten, later werden ook minderheidsrechten en individuele rechten belangrijk, rechten voor kinderen en rechten voor vrouwen, alsmede rechten voor oorspronkelijke of inheemse bewoners (*indigenous peoples*). Belangrijke verdragen na de Tweede Wereldoorlog zijn het Genocideverdrag (Verdrag inzake de Voorkoming en de Bestraffing van Genocide), het Internationaal Verdrag inzake Burgerlijke en Politieke Rechten, het Internationaal Verdrag inzake Economische, Sociale en Culturele Rechten en het Verdrag inzake de Uitbanning van alle Vormen van Rassendiscriminatie.

Toen in 1991 de Sovjet Unie uit elkaar viel en de unierepublieken zich onafhankelijk verklaarden bleef het recht op zelfbeschikking, dat eerst een grote rol speelde in het dekolonisatieproces, belangrijk. Tegelijkertijd bleek een ander internationaalrechtelijk principe, *uti possidetis*, wat inhoudt dat buitengrenzen niet gewijzigd mogen worden, van belang. Dat leidde ertoe dat de binnengrenzen van de unierepublieken nu de buitengrenzen werden, en dat lagere entiteiten binnen de unierepublieken geen gebruik van het extern zelfbeschikkingsrecht konden maken. Het intern zelfbeschikkingsrecht werd des te belangrijker, omdat het minderheden en volken binnen een multinationale of multi-etnische staat behoud van identiteit en bescherming bood.

De 21ste eeuw brengt nieuwe uitdagingen met zich mee. In de VS werd de mogelijkheid geschapen om bepaalde burgerlijke rechten in te perken om de bevolking te kunnen beschermen tegen terroristische aanslagen. Hoe ver die beperking mag gaan, en of die werkelijk nodig is of effectief is om terrorisme te bestrijden, is onderwerp van discussie onder zowel internationaal juristen als politicologen. De gevangenhouding van vermeende terroristen en wat Amerika noemt "unlawful combattants" en hun behandeling op Guantanamo Bay is onderwerp van discussie, omdat er verschil van mening bestaat over de vraag of hier het internationale recht wordt geschonden en zo ja, of dit onder de gegeven omstandigheden geoorloofd is. Het martelen van gevangenen in derde landen is ook een onderwerp van discussie, aangezien martelen in het internationaal recht niet is toegestaan.

Een ander gebied waar internationaal juristen en politicologen voor een uitdaging staan, is de positie van private military companies en de voor hen werkende private military contractors. Deze maakten meer dan 20% van de militairen uit die Amerika in Irak gestationeerd heeft Deze contractors zijn, wanneer men hen vanuit het internationaal recht bekijkt, soms huurlingen die niet beschermd worden door het humanitaire recht. Dit is een situatie die zowel problemen oplevert voor de bescherming van de rechten van de contractant (die geen recht op krijgsgevangenschap kan claimen) als van de burger in een conflict, die geconfronteerd kan worden met iemand die zich niet noodzakelijk aan de regels van het oorlogsrecht houdt (hierbij ga ik ervan uit dat contractors ook aan gevechtshandelingen kunnen deelnemen). Er is discussie gaande tussen internationaal juristen bij het Internationale Comité van het Rode Kruis, maar ook binnen de VN, of het internationale recht op dit punt aangepast moet worden.

Het creëren van internationaal recht en het wijzigen van internationaal recht is altijd een wisselwerking tussen juristen en de politiek. Daarom is het van belang dat studenten politicologie weten hoe wetgeving tot stand komt, en wat het internationaal recht inhoudt. Dit leidt tot een groter begrip voor zowel het internationale recht als de internationale betrekkingen.

BASISBEGRIPPEN

Rechtspersoonlijkheid

Rechtspersoonlijkheid houdt in dat een staat of organisatie zelfstandig kan opereren in het internationale recht. Dat betekent ook dat een dergelijke entiteit verplichtingen kan aangaan en aansprakelijk gesteld kan worden voor haar handelen. Staten hebben van rechtswege rechtspersoonlijkheid. Bij internationale organisaties ligt dit anders. Hier moet worden vastgesteld of een organisatie rechtspersoonlijkheid heeft. De VN heeft rechtspersoonlijkheid. Dit bleek uit een advies uit 1949 van het Internationale Hof van Justitie in de zaak *Reparations for Injuries*, waar de vraag werd gesteld of de VN, werknemers van de VN die schade leiden, of hun nabestaanden, recht hebben op schadevergoeding. Dit impliceerde dat de VN rechtspersoonlijkheid heeft. In dit geval ging het om Graaf Bernadotte, die gedood werd als gezant van de VN in het Midden Oosten. De rechters stelden dat de graaf inderdaad recht had op schadevergoeding, omdat de VN rechtspersoonlijkheid had.

Of de Europese Unie rechtspersoonlijkheid heeft is lange tijd onduidelijk gebleken. Met de inwerkingtreding van het nieuwe EU verdrag is vastgelegd dat de EU rechtspersoonlijkheid heeft. De Commissie en de Hoge Vertegenwoordiger voor Buitenlandse Zaken en Veiligheidsgebied van de EU (lady Catherine Ashton) vertegenwoordigen de EU naar buiten toe. De vraag of een internationale organisatie rechtspersoonlijkheid bezit moet per geval worden bekeken. Non gouvernementele internationale organisaties (NGO's) hebben bijvoorbeeld ook niet noodzakelijkerwijs rechtspersoonlijkheid. De constatering dat dit wel het geval is kan van belang zijn voor het aangaan van betrekkingen met internationale gouvernementele organisaties, waar NGO's waarnemerstatus kunnen verkrijgen. Het is ook van belang voor de verhoudingen tussen NGO's en nationale regeringen. De vraag of een organisatie rechtspersoonlijkheid heeft kan blijken uit documenten en rechterlijke uitspraken.

Bronnen van Internationaal Publiekrecht

Artikel 38 van het Statuut van het Internationaal Hof van Justitie omschrijft vier bronnen van internationaal recht:
1. verdragen
2. uitspraken van rechterlijke organen
3. uitspraken van bijzondere rechtsgeleerden
4. gewoonterecht.

Verdragen

Documenten waaruit internationaal recht kan worden gedestilleerd zijn in de eerste plaats verdragen. Een verdrag wordt in bilateraal of multilateraal verband opgesteld, waarna de nationale regering en parlement het moeten ratificeren. In Nederland gaan verdragen vóór de nationale wetgeving. Het is dan ook van belang dat de Nederlandse regering eerst haar wetgeving in overeenstemming met het verdrag brengt, alvorens daarbij partij te worden.

Uitspraken van rechterlijke organen

Uitspraken van internationale hoven als het Internationale Hof van Justitie, het Internationaal Strafhof, het Europees Hof van Justitie en het Europees Hof voor de Rechten van de Mens doen uitspraken waarbij getoetst wordt aan het internationale recht. Deze uitspraken zijn van belang bij de interpretatie van regels van internationaal recht en vormen zo het internationaal recht.

Uitspraken van geleerden

Een derde bron van internationaal recht zijn uitspraken van geleerden. Bepaalde teksten van specialisten (hoogleraren) op het gebied van internationaal recht zijn zo belangrijk, dat zij tot een verdere verfijning en interpretatie van het internationale recht kunnen leiden. Er wordt bijvoorbeeld in uitspraken van internationale hoven gerefereerd aan deze uitspraken.

Gewoonterecht en opinio juris sive necessitatis

Een vierde bron van internationaal recht is de overtuiging binnen een brede groep van staten dat volgens een bepaalde manier gehandeld moet worden. Wanneer deze overtuiging gedurende langere tijd bestaat (*opinio juris sive necessitatis*) en staten ook volgens deze overtuiging handelen, kan dit leiden tot nieuwe regels, die tot het gewoonterecht gaan behoren. Zolang deze regels uit overtuiging bestaan, en nog niet zijn vastgelegd in internationale verdragen, wordt gesproken van *soft law*. Zodra deze rechten worden opgenomen in internationale verdragen, wordt de *soft law hard law*. Het recht wordt vastgelegd, gepositiveerd.

Het Internationaal Hof van Justitie, en ook haar voorganger het Internationale Permanente Hof van Justitie heeft voor een uitbreiding van mensenrechten onder gewoonterecht gezorgd. Ook het Internationaal Strafhof, het Joegoslavië Tribunaal en het Rwanda Tribunaal verwijzen naar gewoonterecht bij het definiëren van de misdrijven die onder de jurisdictie van het Hof vallen. Bovendien behoren bepaalde elementen van diplomatieke privileges, immuniteiten en diplomatieke bescherming tot het gewoonterecht. Ook waar het gaat om het gebruik van geweld in de internationaalrechtelijke context is gewoonterecht ontstaan. Voorbeelden zijn het verbod om territorium van een andere staat te verkrijgen door het voeren van oorlog, het recht van een staat op zelfverdediging bij een aanval door een andere staat, het feit dat het gebruik van geweld als zelfverdediging noodzakelijk en proportioneel moet zijn, en het principe dat conflicten tussen staten vreedzaam worden opgelost. Het humanitair recht is in verschillende zaken voor het Internationaal Hof van Justitie ingeroepen als behorend tot gewoonterecht. Bepaalde principes binnen het internationaal milieurecht behoren tot het gewoonterecht. Denk aan het feit dat staten soevereiniteit hebben over de natuurlijke hulpbronnen op hun grondgebied. Ook regels op het gebied van zeerecht behoren tot het gewoonterecht. Daartoe behoren de vrijheid van navigatie en de onschuldige doorvaart van schepen, regels met betrekking tot de afbakening van maritieme grenzen, viszones en gebruik van de zeebodem buiten de territoriale wateren van een staat. Ook binnen het verdragenrecht vindt men regels die behoren tot gewoonterecht, zoals het sluiten en in werking treden van verdragen, het beëindigen van verdragen, en staatsaansprakelijkheid.

Ius cogens

Gewoonterechtelijke regels kunnen zich zover ontwikkelen, dat de overtuiging kan bestaan dat geen enkele staat van deze regels mag afwijken, zelfs niet wanneer de staat geen partij is bij verdragen die bepaalde activiteiten als strijdig met het internationale recht bestempelen.

Wanneer deze overtuiging wereldwijd navolging vindt, wordt gesproken van dwingend recht of *ius cogens*. Hiervan mag dan niet langer worden afgeweken, door geen enkele staat, en onder geen enkele voorwaarde. Voorbeelden van dwingend recht zijn het verbod op slavernij, het verbod op genocide, het verbod op rassendiscriminatie, het recht op zelfbeschikking en het verbod op het plegen van misdrijven tegen de mensheid.

In het verlengde hiervan ligt een regel die stelt dat als er sprake is van schending van bepaalde rechten die behoren tot het *ius cogens*, er vervolgd kan worden buiten het grondgebied waar de misdaden zich hebben voorgedaan. Normaal gesproken kan slechts worden vervolgd in het land waar de misdrijven hebben plaatsgevonden (territorialiteitsbeginsel) of in het land waarvan het slachtoffer burger is (personaliteitsbeginsel). In het hier beschreven geval is er echter universele jurisdictie. In het Weens Verdragenverdrag uit 1969 wordt gesteld dat verdragen die in strijd zijn met normen van dwingend recht nietig zijn.

Universele jurisdictie

Sommige delicten, zoals de net genoemde genocide, slavernij, misdrijven tegen de menselijkheid, bepaalde oorlogsmisdaden, en slavernij kunnen overal vervolgd worden. Hiervoor geldt het universaliteitsbeginsel. De positieve punten van het universaliteitsbeginsel zijn dat schenders van rechten weten dat zij niet vrijuit zullen gaan (vergelijk de aanklacht door een Spaanse aanklager tegen Pinochet, die in eigen land niet vervolgd kon worden omdat hij zich levenslange immuniteit had gegeven. Overigens was hier mede sprake van het personaliteitsbeginsel, omdat Spaanse onderdanen slachtoffer van Pinochets praktijken waren geworden.) Een ander voordeel is dat het slachtoffers van ernstige schendingen van mensenrechten hoop op gerechtigheid geeft. Een nadeel is dat dit principe in praktijk nauwelijks gebruikt wordt. Regeringen schrikken ervoor terug een dergelijk proces op hun grondgebied te laten plaats vinden, omdat het de betrekkingen met het land waar de dader vandaan komt aantast. In praktijk zie je dan ook dat van universele jurisdictie eigenlijk geen gebruik wordt gemaakt.

Aut dedere aut judicare

In het verlengde van het principe van universele jurisdictie ligt het begrip *aut dedere aut judicare*. Letterlijk betekent deze Latijnse term òf je levert uit òf je berecht. Wanneer een verdachte van een misdrijf waarbij een onderdaan van een andere staat slachtoffer is het land ontvlucht (het kan gaan om een nationaal of internationaal misdrijf) kan de staat waar het misdrijf heeft plaatsgevonden, of de staat waarvan het slachtoffer onderdaan is, verzoeken om uitlevering van de verdachte. Het komt regelmatig voor dat een staat niet uitlevert. Hiervoor kunnen verschillende redenen zijn: de misdadiger is onderdaan van de staat die niet uitlevert, en de staat heeft een wet die uitlevering van eigen onderdanen verbiedt. Of de staat heeft geen uitleveringsverdrag met de staat die verzoekt om uitlevering. In dat geval is uitlevering niet mogelijk, maar kan de staat die verzocht om uitlevering aan het land dat niet uitlevert verzoeken om de persoon in kwestie te vervolgen voor de delicten waarvan deze persoon wordt beschuldigd. Van deze gewoonte komt de term dat men ofwel uitlevert, en bij niet uitlevering moet berechten in de staat waarvan de burger onderdaan is.

SUBJECTEN VAN INTERNATIONAAL PUBLIEKRECHT

Het is belangrijk te analyseren of een organisatie, staat of bedrijf subject van internationaal publiekrecht is. Wanneer een staat erkend is wordt ervan uitgegaan dat de staat subject van internationaal publiekrecht is. Dat wil zeggen dat de staat contracten kan sluiten en rechtspersoonlijkheid heeft. Naast staten kunnen internationale gouvernementele organisaties subject van internationaal publiekrecht zijn. Dit geldt ook voor Vaticaanstad, internationale non-gouvernementele organisaties en internationale multinationals. Ook bevrijdingsorganisaties kunnen subject van internationaal publiekrecht zijn, en daarmee bepaalde verplichtingen in het internationale recht aangaan.

MONISME EN DUALISME

Teneinde verdragen door te laten werken in de nationale rechtsorde, dient de nationale wetgeving zodanig te worden aangepast, dat er geen strijdigheid is tussen nationale wet en internationaal verdrag. Er bestaan twee systemen om ervoor te zorgen dat er geen strijdigheid optreedt: het ene systeem is het monisme, waarbij internationale verdragen direct doorwerken in de nationale rechtsorde. Het internationale recht gaat dus altijd boven het nationale recht. Dit betekent dat een staat pas kan overgaan tot ratificatie van een verdrag nadat gebleken is dat er geen nationale wetgeving is die strijdig is met het internationale verdrag.

Bij het dualistische systeem moet het internationale recht worden omgezet naar nationaal recht. Als er dus strijd geconstateerd wordt tussen nationaal recht en internationaal recht en er heeft nog geen omzetting plaatsgevonden zal het nationale recht prevaleren. Dit kan problemen opleveren wanneer een verdrag voor een land met dualistisch systeem in werking treedt, en later een nationale wet wordt aangenomen die afwijkt van het verdrag. Omdat nieuwe wetten voor oudere wetten gaan, zou dit betekenen dat het land zich niet meer conform het verdrag zal gedragen. Dit ook omdat in een dualistisch systeem het internationale recht wordt getransformeerd tot nationaal recht. Omdat het ondoenlijk is om de wijzigingen in wetgeving bij te houden voor landen met een dualistisch systeem, heeft het Europese Hof van Justitie in haar vonnis Costa/Enel besloten dat ook in landen met een dualistisch systeem de Europese wetgeving altijd zal prevaleren, om zo rechtszekerheid voor de andere lidstaten te creëren en te garanderen dat EU wetgeving uniform wordt toegepast. Dit is ook een moment waar het supranationale karakter van de EU tot uiting komt.

RELATIE INTERNATIONAAL PUBLIEKRECHT EN POLITIEKE WETENSCHAPPEN

Er is altijd een belangrijke wisselwerking tussen internationaal publiekrecht en politieke wetenschappen. Beiden houden zich met internationale verhoudingen bezig, waarbij het recht de nadruk legt op het creëren en controleren van regels die dit verkeer dienen te vergemakkelijken, en waarbij de politiek meer aandacht heeft voor machtsverhoudingen. Beide disciplines hebben elkaar nodig. Dit komt het duidelijkst tot uiting in het tot stand komen van een verdrag. De noodzaak tot regelgeving wordt vaak het eerst gezien bij politici. Dit kan zowel bilateraal als multilateraal in het kader van een internationaal verdrag bij een internationale gouvernementele organisatie worden geïnitieerd. Wanneer een verdrag geïnitieerd wordt door een internationale organisatie zal een commissie in het leven worden geroepen om de tekst van het verdrag op te stellen. Dit wordt gedaan door een team waar in ieder geval internationaal juristen in zitten. Vervolgens wordt de tekst voorgelegd aan de lidstaten. Dit is een politiek aspect, waar de politici wijzigingen in de tekst kunnen voorstellen. Wanneer alle partijen kunnen instemmen met de tekst, wordt deze verdragstekst vastgesteld. Dan volgt binnen de nationale staten het voorleggen aan de regering. Is de regering van plan partij bij het verdrag te worden, dan kan de regering besluiten om het verdrag te ondertekenen. Dit leidt ertoe dat de regering zich politiek committeert aan het verdrag. Na ondertekening mag een staat geen acties meer ondernemen die strijdig zijn met het verdrag. Dit is echter niet juridisch afdwingbaar, omdat de staat nog niet officieel partij is bij het verdrag. Dat gebeurt pas nadat de ratificatieprocedure is doorlopen, en ook de Eerste en Tweede Kamer instemmen met het verdrag. Ondertekening bindt dus politiek, maar niet juridisch. Het ratificatieproces verloopt als volgt. Op het relevante vakministerie wordt door ambtenaren een wetsvoorstel gemaakt dat beoogt om het verdrag dat is ondertekend te ratificeren. Het wetsvoorstel en de bijbehorende Memorie van Toelichting leggen uit waarom het belangrijk is om partij te worden bij het verdrag, wat dat voor Nederland zal betekenen, en wat er in het verdrag staat. Vervolgens wordt de concepttekst voorgelegd aan een interdepartementaal gezelschap, dat moet controleren of de Nederlandse wetgeving wel in overeenstemming is met het verdrag. Is dit niet het geval, dan wordt de ratificatieprocedure stilgelegd in afwachting van aanpassing van de wetgeving. Zodra er geen wetgeving meer is die strijdig is met de verdragstekst, wordt het wetsvoorstel naar de Raad van State gestuurd, die controleert of het wetsvoorstel aan alle vereisten van wetgeving voldoet. Daarna gaat het wetsvoorstel naar de Tweede, en vervolgens de Eerste Kamer. De beide Kamers kunnen geen wijzigingen in de verdragstekst aanbrengen, wel kan de Tweede Kamer wijzigingen in het wetsontwerp aanbrengen, in het kader van haar recht van amendement. Er zijn twee manieren van goedkeuring. Stilzwijgende goedkeuring: Wanneer de Kamer 30 dagen na het indienen van het wetsontwerp niet gereageerd heeft wordt het wetsontwerp geacht te zijn aangenomen, en actieve goedkeuring, na debat en eventuele amendementen. Wanneer beide Kamers hebben goedgekeurd, tekenen de betrokken minister (meestal de Minister van Buitenlandse Zaken, maar soms een vakminister en de Minister van Buitenlandse Zaken) en de Koningin. Daarna wordt het document, dat aangeeft dat Nederland ratificeert, naar de zetel van de betreffende organisatie gestuurd (bijvoorbeeld het Secretariaat van de VN in New York), waar de Nederlandse ambassadeur ter plekke het ratificatiedocument aanbiedt (neerlegt) bij de bevoegde instantie. Vervolgens duurt het dan nog drie maanden voordat het verdrag in werking treedt. Deze periode van drie maanden is bedoeld om de wet ter ratificatie te publiceren in het Publicatieblad, zodat alle burgers kennis kunnen nemen van de wet (een ieder dient de wet te kennen), en deze drie maanden dienen door het betreffende ministerie gebruikt te worden om ruchtbaarheid aan de ratificatie te geven. Uit deze procedure blijkt dat de politiek een grote rol speelt in de totstandkoming van internationale wetgeving, maar dat dit niet kan zonder juridische kennis.

VERDER LEZEN?

Chr. Brown, T. Nardin, N. Rengger, *International Relations in Political Thought: Texts from the Ancient Greeks to the First World War*, Cambridge University Press, Cambridge, 2002.

I. Brownlie, *Principles of Public International Law*, Oxford University Press, Oxford, 2008.

A. Cassese, *International Law*, Oxford University Press, Oxford, 2005.

F. Kalshoven, L. Zegveld, *Constraints on the Waging of War: An Introduction to International Humanitarian Law*, International Committee of the Red Cross, Geneva, 2001.
B. Lepard, *Customary International Law, A New Theory with Practical Applications*, Cambridge University Press, Cambridge, 2010.
P. Malanczuk, *Akehurst's Introduction to International Law*, Routledge, London, 2009.

HOOFDSTUK 2

STAATSVORMING

INLEIDING

Staatsvorming heeft zowel politieke als juridische elementen. We kijken in dit hoofdstuk naar de regels met betrekking tot het afbakenen van grenzen, en de juridische problemen die dit kan veroorzaken en denken na over het recht op zelfbeschikking.

Criteria voor staatsvorming

Staatsvorming is een van de belangrijkste onderwerpen in het internationale recht. Het is daarom belangrijk om je rekenschap te geven hoe staten tot erkende staten worden, welke regels de internationale gemeenschap in het leven heeft geroepen om te bepalen of een entiteit als staat erkend kan worden. Deze regels geven ook sturing aan de vraag wat te doen als een staat zwak wordt, faalt, of een schurkenstaat wordt. Ook is het belangrijk te weten wanneer de internationale gemeenschap mag ingrijpen in een staat, en wanneer de internationale gemeenschap dit moet doen. Het belangrijkste thema rond staatsvorming is soevereiniteit. Soevereiniteit wil zeggen dat een staat het alleenrecht heeft om te bepalen hoe het geregeerd wordt, zonder inmenging van andere staten of internationale organisaties. Ook bij staatsvorming gaat het vooral om de regels (het terrein van de jurist), maar worden die vastgesteld door de politici (het terrein van de politicoloog).

CRITERIA STAATSVORMING EN HET RECHT OP ZELFBESCHIKKING

In 1933 werd in Montevideo een verdrag (conventie) gesloten waarin werd vastgelegd dat entiteiten aan de volgende eisen dienden te voldoen, wilden ze erkend worden als onafhankelijke staten.

> 1. er diende een *grondgebied* te zijn. Geen regels werden gesteld aan de grootte van het grondgebied. Ministaatjes zijn dus nog steeds staten, en staten kunnen ook overzeese gebieden hebben (denk aan Nederland met haar overzeese gebieden in het Caribische gebied). Het grondgebied diende bij voorkeur afgebakend te zijn (er wordt ook wel gesproken over delimitatie). Afbakening van territorium kan door middel van een natuurlijke grens (denk aan de Noordzee in Nederland, of een bergkam, een rivier), er kan ook een

HOOFDSTUK 2

grens worden vastgesteld door een internationale commissie, bestaande uit vertegenwoordigers van de grensstaten. Een dergelijke grens wordt vastgelegd in een grensverdrag of een grensovereenkomst. Soms worden de grenzen betwist, en is er (nog) geen grensverdrag. Soms ook is er in het geheel geen conflict over het grensgebied, en is de grens toch niet volledig vastgelegd. Onder dit eerste criterium van de Montevideo Conventie werd de heersende interpretatie, dat het grondgebied bij voorkeur dient te zijn afgebakend, maar dat dit niet als absolute eis voor het gehele territorium zal worden gebruikt. Hoe de grens eruit ziet wordt overgelaten aan de staten. Sommige staten zullen hekken plaatsen, andere staten volstaan met om de 250 meter een stapeltje stenen in de vorm van een driehoek te plaatsen. De momenten waarop grens afbakening een rol speelt kunnen zich in de volgende gevallen voordoen:

(a) er is sprake van cessie, het verkopen van land van staat A aan staat B;

(b) adjudicatie, er is een rechterlijke uitspraak die territorium toewijst. Over het algemeen gaat het hier om het legaliseren van een al bestaande situatie, d.w.z. dat de staat die het gebied krijgt toegewezen het al had bezet en er over regeerde;

(c) na een conflict besluiten de overwinnaars om het territorium van de verliezer te wijzigen (denk aan het Ottomaanse Rijk en Duitsland na de Eerste Wereldoorlog);

(d) het territorium wordt gewijzigd als gevolg van een bindende uitspraak van een internationaal Hof. Er mag geen actie worden ondernomen ten nadele van een staat als die staat dit niet heeft kunnen weten, ook wel estoppel genoemd. Een voorbeeld is de zaak Temple of Preah Vihar, die aan het eind van dit hoofdstuk wordt besproken;

(e) het in bezit nemen van *terra nullius*, gebied dat van niemand is (hoewel er wel bewoners kunnen zijn). In het advies van het Internationaal Hof van Justitie betreffende de West Sahara werd gesteld dat het niet voldoende is om *terra nullius* te bezetten wanneer er oorspronkelijke bewoners en tribale groepen in dit gebied wonen. In dat geval is overeenstemming tussen de bezettende staat en de locale administratie vereist.

2. Op het territorium dient een *bevolking* te wonen. Hoe veel of hoe weinig mensen op het territorium moeten wonen om nog te spreken van een staat is niet vastgelegd. Ook zijn er geen regels met betrekking tot de relatie tussen de bevolking en de regering. Een staat kan samenvallen met een volk, als dat volk homogeen is. Ook kan een staat bestaan uit een meerderheid en verschillende minderheden. Een staat kan verschillende volken op haar territoir herbergen, en deze volken kunnen binnen een bepaald gebied van het territoir wonen. De verschillende volken kunnen ook vermengd met andere

groepen verdeeld over het territoir wonen. De samenstelling van de bevolking kan consequenties hebben voor de manier waarop de staatsinrichting wordt vormgegeven. Minderheden hebben recht op intern zelfbeschikkingsrecht, dat betekent dat zij rechten als het spreken van de eigen taal, belijden van het eigen geloof en het beleven van hun eigen cultuur via het internationale recht kunnen afdwingen (artikel 27 Internationaal Verdrag inzake Burgerlijke en Politieke Rechten). Zij hebben echter vrijwel nooit het recht op extern zelfbeschikkingsrecht, ook wel afscheiding of secessie genoemd, omdat dit een schending van de soevereiniteit en externe grenzen van de staat oplevert.

3. Een staat dient te beschikken over een effectief staatsgezag, dat de vorm van een *effectieve regering* aanneemt. Van een effectieve regering wordt gesproken als de regering het geweldsmonopolie kan handhaven, dat wil zeggen dat de regering in staat is om de veiligheid van de burgers en hun goederen te waarborgen (denk aan John Locke en zijn *Two Treatises of Government*) en in staat is om mogelijke warlords te ontwapenen. Een effectieve regering zal ook in staat zijn om belasting te heffen en te innen, en zo de benodigde financiën te genereren die nodig zijn om de infrastructuur van het land in stand te houden en, indien afwezig, te creëren. Een effectieve regering zal vaak ook de minderheden binnen het land voldoende recht op – intern – zelfbeschikkingsrecht te geven. Dit kan gebeuren in de vorm van het toestaan van onderwijs in de eigen taal, uiten van eigen cultuur of belijden van eigen religie, het hebben van eigen kranten, eigen televisie- en radio tijd, of bijvoorbeeld het oprichten van eigen politieke partijen. De beslissing om de staat de vorm van een federatie te geven gaat weer een stap verder. Minderheden die in een bepaald gebied homogeen bijeen leven zelfbestuur geven is ook een vorm van het realiseren van effectief gezag. Natuurlijk zijn er ook genoeg regeringen die menen dat eenheid het best gegarandeerd wordt door het niet toestaan van minderheidsrechten, maar juist te concentreren op het versterken van de natiestaat, en daarbij de dominante groep centraal te stellen. De minderheden zullen dan de taal van de meerderheid moeten spreken en de cultuur van de meerderheid is leidend. Dit soort keuzes hangt samen met de geschiedenis en de cultuur in een land. Het is moeilijk om te generaliseren en een bepaalde staatsvorm als ideaal te bestempelen.

Extern zelfbeschikkingsrecht, het creëren van een eigen staat door je af te scheiden, is een recht dat zelden zal worden erkend in het internationaal publiekrecht. Externe grenzen worden vaak als 'heilig' gezien, met name om het uitbreken van conflicten tegen te gaan. Tenzij expliciet in de Grondwet verankert, zal een staat het recht op afscheiding niet toestaan. Slechts in heel uitzonderlijke gevallen, zoals wanneer er sprake is van genocide, wanneer geen enkel recht op zelfbeschikking wordt toegestaan en er sprake is van ernstige schendingen van mensenrechten (en dit geldt cumulatief) is het mogelijk om afhankelijk van de situatie te spreken over het erkennen van een volk door de internationale gemeenschap. Dit zal echter niet snel gebeuren, omdat men niet snel een precedent zal willen scheppen waaraan volgende entiteiten rechten kunnen of willen ontlenen. Het vasthouden aan bestaande grenzen wordt ook wel het principe van *uti possidetis* genoemd.

Een bepaalde groep internationaal juristen, en ook een groep politicologen, gaat ervan uit dat wanneer voldaan is aan de bovenstaande eisen van een territorium, een bevolking en een effectieve regering, er sprake is van een staat. De groep juristen die deze mening deelt is echter in de minderheid en hangt de *declaratoire theorie* aan. De meeste internationaal juristen gaan er van uit dat ook aan een vierde criterium dient te worden voldaan, erkenning, voordat kan worden gesproken van een staat. Zij hangen de *constitutieve theorie* aan.

4. *Erkenning* wordt door de meeste internationaal juristen als het belangrijkste criterium van staatsvorming gezien. De kritiek op de bovengenoemde theorie, de *declaratoire* theorie, is dat men niet kan spreken van een staat als de internationale gemeenschap deze niet als zodanig erkent en bereid is om relaties met deze entiteit aan te gaan. Erkenning kan bilateraal plaatsvinden, wanneer een staat een andere staat expliciet erkent, en multilateraal. Ook wordt er tegenwoordig wel van uit gegaan dat een staat erkend is als een internationale intergouvernementele organisatie de staat erkent en toelaat in haar midden. Dit is echter niet altijd en automatisch het geval. Israel is lid van de Verenigde Naties, doch er zijn enkele Arabische landen binnen de VN die Israel niet erkennen als staat. Erkenning van een staat kan dus *expliciet* plaatsvinden, door een internationaal verdrag, of *impliciet*, door handelingen te verrichten die er op duiden dat de staat erkend wordt. Een impliciete manier om een staat te erkennen is het uitwisselen van ambassadeurs, en dus het openen van een ambassade in een land. Wanneer er handelsrelaties worden aangegaan met een land, leidt dit niet tot impliciete erkenning, omdat dit niet van regeringswege plaatsvindt. Ook vindt er geen impliciete erkenning plaats wanneer een entiteit die naar onafhankelijkheid streeft door middel van gewapende strijd wordt toegelaten tot de onderhandelingstafel om tot een staakt het vuren te komen of tot een vredesverdrag.

Deze criteria zijn vrij algemeen, en na het uiteenvallen van Joegoslavië en de Sovjet Unie vroeg de EU zich dan ook af, of er aan de mogelijke erkenning van entiteiten voortkomend uit de Sovjet Unie en Joegoslavië aanvullende eisen moesten worden gesteld. Teneinde antwoord te krijgen op vragen die hieraan gerelateerd waren, heeft de Raad van de EU in de samenstelling van de ministers van Buitenlandse Zaken van de EU in 1991 de Badinter Commissie in het leven geroepen, genoemd naar de Franse politicus Robert Badinter. De Commissie kwam op 16 december 1991 met haar oordeel. Dit kwam erop neer dat er sprake was van desintegratie van Joegoslavië, en dat daarom de entiteiten die zich onafhankelijk verklaarden onder bepaalde voorwaarden konden worden erkend (doordat er sprake was van desintegratie speelde het secessieverhaal minder). Eerder had de EU de Baltische staten al erkend, maar hier speelde een ander verhaal. De Baltische staten waren in 1939 binnengevallen door de Sovjet Unie, en de internationale gemeenschap had deze gebiedsuitbreiding nooit erkend. Toen de Baltische staten zich dus onafhankelijk verklaarden, was dit een teruggang naar de juridisch juiste situatie. Er was dus technisch gesproken geen sprake van secessie, omdat de autoriteiten in de Baltische staten ten tijde van de occupatie in 1939 geprotesteerd hadden tegen de occupatie en de actie van de Sovjet Unie kon worden gekwalificeerd als agressie.

De Badinter Commissie kwam met enkele aanvullende criteria, die meer de ontwikkeling van het internationaal recht sinds de jaren dertig weergaven.

Deze criteria waren ook al eens uitgewerkt door James Crawford, zowel in zijn proefschrift uit 1979 als in latere publicaties. (*The Creation of States in International Law*, *Democracy in International Law*, *The Rights of Peoples*). De praktijk bij het erkennen van entiteiten voortkomend uit de Joegoslavische Federatie en de Sovjet Unie, die ook een federatie was, is dat unierepublieken, dus republieken die de federatie vormden, het recht op een eigen staat kregen, maar dat lagere entiteiten geen recht op een eigen staat kregen. Dit is een argument om, wanneer men de regels uit het internationale recht volgt, Abchazië en Nagorno Karabach niet te erkennen als onafhankelijke staat. De erkenning van Kosovo is een uitzondering, en het is afwachten in hoeverre dit precedentwerking heeft voor andere gebieden die *de facto*, maar niet *de iure* onafhankelijk zijn. Abchazië en Zuid Ossetië zijn inmiddels in augustus 2008 erkend door de Russische Federatie en Nicaragua, Venezuela, Nauru en Vanuatu.

We hebben eerder gezien dat een geslaagde poging tot secessie veelal toch zal leiden tot erkenning. Tot nu toe is de positie van de VN in het geval van Noord Cyprus (*de facto* onafhankelijk sinds 1975), en Nagorno Karabach (*de facto* onafhankelijk sinds 1991) dat de lidstaten van de VN worden opgeroepen om niet te erkennen, omdat erkenning zou leiden tot het schenden van het principe van *uti possidetis*, namelijk het wijzigen van de buitengrenzen van Cyprus en Azerbaijan. Evenzo betekent de onafhankelijkheid van Kosovo dat de buitengrenzen van Servië zijn gewijzigd. We zien namelijk dat in het geval van erkenning van de voormalige unierepublieken de buitengrenzen van wat ooit Joegoslavië en de Sovjet Unie was niet gewijzigd zijn, terwijl de binnengrenzen van de unierepublieken nu de buitengrenzen zijn. De discussie ten aanzien van bijvoorbeeld Nagorno Karabach spitst zich voorlopig toe op de vraag of er een onafhankelijk erkende staat komt, en wanneer deze vraag negatief beantwoord wordt, hoeveel interne zelfbeschikking er gegeven wordt aan deze entiteiten. Bij de onderhandelingen bestaat in ieder geval in theorie de mogelijkheid om te spreken over het vormen van een federatie of confederatie (in dit laatste geval zou er wel sprake zijn van twee of meer onafhankelijke staten, maar zijn deze staten verbonden door bepaalde onderwerpen die gemeenschappelijk worden geregeld, zoals veiligheidsbeleid). De vormen die een staat kan aannemen en de relatie tussen staat en volk of volken is dus nog volop in beweging. Het is belangrijk ons te realiseren dat er geen regels zijn die aangeven hoeveel staten een entiteit moeten erkennen voordat sprake is van een staat, zodat strikt juridisch de erkenning door een enkele staat al leidt tot het zijn van een staat. Dat dit politieke en praktische problemen kan opleveren is een ander verhaal.

Recht op natuurlijke hulpbronnen

Een staat heeft recht op exploitatie van de natuurlijke hulpbronnen op haar grondgebied. Dit is van belang voor volken en/of gebieden die voor het overige arm zijn, maar belangrijke hulpbronnen bezitten. Deze kunnen niet vervreemd worden door een staat die de rechten op de diamanten, de olie of het gas willen kopen. Op deze wijze wordt via het internationaal publiekrecht getracht om uitbuiting tegen te gaan.

Internationale rivier, internationaal meer

Tot nu toe hebben we het gehad over staatsvorming en het afbakenen van territorium op land. Het is echter ook mogelijk dat de grens wordt afgebakend door een rivier of een meer. Wanneer een rivier de grens tussen twee landen vormt, wordt gekeken naar het diepste punt van een rivier. Dit diepste punt zal meestal het midden liggen, en daar loopt de grens. Rivieren hebben vaak ook bochten, en bij een bocht loopt het diepste punt niet in het midden, maar wijkt naar de kant van de buitenbocht toe. Een belangrijk punt is dat wanneer gekozen wordt voor een natuurlijke grens, zoals een rivier, een wijziging van de loop van de rivier ook een wijziging van de grens oplevert. Omdat het voor een land gunstig kan zijn om de grens te verleggen, kunnen obstakels in de rivier worden gelegd om de loop te beïnvloeden. Dit nu is niet toegestaan. Bovendien zijn er in het internationale recht afspraken gemaakt over het goed gebruik van een grensoverschrijdende rivier. De rivier mag niet kunstmatig worden afgetapt waardoor er geen water door de andere landen waar de rivier door stroomt loopt. De rivier mag niet kunstmatig verlegd worden en mag niet vervuild worden, omdat dit consequenties heeft voor de landen waar de rivier later door stroomt. Denk bijvoorbeeld aan de risico's van vervuiling van de Maas in Frankrijk. Als in Frankrijk chemicaliën in de Maas worden gedumpt, waardoor het water vervuilt, kan het in Rotterdam niet meer gebruikt worden als drinkwater, en lijdt Nederland schade. Daarom is er een systeem in het leven geroepen dat er in voorziet dat staten die onverhoopt toch schadelijke stoffen lozen op een internationale rivier, hier zo snel mogelijk melding van maken aan de landen die hier schade van zullen ondervinden. De vervuiler betaalt in dit geval. Er dient regelmatig overleg te zijn tussen de staten waardoor de rivier stroomt betreffende onderhoud en mogelijke schade aan de rivier. Wanneer sprake is van een binnenzee of meer, waaraan verschillende staten grenzen, is er weer een ander regime van kracht. Meestal wordt het meer evenredig verdeelt, soms kan besloten worden om het middengedeelte gezamenlijk te gebruiken als condominium. Dat betekent ook dat in geval van vervuiling of overbevissing de staten er gezamenlijk uit moeten komen.

Zeerecht en grensafbakening

Nog weer anders is grensafbakening op zee. In het internationale zeerecht wordt gemeten vanaf de basislijn, dat is de laagwaterlijn, en wordt gerekend in zeemijlen.

Staten mogen 12 zeemijl vanaf de basislijn claimen als *territoriale wateren*. In de territoriale wateren is het nationale recht van toepassing, oorlogsschepen van andere naties moeten expliciet toestemming vragen om de territoriale wateren binnen te varen. Wanneer er een onrechtmatige daad (daad die schade toebrengt aan een ander, en in strijd met de wet is) wordt gepleegd in de territoriale wateren van Nederland, valt dit binnen de Nederlandse jurisdictie (rechtsmacht).

Veel staten kondigen een *aansluitende of contigue zone* af, die 2 x 12 zeemijl vanaf de laagwaterlijn mag worden gerekend. Deze zone moet expliciet afgekondigd worden om erkend te worden als behorend bij een bepaalde staat. Binnen deze zone mag toezicht worden uitgeoefend op belastingzaken en douanerechten, en mogen controles met betrekking tot de volksgezondheid worden uitgevoerd.

Veel staten roepen ook een *exclusieve economische zone* uit. Deze wordt ook weer gemeten vanaf de laagwaterlijn, en mag tot 200 zeemijl vanaf de laagwaterlijn lopen. In deze zone mag Nederland exclusief vissen en het leven en de schatten onder het zeeoppervlak exploiteren (denk aan mangaanknollen op de zeebodem).

Daarnaast bestaat het *continentaal plat*. Dit kan tot een diepte van 200 meter gaan, en afhankelijk van de geografische ligging kan dit plat langgestrekt of kort zijn. De betreffende staat is exclusief bevoegd tot exploratie en exploitatie van de zeebodem. De schatten erboven zijn voor iedereen. Het continentaal plat behoort niet tot het territorium van een staat en moet expliciet afgekondigd worden. De breedte van het continentaal plat kan 200 zeemijl bedragen, doch niet meer dan 350 zeemijl. Het zal niet altijd mogelijk zijn om het continentaal plat af te kondigen, omdat je bijvoorbeeld in het geval van Nederland dan op Brits territorium zit. In een dergelijk geval kan gekozen worden om een middellijn (median line) te trekken, dat wil zeggen dat je daar waar de rechten van Nederland en Engeland elkaar raken, het midden neemt. Er zijn verschillende zaken voor het Internationaal Hof van Justitie gekomen met vragen over delimitatie op zee. Enkele hiervan worden verderop in dit hoofdstuk besproken bij de paragraaf met jurisprudentie.

Tenslotte is er nog de *volle zee*, waarop geen enkele staat aanspraak kan maken. Op volle zee mag iedereen vissen en mag iedereen gebruik maken van de schatten die zich onder het wateroppervlak bevinden. Het moge duidelijk zijn dat vooral staten die over goede technologie beschikken hier optimaal gebruik van kunnen maken. Misdrijven begaan op volle zee vallen dus niet onder de jurisdictie van enige staat, of het zou de staat moeten zijn onder wiens vlag het schip waarop het misdrijf wordt begaan vaart. Het gebruik van de schatten van de volle zee is voor iedereen.

Hot pursuit

Wanneer een schip binnen de territoriale wateren een onrechtmatige daad pleegt, of er een gerechtvaardigd vermoeden bestaat dat er op dit schip in strijd met de wetten van de kuststaat wordt gehandeld (bijvoorbeeld het vervoer van drugs), dan kan de betreffende staat de achtervolging inzetten. Stel nu dat dit in Nederland gebeurt. Het schip dat achtervolgd wordt verlaat de territoriale wateren en vaart richting de wateren van Engeland of die van België. In een dergelijk geval mogen de Nederlandse autoriteiten de achtervolging voortzetten. Zij moeten wel de autoriteiten van het andere land, in dit geval Engeland of België, op de hoogte stellen dat zij een schip achtervolgen dat zich aan haar opdracht tot stoppen onttrekt. De Nederlandse autoriteiten mogen zich, na goedkeuring van het naburige land, begeven in de wateren van dit naburige land en daar ook overgaan tot staande houding van verdachten en het verrichten van arrestaties. Ook is het mogelijk dat wanneer, zoals in dit geval, de autoriteiten van het buurland op tijd verwittigd zijn, zij de achtervolging voor Nederland overnemen zodra het schip de Engelse of Belgische wateren binnenvaart. Dit wordt *hot pursuit* genoemd. Een dergelijke regel bestaat ook op het land.

Antarctica

Een speciaal geval vormt Antarctica. Het gebied ligt vrijwel permanent onder een dikke laag sneeuw en ijs. Bij verdrag is in 1959 besloten door de ondertekenaars van het verdrag om geen aanspraken te maken op

Antarctica. Het is bekend dat er onder de ijsmassa van Antarctica veel mineralen en grondstoffen te vinden zijn. Deze dienen ook weer ten goede te komen aan de gehele mensheid. In 1991 is een protocol tot stand gekomen bij het verdrag inzake Antarctica dat exploitatie van minerale hulpbronnen verbied voor een periode van 50 jaar.

Luchtrecht

Een land heeft niet alleen jurisdictie over het territorium op het land en in het water, maar ook over de lucht, die zich boven dit territorium bevindt. Een eerste vraag is natuurlijk tot hoe ver de lucht zich uitstrekt. Waar houdt het luchtruim op en begint de ruimte? Hier is geen antwoord op. Verschil is wel dat de lucht tot de soevereiniteit van de staat waarboven de lucht zich bevindt behoort en dat de ruimte boven de staat van iedereen is (for the benefit of mankind).

Indien een vliegtuig het luchtruim van een andere staat binnen wil vliegen, zal het daar toestemming voor moeten vragen en krijgen, net zoals men in niet-Schengen staten bij de grens een geldig paspoort moet kunnen overleggen, eventueel met visum.

Wanneer een militair vliegtuig van een ander land zonder toestemming het luchtruim van Nederland schendt, kan dit worden opgevat als een daad van agressie, en kan dit als consequentie hebben dat het vliegtuig wordt neergeschoten.

Er zijn ook regels vastgesteld over het gebruik van de ruimte. De staten die als eerste in staat waren bemande vluchten naar de maan te maken, de VS en de Sovjet Unie, hebben afgesproken dat gebruik van hemellichamen alleen vreedzaam mag zijn. Het exploiteren van hemellichamen en de hemel is toegestaan, maar alleen ten behoeve van de mensheid. Een wapenwedloop in de ruimte is dus niet toegestaan. Er kan bovendien geen eigendom geclaimd worden in de ruimte. Dat betekent dat geen enkel land op aarde aanspraak kan maken op bezit van een hemellichaam, en dat deze dus ook niet verkocht kunnen worden. Dit betekent dat mensen die menen dat ze een stukje maan hebben gekocht, hun geld slechts hebben weggegooid.

Concluderend heeft een land zeggenschap over het territorium, dat zich uitstrekt op het land, in de lucht en in de zee (in het water). Voor het binnengaan van het territorium door mensen, boten en vliegtuigen van andere landen dient toestemming te zijn gevraagd en verkregen van de Nederlandse autoriteiten. Wanneer er niet voldoende duidelijkheid bestaat over grensafbakening, kan dit reden zijn tot het uitbreken van vijandelijkheden tussen de grenslanden. Veel van dit soort grensconflicten wordt voorgelegd aan het Internationaal Hof van Justitie, die een bindende uitspraak doet, indien de partijen de rechtsmacht van het Hof erkennen.

Staatsaansprakelijkheid

Wanneer een staat een internationale verplichting schendt, die leidt tot aansprakelijkheid onder het volkenrecht en er schade ontstaat, dient de staat die hiervoor verantwoording draagt de schade te vergoeden. Er dient een causaal verband te zijn tussen de staatsaansprakelijkheid en de situatie die zich heeft voorgedaan.

Sinds 1948 wordt er al nagedacht over staatsaansprakelijkheid door de International Law Commission van de Verenigde Naties. Pas in 2000 was men zover dat er een concept tekst lag die opengesteld kon worden voor onderhandelingen tussen de lidstaten van de VN. Deel 1 van de concept regels stelt een staat internationaal aansprakelijk voor elke onrechtmatige daad die zij pleegt (artikel 1). Er is sprake van een onrechtmatige daad als deze kan worden toegewezen aan de staat, en een schending van een internationale verplichting oplevert (artikel 2). Ieder orgaan dat onderdeel uitmaakt van de staat, of dit nu de uitvoerende, wetgevende, rechtsprekende of een andere macht is, wordt geacht te opereren als vertegenwoordiger van de staat. Iedere persoon die handelt uit hoofde van de staat creëert door zijn of haar handelingen ook verantwoordelijkheden voor de staat (artikel 5).

Wanneer de officiële autoriteiten binnen een staat niet aanwezig zijn of niet kunnen functioneren zullen zij, die daadwerkelijk deze taken waarnemen, als handelend namens de staat worden gezien en daarmee ook de verantwoordelijkheid dragen. Wanneer opstandelingen de macht hebben gegrepen, en het ernaar uitziet dat zij die zullen houden, zullen zij als de nieuwe regering worden gezien en als handelend namens de Staat in het internationale recht aansprakelijk zijn. Dit heeft niets te maken met de erkenning als regering door de internationale gemeenschap. Staten erkennen staten, en geen regeringen. Wel kan – zoals bleek bij de Taliban regering in Afghanistan – de internationale gemeenschap aangeven geen zaken te willen doen met een bepaald regime.

Een staat kan in gebreke blijven bij het nakomen van een verplichting. Daarvoor is de staat aansprakelijk. Er kan ook sprake zijn van medeplichtigheid wanneer een staat een andere staat helpt bij het uitvoeren van acties die in strijd zijn met het internationaal recht en een onrechtmatige daad opleveren. Daartoe is het wel noodzakelijk dat de staat die de hulp biedt op de hoogte is van het feit dat er hulp verleend wordt voor acties die in strijd met het internationaal recht zijn. Ook het dwingen van een andere staat om een onrechtmatige daad te plegen levert voor de staat die hiertoe aanzet aansprakelijkheid op.

Er zijn omstandigheden denkbaar die de onrechtmatigheid van de daad opheffen of matigen. Dit is het geval wanneer de onrechtmatige daad een tegenmaatregel is tegen een eerdere onrechtmatige daad jegens de staat (artikel 22), wanneer er sprake is van zelfverdediging, wanneer er overeenstemming is tussen de betrokken staten, wanneer er sprake is van overmacht, of wanneer geen andere maatregel mogelijk was in een situatie van noodweer, wanneer er sprake is van noodzaak, of de staat handelt in overeenstemming met een dwingende norm.

Indien sprake is van een onrechtmatige daad, dient deze (a) te worden beëindigd, en (b) dienen passende garanties te worden verstrekt dat de situatie zich niet meer zal voordoen (artikel 30). Voorts dient alle schade, zowel materieel als immaterieel, die het gevolg is van de internationale onrechtmatige daad te worden vergoed (artikel 31).

Tegenmaatregelen dienen proportioneel te zijn. In ieder geval mogen de tegenmaatregelen niet omvatten: (a) Dreigen met, of het gebruik van geweld zoals vermeldt in het VN Handvest; (b) verplichtingen tot het beschermen van de mensenrechten; (c) verplichtingen inzake humanitair recht, inclusief het verbod op represailles; (d) andere verplichtingen onder dwingend internationaal recht.

Statenopvolging en staatsaansprakelijkheid
Wanneer een staat uiteenvalt, rijst de vraag welke staat, voortkomend uit deze situatie, verantwoordelijkheden overneemt. Ook is denkbaar dat de verantwoordelijkheden van de staat verloren gaan. Vragen betreffende de overname van staatsaansprakelijkheid rijzen ook wanneer twee staten besluiten een staat te vormen en wanneer een staat gesplitst wordt in twee staten. Deze vraag speelt zowel voor de staat die een internationale onrechtmatige daad heeft gepleegd als de staat die slachtoffer is van een internationale onrechtmatige daad.

Na het uiteenvallen van de Sovjet Unie werd op 8 december 1991 in Minsk het 'Gemenebest van Onafhankelijke Staten' (GOS) opgericht. Op 21 december 1991 verklaarden de Sovjet Staten, met als uitzondering Georgië, dat met de creatie van het GOS de Sovjet Unie ophield te bestaan. Verder verklaarden de nieuwe staten dat de Russische Federatie als de opvolger van de Sovjet Unie werd gezien en het permanente lidmaatschap van de VN Veiligheidsraad over zou nemen, alsmede lidmaatschap van andere organisaties. De Russische President Boris Jeltsin schreef de Secretaris Generaal van de VN een brief waarin hij aangaf naast de permanente zetel in de VN Veiligheidsraad ook alle verplichtingen in andere organen van de VN over te nemen. Er kwam geen tegengeluid van andere leden, en daarmee was dit een feit. Alleen Oostenrijk meende dat de Russische Federatie net als de andere nieuwe staten expliciet erkend moest worden, en ging ook tot erkenning over.

De Tsjechische Republiek en de Slowaakse Republiek scheidden op 31 december 1992: Beide staten, die op 1 januari 1993 het licht zagen, verklaarden dat zij zichzelf beschouwden als opvolgerstaten van de uiteengevallen Tsjechische en Slowaakse Federale Republiek (CSFR), en beiden gaven aan verplichtingen uit verdragen en organisaties over te willen nemen. De Secretaris Generaal van de VN veranderde dan ook de namen bij verdragen waarbij CSFR stond in die van Tsjechië en Slowakije, met als datum die waarop documenten binnenkwamen die de overgang aangaven. Aangezien geen van beide nieuwe landen werden gezien als opvolgerstaat, dienden ze lidmaatschap van de VN aan te vragen, en konden ze niet de oorspronkelijke zetel van de CSFR bekleden.

De concept regels inzake staatsaansprakelijkheid zeggen niets over de situatie waarbij zich een onrechtmatige daad heeft voorgedaan waarvoor een staat aansprakelijk is, er vervolgens een statenopvolging plaatsvindt bij de staat die aansprakelijk is of bij de benadeelde staat. Als de staat die de onrechtmatige daad heeft begaan blijft bestaan na cessie of secessie, blijft deze staat ook aansprakelijk. Wanneer er twee staten samengaan, en er sprake is van eenwording, waarbij de staat die de andere staat opneemt rechtspersoonlijkheid heeft, gaat de aansprakelijkheid van de staat die opgaat in de andere mee.

Er is sprake van staatsaansprakelijkheid van staten jegens individuen, die namens hen optreden, zoals bij schendingen van het humanitair recht, en aansprakelijkheid voor acties van gewapende groepen op haar territoir, of ze nu van daaruit acties plannen of trainen. Dit is onder andere vastgelegd in de *Declaration on Friendly Relations* uit 1970, Protocol II van de Geneefse Conventies en artikel 10 van de concept artikelen van de International Law Commission.

Concluderend kunnen we dus stellen dat de staat verantwoordelijk zal zijn voor schendingen van het internationale recht, die uitgevoerd zijn door mensen die verbonden zijn aan staatsinstellingen en namens die staat handelen. De staat is ook verantwoordelijk voor staatsorganen die namens haar activiteiten ontplooien. Tenslotte is de staat verantwoordelijk voor individuen of groepen die in opdracht van staatsorganen handelen.

Hieronder wordt jurisprudentie samengevat die betrekking heeft op verschillende aspecten van staatsaansprakelijkheid, staatsvorming en grensconflicten.

STAATSVORMING

JURISPRUDENTIE MET BETREKKING TOT STAATSAANSPRAKELIJKHEID

Corfu Channel Case, UK and Northern Ireland vs Albania (1947)

Op 22 oktober 1946 liepen twee Britse oorlogsschepen op mijnen in de territoriale wateren van Albanië, waarbij doden vielen en schade aan de schepen optrad. Dit gedeelte van het Corfu Channel was eerder door Britse mijnenvegers ontmijnd. Albanië wist volgens Groot Brittannië dat er mijnen in haar territoriale wateren lagen, en had dit in strijd met het humanitaire recht niet gemeld. Albanië op haar beurt betwist dat zij wist dat er mijnen in haar territoriale wateren lagen. Ten aanzien van onschuldige doorvaart stelt Albanië dat er een speciaal regime van kracht was op 22 oktober 1946 en dat de Britse oorlogsschepen geen toestemming hadden gevraagd de Albanese territoriale wateren binnen te varen. Dit is volgens Albanië een schending van internationaal recht. Eerder had de Albanese grenswacht op 15 mei 1946 al het vuur geopend op Britse militaire schepen. Albanië stelde zich op het standpunt dat de Britse schepen toestemming moesten vragen om door de Corfu Strait te varen, de Britse regering stelde dat er tussen twee volle zeeën een vrije doorvaart door een internationale waterweg is. In dit kader werd de reis van de Britse schepen van 22 oktober 1946 aangekondigd bij de Albanese autoriteiten. Volgens het Internationaal Hof van Justitie is het niet nodig de doorgang tevoren te melden als de doorvaart *onschuldig* is. Op 12 en 13 november 1946 voerden de Britse oorlogsschepen een actie uit waarbij mijnen werden geveegd in de territoriale wateren van Albanië. Nadat de Britten deze actie op 10 november aanmeldden bij de Albanese autoriteiten, maakten de Albanezen hier op 11 november 1946 bezwaar tegen vanwege het unilaterale karakter en stelden voor een commissie te vormen om afspraken te maken. De Veiligheidsraad van de VN heeft beide partijen geadviseerd de zaak voor te leggen aan het Internationaal Hof van Justitie. De regering van Albanië erkent in dit geschil als lidstaat van de VN de rechtsmacht van het Internationaal Hof van Justitie. In artikel 32 van het Handvest staat dat uitspraken van het Internationaal Hof van Justitie bindend zijn en dat lidstaten die de rechtsmacht van het Hof erkend hebben gehouden zijn om uitvoering te geven aan een uitspraak van het Hof. Groot Brittannië claimt dat Albanië verantwoordelijk is voor de schade die is ontstaan toen Britse oorlogsschepen in Albanese territoriale wateren op mijnen liepen in het Corfu Channel. Voorts verzoekt Groot Brittannië het Hof om een schadevergoeding vast te stellen.

      Albanië stelt dat Groot Brittannië, nu Albanië de rechtsmacht van het Hof niet expliciet had erkend, niet eenzijdig de zaak bij het Internationaal Hof van Justitie had mogen aanbrengen. De resolutie van de

HOOFDSTUK 2

VN Veiligheidsraad stelt dat beide partijen de zaak voor het Hof dienen te brengen. Voorts baseert Groot Brittannië zich op artikel 25 van het VN Handvest, waarin de bevoegdheden van de Veiligheidsraad staan beschreven. Een resolutie van de VN Veiligheidsraad is alleen bindend als het om een situatie uit hoofdstuk VII van het VN Handvest gaat, en is niet bindend als het om de vreedzame oplossing van een geschil gaat. Albanië geeft aan dat het *in casu* de rechtsmacht wel erkent, maar dat dit geen precedent schept voor toekomstige situaties. Het Hof oordeelde dat het rechtsmacht had om de zaak inhoudelijk te behandelen.

De vragen die het Internationaal Hof van Justitie diende te beantwoorden in de inhoudelijke fase waren de volgende:

a. Is Albanië verantwoordelijk voor de explosies die zich in Albanese territoriale wateren hebben voorgedaan op 22 oktober 1946, alsmede voor de schade aan have en goed die hieruit voortvloeide? Is er een plicht tot schadevergoeding?
b. Heeft het Verenigd Koninkrijk de wetten van Albanië geschonden toen het op 22 oktober, alsmede op 12 en 13 november 1946 door Albanese wateren voer met een marineschip? Is er een plicht tot het betalen van schadevergoeding?

Het Internationale Hof van Justitie oordeelde dat Albanië verantwoordelijk was voor explosies die zich voordeden in de territoriale wateren van Albanië, en dat de staat schadevergoedingsplichtig is. Voorts oordeelt het Hof dat het Verenigd Koninkrijk de territoriale integriteit van Albanië op 22 oktober 1946 niet heeft geschonden. De territoriale integriteit van Albanië is wel geschonden op 12 en 13 november 1946. Deze verklaring is volgens het Hof voldoende genoegdoening.

Passage through the Great Belt, Finland vs Denemarken (1991)

De Deense regering had het plan om een vaste weg- en treinverbinding tot stand te brengen over de Westelijke en Oostelijke kanalen van de Storebaelt (Great Belt). De gevolgen, en met name voor het oostelijk kanaal, zouden zijn dat diepe schepen van meer dan 65 meter hoog niet meer van de Baltische zee via de Great Belt naar Finland zouden kunnen varen en vice versa. Dit zou voor schepen en olieplatforms die in Finland gebouwd worden betekenen dat ze de Baltische Zee niet meer kunnen bereiken.

De Finse regering verzocht het Internationale Hof van Justitie het volgende:

a. Dat er een recht van vrije doorvaart wordt gegarandeerd door de Great Belt die geldt voor alle schepen die van en naar Finse havens

en scheepswerven varen;
b. Dat dit geldt voor boorschepen, booreilanden, en schepen;
c. Dat het bouwen van een brug als voorzien het onder a en b genoemde onmogelijk maakt;
d. Dat Denemarken en Finland zo spoedig mogelijk te goeder trouw onderhandelingen starten over hoe de onder a tot en met c genoemde vrije doorvaart gegarandeerd kan worden.

Een week nadat deze eis was binnengekomen bij het Hof verzocht Finland om voorlopige voorzieningen op grond van artikel 41 van het Statuut van het Hof en artikel 73 van de Regels van het Hof, waarbij het volgende zou moeten worden veiliggesteld:
a. Denemarken zou, in afwachting van een uitspraak ten principale, zich moeten onthouden van activiteiten die betrekking hebben op de bouw van de brug over het Oostelijk kanaal van de Great Belt, zodat schepen, boorschepen en booreilanden ongehinderd van Finland naar Finse havens en scheepswerven kunnen varen;
b. Denemarken zou zich moeten onthouden van alle acties die de uitkomst van de huidige zaak zouden kunnen beïnvloeden.

Denemarken reageerde op het verzoek voor voorlopige maatregelen en stelde:
a. Dat de voorlopige voorzieningen, zoals verzocht door Finland, afgewezen zouden moeten worden;
b. Subsidiair, en wanneer het Hof geheel of gedeeltelijk Finland bij de voorlopige voorzieningen in het gelijk zou stellen, dat Finland schadevergoeding moet betalen aan Denemarken voor alle schade die wordt veroorzaakt door de voorlopige voorzieningen, mocht ten principale Denemarken in het gelijk gesteld worden.

Het Hof merkt op dat voor Finland doorgang door de Great Belt de enige doorgang naar de Baltische Zee is voor bepaalde schepen. De enige andere doorgang, door de Danish Straits is volgens Denemarken toegankelijk voor alle handelsscheepvaart, maar is niet diep genoeg voor schepen en installaties tot 170 meter die door Denemarken niet worden aangeduid als schepen.

Vervolgens bekijkt het Internationale Hof van Justitie of er een zodanige urgentie is dat er voorlopige voorzieningen moeten worden uitgesproken. Dat zou het geval zijn als er maatregelen door de andere partij voorzienbaar zijn die onomkeerbaar zijn en schade aan de andere partij toebrengen binnen de termijn die het Hof nodig heeft om tot haar oordeel te komen. Denemarken stelt dat er geen hinder zal zijn tot 1994, en tegen die tijd zal het Internationaal Hof van Justitie al tot een uitspraak gekomen zijn. Voorts stelt Denemarken dat veel schepen gewoon onder de brug door kunnen als ze na passage van de brug verder in elkaar gezet worden, en dat andere schepen een andere route kunnen kiezen. Het Hof brengt hier tegenin dat het argument van Finland nu juist is dat het schepen door het Oostelijk kanaal wil laten varen, en in het bijzonder boorschepen en booreilanden, en dat ze deze niet na de brug willen assembleren. Het Hof komt tot de conclusie dat als er constructiewerkzaamheden zouden worden ondernomen aan de brug voordat het Hof tot haar oordeel is gekomen dit het nemen van voorlopige voorzieningen zou rechtvaardigen. Denemarken heeft echter gegarandeerd dat werkzaamheden pas in 1994 zullen plaatsvinden, en als alles normaal verloopt heeft het Hof voor die tijd tot haar oordeel kunnen komen.

Finland meent dat scheepswerven negatieve gevolgen ondervinden van het risico dat hun schepen en installaties misschien niet door het Oostelijk Kanaal kunnen. Het Hof verwerpt deze claim, omdat er geen materiële schade is aangetoond. Het Hof moedigt de partijen aan om gedurende de beraadslagingen van het Hof via onderhandelingen te trachten een vreedzame oplossing van het conflict te bereiken. Het is voorts aan Denemarken om te bekijken welke acties ze wil ondernemen, omdat er schade kan voortvloeien voor Finland. Verder moet Finland zich beraden over doorgang van haar schepen door de Deense Straits, mocht Denemarken in het gelijk worden gesteld.

Op 3 september 1992 ontving het Hof bericht van de Finse regering dat partijen via onderhandelingen tot overeenstemming waren gekomen. De zaak werd vervolgens van de rol gehaald.

Dit arrest laat duidelijk zien wat de wisselwerking tussen recht en politiek is. Finland en Denemarken dreigen een conflict te krijgen. Zij leggen dit voor aan het Internationale Hof van Justitie. Uit de argumenten van beide partijen blijkt, zo schrijft het Hof, dat er, hoe de uitspraak ook wordt, schade zal ontstaan voor een van beide partijen. Het Hof moedigt partijen aan om te zoeken naar een oplossing via onderhandelingen. Dat betekent dat het Hof de partijen voorstelt om het heft zelf in handen te houden en tot een oplossing te komen die beide partijen als optimaal zien. Dit zal niet noodzakelijk het geval zijn als het Internationale Hof van Justitie uitspraak doet. Deze kijkt alleen naar het recht en houdt politieke overwegingen buiten beschouwing. Uiteindelijk zal de gang naar het Internationaal Hof van Justitie de partijen net dat duwtje hebben gegeven om op korte termijn tot een oplossing te komen.

Behrami and Behrami v Frankrijk en Saramati vs. Frankrijk, Duitsland en Noorwegen, Europees Hof voor de Rechten van de Mens, 2007

In deze twee zaken staat de vraag over staatsaansprakelijkheid van acties van UNMIK militairen in Kosovo centraal. In de zaak Behrami en Behrami vs Frankrijk vinden kinderen in 2000 niet gedetoneerde bommen in Mitrovica, Kosovo. Deze bommen zijn door de NAVO afgeworpen. Eén van de kinderen gooit een bom in de lucht en de bom ontploft. Eén kind Behrami komt om, een ander kind Behrami raakt gewond. Op dat moment valt Mitrovica onder Frans gezag, en een onderzoek wordt ingesteld door UNMIK. De vader van de twee kinderen krijgt te horen dat geen vervolging wordt ingesteld omdat de bom niet tijdens het NAVO bombardement is afgegaan. De vader stelt dat Frankrijk in gebreke is omdat het niet heeft voldaan aan haar ontmijningsverplichting uit VN Veiligheidsraad resolutie 1244.

In de zaak Saramati ging het om een man die door KFOR werd gearresteerd op verdenking van poging tot moord, wapenbezit en agressief gedrag. Hij werd vrijgelaten maar later toch weer opgepakt, omdat hij ervan verdacht werd deel uit te maken van een criminele organisatie die actief was in de grensregio van Kosovo en Macedonië. De militairen die betrokken zijn bij deze arrestatie komen uit Duitsland en Noorwegen. De arrestatie van Saramati viel onder het mandaat van Resolutie 1244 waarin staat dat acties mogen worden ondernomen door UNMIK om een veilig klimaat te scheppen. Hij werd veroordeeld, maar in hoger beroep werd de uitspraak vernietigd. Er is nog geen datum vastgesteld voor een nieuw proces wanneer deze zaak speelt.

Beide zaken worden aangebracht bij het Europees Hof voor de Rechten van de Mens en behandeld in de Grote Kamer. In de zaak Saramati stelde Duitsland dat ze niet kon achterhalen of een Duitse militair betrokken was geweest bij de zaak. Ook Saramati kon geen bewijs leveren, behalve dat de regio onder Duits gezag stond tijdens de gebeurtenissen. Dit vond het Europees Hof voor de Rechten van de Mens niet voldoende, en de zaak tegen Duitsland verdween van de rol. In zaak Behrami stelde het Europees Hof voor de Rechten van de Mens dat de VN mandaat had in het gebied en daarmee verantwoording droeg. Resolutie 1244 is gebaseerd op hoofdstuk VII van het VN Handvest, en noch het Handvest noch de bewoordingen in de resolutie hebben betrekking op mensenrechten. Daarom zou het ongepast zijn iets te lezen in de resoluties wat er niet in staat, en ook niet in lijn is met de beperkte onderwerpen van hoofdstuk VII. Gevraagd wordt naar de competentie van het Hof *ratione personae*. Deze kan niet gelegd worden.

Request for an Examination of the Situation in Accordance with Paragraph 63 of the Court's Judgment of 20 December 1974 in the Nuclear Tests Case Nieuw Zeeland vs Frankrijk (1995)

Nieuw Zeeland heeft het Internationaal Hof van Justitie gevraagd om de

HOOFDSTUK 2

ontstane situatie te analyseren op grond van overweging 63 van de uitspraak van het Internationaal Hof van Justitie in de Nuclear Test Case uit 1974.

De reden voor het aanbrengen van deze zaak is de aankondiging in een krant dat Frankrijk van plan is om acht kleine nucleaire testen te gaan doen in de Zuid Pacific vanaf september 1995. Hoewel het in de Nuclear Test case om bovengrondse testen gaat, die besmetting voor Nieuw Zeeland opleveren, heeft Nieuw Zeeland noch het Hof toen kunnen bevroeden dat testen die ondergronds gedaan zouden worden ook besmetting met zich mee brengen. Het Internationaal Hof van Justitie heeft destijds aangegeven dat er geen gevaar meer was, nu Frankrijk had aangegeven geen tests meer te zullen uitvoeren. Nieuw Zeeland meent dat Frankrijk op grond van verdragsverplichtingen een milieu effect rapportage moet doen. Voorts is Nieuw Zeeland van mening dat Frankrijk geen nucleaire vervuiling mag veroorzaken op grond van het voorzorgsbeginsel, dat algemeen aanvaard is in het internationale recht. Verder verzoekt Nieuw Zeeland om via voorlopige voorzieningen de volgende eisen op te leggen aan Frankrijk:

> (1) dat Frankrijk afziet van het doen van verdere nucleaire testen op Mururoa en Fangataufa Atollen;

> (2) dat Frankrijk een milieu effect rapportage laat uitvoeren voor de geplande nucleaire testen en dat deze rapportage in overeenstemming is met geaccepteerde internationale normen en dat, tenzij de rapportage als uitkomst heeft dat er geen radioactieve schade zal zijn aan het maritieme milieu, Frankrijk de testen niet zal uitvoeren;

> (3) dat Frankrijk en Nieuw Zeeland garanderen dat er geen acties worden ondernomen die het conflict verergeren of uitbreiden of de rechten van de andere partij schenden en de uitspraak van het Hof zullen frustreren.

Het Internationaal Hof van Justitie oordeelt dat het verzoek niet valt binnen het bereik van overweging 63 van de Nuclear Test Case uit 1974, en moet de zaak dan ook afwijzen. Dit betekent dat ook het verzoek van Nieuw Zeeland voor voorlopige voorzieningen en de verzoeken van verschillende staten om hun opinie in te dienen worden afgewezen. Het Internationaal Hof van Justitie meende namelijk dat er geen omstandigheden waren die de basis van de uitspraak aantastten. Het Hof constateert dat de zaak uit 1974 alleen over atmosferische testen gaat, en niet over andersoortige testen. In de onderhavige zaak gaat het om ondergrondse testen, en is er dus geen sprake van een vraag die betrekking heeft op de zaak uit 1974. De drie vragen uit de preliminaire bezwaren waarbij verzocht werd om voorlopige voorzieningen worden afgewezen.

Bankovic vs. Belgie, Europees Hof voor de Rechten van de Mens, 2001

Het ging in deze zaak om klachten tegen de NAVO over het bombarderen van een televisiestation in Servië in 1999. Er vielen slachtoffers en daarmee werden mensenrechten geschonden. De NAVO staten die deelnamen aan de actie zijn partij bij het Europees Verdrag voor de Rechten van de Mens. Brengen de mensenrechtenschendingen staatsaansprakelijkheid met zich mee? De NAVO staten stelden dat de slachtoffers zich buiten de jurisdictie van de staten bevonden, en het Europees Hof voor de Rechten van de Mens ging mee in deze redenering. Volgens het Hof was het Verdrag niet bedoeld om wereldwijd toepassing te vinden, zelfs als het gaat om gedrag van lidstaten.

Loizidou vs Turkije, Europees Hof voor de Rechten van de Mens, 1995

Deze zaak speelt zich af op (Turks) Cyprus. Het Europees Hof voor de Rechten van de Mens oordeelde dat Turkije verantwoordelijk was voor mensenrechtenschendingen waarvoor zij staatsaansprakelijkheid droeg in Noord Cyprus, omdat de onophoudelijke aanwezigheid van Turkse troepen op het grondgebied en de volledige en effectieve controle van het grondgebied van Noord Cyprus door Turkije leidde tot jurisdictie van Turkije in Noord Cyprus. Dit gold des te meer, omdat Noord Cyprus niet is erkend door de internationale gemeenschap, uitgezonderd Turkije. Het Hof stelde zich op het standpunt dat ook al werd Noord Cyprus niet erkend, er toch de mogelijkheid was tot het uitputten van de locale rechtsmiddelen, een eis die aan zaken gesteld wordt die worden aangebracht bij het Europees Hof voor de Rechten van de Mens zoals we in het hoofdstuk over institutioneel recht en internationale hoven zullen zien.

JURISPRUDENTIE MET BETREKKING TOT GRENSCONFLICTEN:

Temple of Preah Vihar (1962)

In de zaak Temple of Preah Vihar speelde een grensconflict tussen Cambodja en Thailand. In 1959 diende Cambodja een klacht in bij het Internationaal Hof van Justitie tegen Thailand. Tevens gaf Cambodja aan dat beide partijen de rechtsmacht van het Hof hebben erkend in documenten uit 1950 en 1957. Cambodja verzocht het Hof om te verklaren dat Thailand haar troepen, die zij sinds 1954 bij de ruïne van de Tempel van Preah Vihar had gestationeerd, moest terugtrekken en dat de territoriale soevereiniteit rond de Tempel van Preah Vihar bij Cambodja ligt. Thailand op haar beurt trachtte aan te tonen dat het Hof geen jurisdictie had, omdat de erkenning van het Permanente Hof van Justitie onder de Volkenbond in 1929 door Siam (zoals Thailand vroeger werd genoemd) niet automatisch inhield dat de rechtsmacht overging op het Internationaal Hof van Justitie. Er diende in de preliminaire fase vastgesteld te worden of het Hof de rechtsmacht had kennis te nemen van de feiten, en zich op grond daarvan een oordeel te vormen. Artikel 36 (5) van het Statuut van het Hof stelt dat erkenning van de jurisdictie van het Hof wordt overgenomen door het Internationaal Hof van Justitie. Thailand had echter de rechtsmacht erkend tot 1950.

In de periode tussen 1946 en 1950 waren er acht maanden waarin Thailand het Hof niet erkende. Thailand heeft echter in het geheel geen handelingen verricht die er op wijzen dat zij de rechtsmacht niet langer wilde erkennen. In tegendeel, zij heeft juist verklaard wel de rechtsmacht van het Internationaal Hof van Justitie te erkennen. Cruciaal is hier dat intentie en daden moeten overeenkomen. Het Hof stelde vast dat het jurisdictie had. Het conflict had de volgende voorgeschiedenis: In 1904 had een gezamenlijke grenscommissie de grens tussen Cambodja en Thailand afgebakend. Aan het grensverdrag werd later een kaart met de afgesproken grens toegevoegd. Thailand bestrijdt dat deze grenskaart bindend is en de status van een verdrag heeft. Thailand stelt bovendien dat het sinds 1904 soevereiniteit heeft uitgeoefend in dit gebied, in tegenstelling tot Cambodja. Voorts stelt Thailand dat de Fransen die de kaart opstelden niet geautoriseerd waren om een definitieve kaart op te stellen overeenkomstig het grens verdrag. De kaart werd ook slechts door één van de twee partijen opgesteld. In 1907 werd een tweede grenscommissie ingesteld om het werk van de eerste grenscommissie verder af te maken. In 1907 overlegde de grenscommissie elf kaarten die de grens aangaven. Op één van de kaarten stond een fout, waarvan onverklaarbaar is waarom hij gemaakt is. De grens moest een rivier volgen, maar volgde die niet. Hierdoor kwam op deze kaart de Tempel van Preah Vihar in Thailand te liggen. De Thaise autoriteiten hebben de kaart nooit expliciet erkend, hebben er zich ook geen rekenschap van gegeven dat de grens de waterlijn niet volgde, en hebben er nooit bezwaar tegen gemaakt. De grenscommissie kwam niet meer bijeen na 1907, en stopte haar werkzaamheden voordat de kaart gemaakt werd. Thailand gaat ervan uit dat de intentie van de grenscommissie van 1904 was om de grens volgens de daadwerkelijke waterlijn te laten lopen.

Thailand maakte geen bezwaar tegen de kaart van 1907 en beide landen, Thailand en Cambodja, verspreidden de landkaart op grote schaal. Tot 1954 hebben de Thaise autoriteiten zich gedragen alsof de grenskaart correct was. In 1934-1935 werd de bestaande grens opnieuw bekrachtigd. In 1937 publiceerde Thailand een grenskaart die aangaf dat de Tempel van Preah Vihar in Cambodja lag. Tijdens de Tweede Wereldoorlog bezette Thailand delen van Cambodja, waaronder het gebied waarin de Tempel van Preah Vihar stond. Dit zou er dus op kunnen wijzen dat de claim op de tempel pas uit 1940 stamde. In 1946 accepteerde Thailand een terugkeer naar de *status quo ante* (de situatie zoals deze voor 1941 was). Nog in 1947 toonden de Thaise autoriteiten aan een tripartite commissie een kaart waarop de tempel in Cambodja lag. Het argument van Thailand waarom ze niet eerder dan in 1958 soevereiniteit claimde is dat Thailand al die tijd soevereiniteit uitoefende over de Tempel van Preah Vihar. De uitspraak van het Hof was dat Thailand ruim de mogelijkheid had gehad aan te geven dat zij meende dat de Tempel van Preah Vihar in Thailand lag, of dat zij het niet eens was met de kaart uit 1907 volgend op de delimitatie van de grenscommissie. Dat heeft Thailand niet gedaan, daarom kon Cambodja ervan uitgaan dat het gebied op haar territoir ligt. Thailand moet haar troepen terugtrekken uit het gebied rond de Tempel van Preah Vihar, en alle objecten die het uit de tempel heeft gehaald teruggeven aan Cambodja.

Verzoek tot Interpretatie van het vonnis in de zaak Temple of Preah Vihar (Cambodja vs Thailand), 31 mei 2011, Conclusie n.a.v. de hoorzitting op verzoek van Cambodja voor het uitspraken van voorlopige voorzieningen

Cambodja vraagt om onmiddellijke en onvoorwaardelijke terugtrekking van Thaise troepen uit die delen van het territorium van Cambodja waar de Tempel van Preah Vihar is gelegen; een verbod op alle militaire activiteiten door Thailand in de buurt van de Tempel van Preah Vihar. Voorts wil Cambodja dat Thailand zich onthoudt van iedere daad die ingaat tegen de rechten van Cambodja of het conflict beïnvloeden. Thailand verzocht het Hof om de zaak van de rol te halen. Deze zaak is een voorbeeld waaruit blijkt dat jaren na een uitspraak van het Internationaal Hof van Justitie een conflict nog steeds aanwezig kan zijn en partijen opnieuw naar de rechter gaan om hun conflict op te lossen.

North Sea Continental Shelf Cases, Denemarken vs. BRD, en BRD vs. Nederland (1967)

Het ging hier om de afbakening van het continentaal plateau tussen Nederland en West-Duitsland en tussen Denemarken en West-Duitsland. Het probleem in deze zaak was dat het zeebed over vrijwel het gehele gebied minder dan 200 meter diep was, en dus een continu continentaal plateau vormde. Denemarken en Nederland verzochten het Hof te verklaren dat bij het afbakenen gebruik moest worden gemaakt van de equidistantielijn, in overeenstemming met artikel 6 van het Geneefse Verdrag voor het continentaal plateau. Duitsland wilde een evenredige verdeling. De argumentatie van het Hof was dat Duitsland geen partij bij dit verdrag was, en er dus ook niet aan gebonden kon worden. Bovendien behoorde het gebruik van de equidistantielijn niet tot het internationale gewoonterecht. Het Hof stelde dat iedere partij recht had op dat gebied dat een continuatie vormde van het territorium op land en onder de zee. De grensafbakening zou moeten plaatsvinden op een zodanige manier dat alle partijen met de delimitatie konden instemmen, en het een eerlijke verdeling vormde.

Fisheries Case, Groot Brittannië en Noord Ierland vs. Noorwegen (1947)

In 1935 had Noorwegen een decreet uitgevaardigd waarin het aangaf in welke wateren boven de arctische cirkel het zich het recht toe-eigende om vis te vangen. Groot Brittannië vroeg het Hof of Noorwegen dit recht had, dat wil zeggen of het volgens het internationaal recht was toegestaan. Het Hof oordeelde dat de grensafbakening niet in strijd met het internationaal recht was. De kustlijn van Noorwegen is heel anders dan bij andere landen. Dit komt met name door de vele fjorden en inhammen. Daardoor is moeilijk aan te geven waar het land eindigt en de zee begint langs de Noorse kust. Als buitenlijn zijn de kustgebieden genomen die de uiterste lijn tussen land en zee vormen. Tussen deze gebieden is een zeer visrijk gebied, dat sinds mensenheugenis wordt gebruikt voor de visvangst. Britse vissers visten tot de 17e eeuw geregeld in deze wateren, maar nadat de Noorse koning bezwaar had gemaakt bij Engeland, werd opgehouden met deze gewoonte, en deze situatie bleef meer dan 300 jaar bestaan. In 1906 verschenen er weer Britse schepen in de Noorse wateren. Met het oog op deze incidenten, die zich herhaalden, en de boze reactie van de locale bevolking, besloot de Noorse regering in 1935 tot het afbakenen van het gebied waarin alleen de Noren mochten vissen. In 1948 en 1949 werden Britse trailers opgebracht en vervolgd. Noorwegen stelde zich hier vooral op het standpunt dat het niet in staat was om de algemene regels m.b.t. delimitatie toe te passen zoals die gebruikelijk zijn, en die Engeland voorstelde, vanwege de afwijkende kustlijn van Noorwegen. Noorwegen toonde ook aan dat het gebruik van rechte lijnen langs fjorden al in een decreet van 1812 voorkwam, dus reeds een lange geschiedenis had. Het Hof ging hierin mee.

Lake Lanoux, Frankrijk vs. Spanje, Arbitrage (1957)

In deze zaak ging het om grensoverschrijdende vervuiling van een internationale rivier. De vraag was of dit was toegestaan wanneer tevoren afspraken werden gemaakt met betrekking tot het soort gebruik van de rivier. De staat stroomopwaarts had een hydraulische krachtcentrale in werking gesteld in de rivier. De arbitrage commissie kwam tot de conclusie dat de regel dat staten een hydraulische krachtcentrale mogen installeren en gebruiken op hun deel van het territoir als het om een internationale rivier of een internationaal meer gaat, geen onderdeel van gewoonterecht is, en zeker geen principe van algemeen internationaal recht. Verder stelde de arbitrage commissie dat volgens de regels van goede trouw de staat stroomopwaarts verplicht is om rekening te houden met de verschillende belangen van de staten die langs dit internationale meer of langs de internationale rivier wonen. Derhalve moet er schadevergoeding worden betaald voor geleden schade van omliggende staten die door toedoen van de staat deze schade ondervinden in hun deel van de rivier of het meer.

Maritieme delimitatie in de Zwarte Zee, Roemenië vs Oekraïne (2009)

Op 16 september 2003 verzocht Roemenië het Internationaal Hof van Justitie om de exclusieve economische zone en het continentaal plateau met Oekraïne in de Zwarte Zee te delimiteren. Oekraïne is het met de voorgestelde specifieke delimitatie van Roemenië niet eens en verzoekt het Hof om een andere delimitatie. In 1997 hebben beide landen een verdrag gesloten betreffende goed nabuurschap en samenwerking. Dit verdrag is datzelfde jaar in werking getreden. In dit verdrag, alsmede in een Addendum, werd vastgesteld dat de onderhandelingen over de delimitatie zo snel mogelijk van start zouden gaan, maar in ieder geval binnen drie maanden na het van kracht worden van het Verdrag. Hoewel er 24 onderhandelingsronden hebben plaatsgevonden, is men niet tot overeenstemming gekomen. Op grond van artikel 40 van het Statuut van het Internationaal Hof van Justitie, alsmede paragraaf 4 (h) van de Additionele overeenkomst wordt nu een zaak aangespannen bij het Internationaal Hof van Justitie. Aan de eisen uit dit artikel, dat er twee jaar onderhandelingen hebben plaatsgevonden, is voldaan. Ook is voldaan aan het ondertekenen en in werking treden van het grensverdrag tussen Roemenië en Oekraïne 'On the Romanian-Ukrainian State Border Régime, Collaboration and Mutual Assistance on Border Matters'. Dit verdrag trad in werking in 2003. Van toepassing waren de artikelen 74 en 83 van het Zeerechtverdrag van 1982 (UNCLOS II). De EU werd gevraagd of zij als waarnemer deze zaak wilde volgen, maar de organisatie bedankte hiervoor. Beide partijen benoemden een ad hoc rechter, aangezien ze geen rechter van eigen nationaliteit in het Internationaal Hof van Justitie hadden.

Vastgesteld wordt dat de Zwarte Zee een gesloten zee is, die verbonden is met de Middellandse Zee via de Dardanellen, de zee van

Marmara en de Bosporus. Het Internationaal Hof van Justitie maakt unaniem een delimitatie met kaarten.

Application of the International Convention on the Elimination of All Forms of Racial Discrimination, Georgië vs Russische Federatie (2011)

In augustus 2008 heeft er een gewapend conflict plaatsgevonden tussen regeringstroepen van Georgië en de Russische Federatie. De gevechten vonden plaats in en rond Zuid Ossetië, waarbij veel inwoners zijn gevlucht. Georgië roept artikel 22 van de Conventie on the Elimination of Racial Discrimination (CERD) in en stelt dat het Hof op grond van deze klacht rechtsmacht heeft. Rusland brengt hiertegen vier preliminaire bezwaren naar voren, waarin het stelt dat het Hof geen rechtsmacht heeft.

In het eerste preliminaire bezwaar stelt Rusland dat er geen conflict is tussen de partijen zoals geformuleerd in artikel 22 CERD. Hierbij stelt de Russische Federatie zich op het standpunt dat de interpretatie van de term 'conflict' binnen CERD nauwer geïnterpreteerd dient te worden dan in andere gevallen. Het Hof meent echter dat de term 'conflict' niet anders hoeft te worden geïnterpreteerd, en wijst het eerste preliminaire bezwaar dan ook af.

Het tweede preliminaire bezwaar gaat over de procedurele omstandigheden van artikel 22 CERD. De Russische Federatie gaat ervan uit dat niet is voldaan aan twee procedurele regels van artikel 22 CERD. Dit artikel biedt twee mogelijkheden om het conflict op te lossen: door naar het Internationaal Hof van Justitie te gaan, of door onderhandelingen via een speciale procedure binnen CERD. De vraag is of deze speciale procedure eerst gevolgd moet worden, voordat naar het Internationaal Hof van Justitie kan worden gegaan. Georgië heeft geen pogingen ondernomen om via een CERD procedure dit conflict tot een einde te brengen. Voor wat betreft de onderhandelingen die moeten zijn ondernomen op grond van artikel 22 CERD dienen deze verband te houden met de inhoud van het artikel, en betrekking te hebben op rassendiscriminatie. Het is duidelijk dat aan beide vereisten door Georgië niet is voldaan, en dat daarmee dit preliminaire bezwaar van de Russische Federatie wordt toegekend. Het is nu niet meer nodig naar de andere twee preliminaire bezwaren te kijken. De zaak werd niet ontvankelijk verklaard.

STAATSVORMING

JURISPRUDENTIE MET BETREKKING TOT STAATSVORMING

Advisory Opinion: Accordance with International Law of the Unilateral Declaration of Independence in Request of Kosovo (2008), Advies van het Internationaal Hof van Justitie (2010)

De vraag of de eenzijdige onafhankelijkheidsverklaring van Kosovo in overeenstemming was met internationaal publiekrecht werd aan het Internationaal Hof van Justitie voorgelegd door de Algemene Vergadering van de VN. Het recht van de Algemene Vergadering om het Hof om een advies te vragen vinden we in artikel 65 lid 1 van het Statuut van de VN en artikel 96 lid 1 van het VN Handvest. Een vraag die ook beantwoord moet worden is of de Algemene Vergadering haar bevoegdheden te buiten is gegaan door deze zaak aan te brengen, aangezien kwesties die een bedreiging van de vrede of schending van de vrede betreffen tot de bevoegdheid van de Veiligheidsraad behoren. Er dient verder te worden vastgesteld dat de vraag die voorligt een juridische vraag is. Een onafhankelijkheidsverklaring valt onder het nationale constitutionele recht. Het feit dat een situatie ook politieke consequenties heeft, doet niet af aan het feit dat het om een juridische vraag gaat.

Het Internationaal Hof van Justitie heeft in deze zaak vastgesteld dat ze jurisdictie heeft. Artikel 12 van het VN Handvest, waarin wordt vastgelegd hoe de verhoudingen tussen Algemene Vergadering en Veiligheidsraad zijn, beperkt de Algemene Vergadering niet in het stellen van vragen aan het Internationaal Hof van Justitie over zaken die betrekking hebben op bedreigingen van de vrede en schendingen van de vrede. Het feit dat ook de Veiligheidsraad zich met een zaak bezighoudt doet hier niet aan af, omdat de competenties duidelijk verdeeld zijn en de Algemene Vergadering geen aanbevelingen zal doen in een conflict, tenzij de Veiligheidsraad de Algemene Vergadering daarom vraagt. De Secretaris Generaal zal de Algemene Vergadering op de hoogte houden van alle zaken die onder de aandacht van de Veiligheidsraad gebracht worden of die de aandacht van de Veiligheidsraad hebben.

In 1999 heeft de VN Veiligheidsraad Resolutie 1244 aangenomen, welke een speciaal regime voor Kosovo in het leven riep, de United Nations Interim Administration in Kosovo (UNMIK). Er was een speciale rol weggelegd voor de Speciale Afgezant van de Secretaris Generaal van de VN. Er werden vier 'zuilen' opgericht waarop het UNMIK bestuur steunde. In de aanloop naar de onafhankelijkheidsverklaring werd een Speciaal Gezant van de VN Secretaris Generaal benoemd die de ontwikkelingen volgde en er werd een Contact Groep ingesteld. De betrekkingen tussen de 'Provisional Institutions of Self-Government' en de Speciaal Gezant van de

HOOFDSTUK 2

Secretaris Generaal werden geregeld. Ook werden er regels opgesteld voor het proces.

De Speciaal Gezant heeft een uitgebreid voorstel voor de oplossing van de status van Kosovo aangeboden, waarna onderhandelingen over de status van Kosovo onder leiding van de Troika mislukten. Op 17 november 2007 werden verkiezingen gehouden voor de Raad van Kosovo, waarna op 17 februari 2008 de onafhankelijkheid werd uitgeroepen. De voorliggende vraag is of de onafhankelijkheidsverklaring in overeenstemming met het internationaal recht is.

Het Internationaal Hof van Justitie betoogd het volgende: Er is geen regel in het internationaal recht die het verbiedt om de onafhankelijkheid uit te roepen. Is het zo dat een onafhankelijkheidsverklaring die in strijd is met de territoriale integriteit daardoor onrechtmatig is? De ruimte die staten zien in de territoriale integriteit hangt samen met de manier waarop zij met elkaar omgaan. Derhalve was de onafhankelijkheidsverklaring van 17 februari 2008 niet in strijd met het internationaal recht. Resolutie 1244 en het Constitutional Framework zijn onderdeel van het internationaal recht en reguleren zaken die betrekking hebben op het nationaal recht. Beiden waren van kracht op 17 februari 2008, en geen van beiden zijn buiten werking gesteld. Dat betekent dat ze nog steeds van kracht zijn en dat de Speciaal Vertegenwoordiger van de Secretaris Generaal nog steeds in functie is. Er is sprake van een tijdelijke opheffing van de soevereiniteit van Servië over Kosovo. Resolutie 1244 heeft een interim regering in het leven geroepen.

De auteurs van de onafhankelijkheidsverklaring hebben buiten de interim administratie om deze verklaring opgesteld, en ook de Speciaal Afgevaardigde zegt niets over de opstelling van de verklaring. In de tekst wordt niet verwezen naar de Raad van Kosovo. Resolutie 1244 zegt niets over een uiteindelijke status van Kosovo, en het is niet de bedoeling van de Veiligheidsraad geweest een uiteindelijke status van Kosovo te bepalen. Er stond in de resolutie echter ook niets wat een onafhankelijkheidsverklaring in de weg stond. De onafhankelijkheidsverklaring is niet uitgebracht door de Provisional Institutions of Self-Government. De conclusie van het Hof is dan ook dat de onafhankelijkheidsverklaring op geen enkele manier in strijd was met het internationaal recht.

SOUTH WEST AFRICA OOK WEL NAMIBIË, PRELIMINAIRE FASE EN INHOUDELIJKE FASE, LIBERIA VS ZUID AFRIKA EN ETHIOPIË VS ZUID AFRIKA (1962)

Deze zaak wordt aangebracht door Liberia en Ethiopië. Onderwerp van geschil was het mandaat dat in 1962 nog bestond over Zuid West Afrika. In deze tijd was het dekolonisatieproces in volle gang. De Algemene Vergadering van de VN had in 1960 Resolutie 1514 aangenomen waarin dekolonisatie werd toegestaan. De vraag die hier aan de orde was behelsde de rechtmatigheid van het nog steeds uitgeoefende mandaat door Zuid Afrika over Zuid West Afrika. Dit mandaat was in 1920 onder de Volkenbond in het leven geroepen. De rechten van de Volkenbond zijn overgenomen door de Verenigde Naties.

De volgende situatie was onderwerp van discussie: Zuid Afrika zou de modaliteiten van het mandaat hebben gewijzigd zonder overleg met de VN, en dit zou in strijd met het internationaal recht zijn. Zuid Afrika heeft niet voldoende gedaan om het mandaatgebied verder te ontwikkelen, wat een centraal doel van de instelling van mandaten was toen deze werden ingesteld. Zuid Afrika zou ook wet- en regelgeving hebben aangenomen die onredelijk, arbitrair en onrechtvaardig is. De wet- en regelgeving leidt niet tot een ontwikkeling waarbij de mensen uit Zuid West Afrika zelf het bestuur kunnen overnemen. Zuid Afrika heeft ook geen rapporten aan de VN overhandigd waarin informatie over Zuid West Afrika wordt verstrekt. Voorts heeft Zuid Afrika in strijd met hoofdstuk VII van het VN Handvest militaire bases geopend in Zuid West Afrika.

Zuid Afrika stelt zich op het standpunt dat de Volkenbond is opgeheven, en dat het verdrag dat onder het regime van de Volkenbond is opgesteld dus ook niet meer geldt. Het Hof is van mening dat je niet kunt beweren dat het verdrag waarbij je mandataris werd niet meer geldt, en tegelijkertijd de gedragingen uitvoert van een mandataris. Artikel 6 van het mandaat stelde dat Zuid Afrika ieder jaar een naar het oordeel van de Volkenbond acceptabel rapport dient te overleggen.

In 1945 werd de VN opgericht, en hoofdstuk VII en VIII, samen met hoofdstuk XI, geven gelijke rechten en plichten aan een mandaatgebied en de mandataris als onder het Verdrag van de Volkenbond. Toen dus de Volkenbond in 1946 werd opgeheven, wist men dat het mandaatsysteem beschermd was. De eerste en tweede preliminaire bezwaren worden dan ook afgewezen. Het derde bezwaar betrof het feit dat bestreden werd dat er sprake was van een 'conflict' zoals verwoord in artikel 7 van het mandaat. Ook dit bezwaar wordt verworpen. Het laatste bezwaar stelt dat, mocht het Hof van oordeel zijn dat er een conflict is, dit ook via onderhandelingen zou kunnen worden opgelost. Er hebben geen onderhandelingen plaatsgevonden, en om die reden zou het Hof moeten afzien van een behandeling van deze zaak ten principale. Wie echter naar de geschiedenis van dit conflict kijkt, ziet dat het al jaren bestaat, en dat met name sinds 1960 de partijen in een impasse zitten. Bovendien is duidelijk dat het conflict tussen Zuid Afrika, Liberia en Ethiopië breder is, en dat meerdere staten het standpunt van Liberia en Ethiopië delen. Daarom dient ook het vierde bezwaar te worden verworpen. Het Hof heeft dus jurisdictie en kan het conflict inhoudelijk behandelen.

Bij de uitspraak in de inhoudelijke fase geeft de stem van de voorzitter de doorslag, aangezien de stemmen verder gelijk verdeeld zijn. Het Hof wijst de argumenten van Liberia en Ethiopië af. Het argument om af te wijzen is dat de partijen geen recht hebben om in deze zaak op te komen, omdat ze geen belanghebbende zijn. Het was daarna niet meer nodig om naar artikel 2 of artikel 6 van het mandaat te kijken.

RELEVANTIE VOOR POLITICOLOGEN

Voor een politicoloog is het van belang de regels rond staatsvorming te kennen, omdat staatsvorming evenveel juridische als politieke componenten heeft. De keuze om een bepaald gebied wel te erkennen (bv. Kroatië door Duitsland, omdat Duitsland van oudsher een bijzondere band had met Kroatië), en het niet erkennen van Macedonië (voluit FYROM, Former Yugoslav Republic of Macedonia, omdat Griekenland bang was dat het nieuwe gebied aanspraken zou maken op de Griekse provincie Macedonië), of pas later te erkennen, gaat soms zelfs in tegen de geformuleerde juridische regels. Het recht geeft hier richting aan de besluitvorming van de politicoloog. Ook de jurisprudentie toont dat politiek en recht vaak verweven zijn. Daarbij is het goed om juridische en politieke argumenten te kunnen scheiden.

VERDER LEZEN?

1. Brownlie, *Principles of Public International Law*, Oxford University Press, Oxford, 2008.
A. Cassese, *International Law*, Oxford University Press, Oxford, 2005.
J. Crawford, A. Pellet, S. Olleson, *The Law of International Responsibility*, Oxford University Press, Oxford, 2010
J. Crawford, *The Creation of States in International Law*, Clarendon Press, Oxford, 2006.
J. Crawford, *The International Law Commission's Articles on State Responsibility, Introduction, Text and Commentaries*, Cambridge University Press, Cambridge, 2002.
P. Dumberry, *State Succession to International Responsibility*, Martinus Nijhoff Publishers, Leiden, 2007.
P. Malanczuk, *Akehurst's Introduction to International Law*, Routledge, London, 2009.

JURISPRUDENTIE

Temple of Preah Vihar (Cambodja vs Thailand),

http://www3.icj-cij.org/docket/index.php?p1=3&p2=3&code=ct&case=45&k=46
Request for interpretation of the Judgment of 15 June 1962 in the case concerning the Temple of Preah Vihear (Cambodia v. Thailand) (Cambodia v. Thailand),
http://www.icj-cij.org/docket/index.php?p1=3&p2=3&code=ct2&case=151&k=89
South West Africa (Ethiopia v. South Africa),
http://www3.icj-cij.org/docket/index.php?p1=3&p2=3&code=esa&case=46&k=c1
South West Africa (Liberia v. South Africa),
http://www.icj-cij.org/docket/index.php?p1=3&p2=3&code=lsa&case=47&k=f2
Corfu Channel (United Kingdom of Great Britain and Northern Ireland v. Albania),
http://www.icj-cij.org/docket/index.php?p1=3&p2=3&code=cc&case=1&k=cd
Passage through the Great Belt (Finland v. Denmark),
http://www.icj-cij.org/docket/index.php?p1=3&p2=3&code=fd&case=86&k=a5
Request for an Examination of the Situation in Accordance with Paragraph 63 of the Court's Judgment of 20 December 1974 in the Nuclear Tests (New Zealand v. France) Case,
http://www.icj-cij.org/docket/index.php?p1=3&p2=3&code=nzfr&case=97&k=cd
Application of the International Convention on the Elimination of All Forms of Racial Discrimination (Georgia v. Russian Federation),
http://www.icj-cij.org/docket/index.php?p1=3&p2=3&code=GR&case=140&k=4d
Fisheries (United Kingdom v. Norway),
http://www.icj-cij.org/docket/index.php?p1=3&p2=3&code=ukn&case=5&k=a6
North Sea Continental Shelf (Federal Republic of Germany/Denmark),
http://www.icj-cij.org/docket/index.php?p1=3&p2=3&code=cs&case=51&k=e2
North Sea Continental Shelf (Federal Republic of Germany/Netherlands),
http://www.icj-cij.org/docket/index.php?p1=3&p2=3&code=cs2&case=52&k=cc
Lake Lanoux Arbitration (France vs Spain),
http://www.ecolex.org/server2.php/libcat/docs/COU/Full/En/COU-143747E.pdf
Maritime Delimitation in the Black Sea (Romania v. Ukraine),
http://www.icj-cij.org/docket/index.php?p1=3&p2=3&code=ru&case=132&k=95
Accordance with international law of the unilateral declaration of independence in respect of Kosovo (Request for Advisory Opinion),
http://www.icj-cij.org/docket/index.php?p1=3&p2=4&code=kos&case=141&k=21

HOOFDSTUK 3

INSTITUTIONEEL RECHT

INLEIDING

In dit hoofdstuk onderzoeken we hoe internationale organisaties zijn opgebouwd en hoe ze functioneren. We zullen zien dat er overeenkomsten zijn tussen de institutionele structuur van internationale intergouvernementele organisaties en internationale non-gouvernementele organisaties (NGO's). Naast de behandeling van de VN is er een keuze gemaakt uit verschillende regionale organisaties, zoals de Raad van Europa, de EU, de OVSE en de NAVO. We concentreren ons vooral op mondiale en Westerse organisaties. Verschillende internationale organisaties hebben hun eigen Hoven. Ook de institutionele opbouw van deze Hoven wordt besproken.

INSTITUTIONEEL RECHT, INTERNATIONALE ORGANISATIES

Het institutioneel recht regelt de oprichting en ontbinding van internationale organisaties, en creëert regels met betrekking tot de inrichting en het dagelijks functioneren van internationale organisaties. Dit betekent dat er bij mondiale en regionale internationale intergouvernementele organisaties een vergelijkbare structuur gevonden kan worden. Ook internationale non-gouvernementele organisaties bezitten vele onderdelen die worden beschreven in het internationaal institutioneel recht. Kennis van deze tak van internationaal recht is belangrijk voor de politicoloog, omdat het inzicht verschaft in het efficiënt gebruik maken van de procedures binnen internationale organisaties.

Er kan onderscheid gemaakt worden tussen mondiale organisaties, zoals de Verenigde Naties, en regionale organisaties, zoals de Raad van Europa, de EU, de NAVO, de Afrikaanse Unie, of bijvoorbeeld de Organisatie van Amerikaanse Staten.

Wanneer staten menen dat een nieuwe internationale organisatie in het leven moet worden geroepen, dient eerst te worden vastgesteld wat het doel van de organisatie zal zijn. Ook moeten regels geformuleerd worden ten aanzien van de reikwijdte van de organisatie, dat wil zeggen wat het territoriale werkgebied van de organisatie zal zijn. Dit kan samenhangen met het doel van de organisatie. Zo is het doel waarmee de Verenigde

Naties werd opgericht het bewaren van de wereldvrede, en dat betekent dat er landen vanuit alle delen van de wereld lid kunnen worden. Anders lag dit bij de NAVO, die als doel had om landen in West Europa en de Verenigde Staten hun veiligheid te garanderen, als verdedigingsorganisatie tegen de Sovjet Unie en het Warschaupact (de regionale verdedigingsorganisatie van de Sovjet Unie en landen in Oost Europa).

Wanneer duidelijk is welk thema de organisatie zal hebben en wie er theoretisch gezien territoriaal lid kunnen worden, dienen er regels te worden geformuleerd voor lidmaatschap van de organisatie. Aan welke criteria moet een land voldoen om lid te mogen worden? Voor de Verenigde Naties gaat het dan om toezeggingen met betrekking tot vrede en veiligheid en criteria rond staatsvorming, zoals geformuleerd in de Montevideo Conventie (artikel 4 VN Handvest).

Regels rond de inrichting van een organisatie worden vaak vastgelegd in een Handvest, Statuut of verdrag met andere naam. Ook moeten er regels geformuleerd worden om aan te geven hoe de organisatie kan worden opgeheven. Er dienen regels te zijn ten aanzien van het uitstoten van landen die zich niet langer aan de regels van de organisatie houden. Niet alle organisaties hebben regels voor uitstoting van leden, sommige organisaties volstaan met het opleggen van sancties. Ook moeten er bij voorkeur regels zijn die aangeven hoe een staat lidmaatschap van een internationale intergouvernementele organisatie kan opzeggen. Wanneer er geen regels zijn die aangeven hoe een staat lidmaatschap kan opzeggen, is de algemene regel dat de lidstaat het Secretariaat of indien aanwezig de Secretaris Generaal van de organisatie schriftelijk laat weten dat het niet langer gebonden wil zijn aan de organisatie. Na ontvangst van de brief gaat vervolgens een termijn van een jaar lopen. Na deze termijn is de staat niet langer lid van de organisatie. Er dienen regels te zijn die aangeven hoe de organisatie opgeheven moet worden. Ook moet gekozen worden of er waarnemerstatus is bij de organisatie, zodat staten die veel belang stellen in de organisatie, maar geen lid kunnen worden omdat ze geografisch niet in de organisatie passen (zoals de VS, Canada en Japan bij de Raad van Europa) of omdat ze geen staat of intergouvernementele organisatie zijn (binnen de VN hebben sommige belangrijke non gouvernementele organisaties waarnemerstatus) toch op de hoogte zijn van de ontwikkelingen binnen de organisatie. Er kan nagedacht worden over de vraag of er behoefte is aan deellidmaatschap, dus het deelnemen aan bepaalde onderdelen van de organisatie, zonder volledig lid te zijn (dit kwam bij de Volkenbond voor bij staten die nog niet aan alle criteria voor toetreding voldeden).

De internationale organisatie dient een structuur te hebben. Besloten moet worden waar de organisatie zich gaat vestigen, of de organisatie een Secretariaat met een Secretaris Generaal zal hebben. Er dient een orgaan te zijn waarin alle lidstaten zijn vertegenwoordigd, en waarin gesproken wordt over de algemene lijn die de organisatie volgt. Dit wordt doorgaans de Algemene Vergadering of Parlementaire Assemblee genoemd, en dit orgaan komt minimaal eenmaal per jaar bijeen in plenaire vergadering. Een Algemene Vergadering heeft vaak commissies die vaker bijeen komen en zich met specifieke onderwerpen bezighouden. Deze commissies rapporteren aan de Algemene Vergadering.

Er dient een orgaan te zijn dat zich bezighoudt met de financiën. Hoe komt de organisatie aan haar financiën? Dit kan door middel van contributies, vrijwillige bijdragen en giften. Ook kan een internationale organisatie door middel van het verlenen van diensten aan staten en burgers of aan andere internationale organisaties aan inkomsten komen. Voorts kunnen de inkomsten vergroot worden door investering en belastingheffing. Deze zijn noodzakelijk ter bedruiping van de activiteiten van de organisatie. Er dienen regels geformuleerd te worden waaraan de begroting moet voldoen en over de vaststelling van de begroting en de bevoegdheid tot vaststelling van de begroting moet besloten worden.

Er dienen regels te zijn die aangeven hoe conflicten worden opgelost. Sommige internationale intergouvernementele organisaties hebben hun eigen Hof (denk aan het Europees Hof voor de Rechten van de Mens, het Europees Hof van Justitie, het Internationaal Hof van Justitie en het Internationaal Strafhof), maar er kan ook verwezen worden naar internationale arbitrage. Ook is het belangrijk dat besloten wordt hoe groot de delegaties zijn, wie instructies mag aannemen van de regeringen, hoe de samenstelling van delegaties zal zijn (zitten er alleen regerings-vertegenwoordigers in, of ook afgevaardigden van belangen groepen) en hoe de geloofsbrieven worden overhandigd. Voorts moet er bij een conflict de mogelijkheid zijn om een land uit bepaalde organen te weren of uit de organisatie te stoten. Wil de organisatie de mogelijkheid tot militaire dwang hebben? Zijn er mogelijkheden om het Statuut of juridisch oprichtings-document te amenderen? Vaak zal een dergelijke procedure zo omslachtig zijn dat er niet of nauwelijks gebruik van zal worden gemaakt. De reden hiervoor is dat de internationale organisatie haar leden rechtszekerheid wil verschaffen en niet frequent de regels wil wijzigen. Dit voorkomt ook interne strijd om de macht van de lidstaten. Belangrijk is ook dat er een goede coördinatie is tussen de verschillende organen van de organisatie, de organen en de lidstaten. Ook kan het van belang zijn dat er coördinatie plaats vindt tussen de internationale organisatie en andere internationale organisaties.

Met betrekking tot besluitvorming moet bekeken worden wanneer er een quorum is, hoe vaak een orgaan bijeen komt, waar vergaderd wordt, of alle vergaderingen openbaar zijn en hoe documentatie beschikbaar wordt gesteld. Er moeten beslissingen worden genomen ten aanzien van de procedure van de vergaderingen en de besluitvorming. Wie hebben er het recht van initiatief, wie mogen voorgenomen besluiten amenderen? Er moet beslist worden of besluitvorming bij unanimiteit, meerderheid of gekwalificeerde meerderheid zal plaatsvinden. Daarnaast kan gekozen worden voor besluitvorming bij consensus. Wanneer besluitvorming bij meerderheid plaatsvindt, dient zich de vraag aan of het hier gaat om de meerderheid van de aanwezigen die stemrecht hebben, of om de meerderheid van de leden van de organisatie. Ook is het belangrijk aan te geven of besluitvorming hoofdelijk, openbaar, geheim dan wel schriftelijk zal plaatsvinden. Wanneer zal besluitvorming in werking treden? Is dit direct nadat erover gestemd is, of worden besluiten nog ter goedkeuring voorgelegd aan de lidstaten?

VERENIGDE NATIES

Organisatie van de Verenigde Naties

Geschiedenis
Gedurende de Tweede Wereldoorlog werd er door de Geallieerden al nagedacht over de inrichting van de wereld na de oorlog. In 1941 hield Franklin D. Roosevelt een toespraak die bekend is geworden als de Four Freedoms speech, waarin hij aangaf dat iedereen, waar ook ter wereld, recht zou moeten hebben op de volgende vier vrijheden: vrijheid van meningsuiting, godsdienstvrijheid, vrijwaring van gebrek en vrijwaring van vrees. Er werden concepten gemaakt voor een nieuwe internationale mondiale organisatie, die tot doel had om te voorkomen dat er ooit nog een wereldoorlog zou uitbreken. Daartoe moest de organisatie een belangrijk orgaan hebben dat zich zou bezighouden met de bescherming van de vrede, en ook middelen zou hebben om actie te ondernemen wanneer er sprake zou zijn van een schending van de vrede. Besloten werd om daartoe een orgaan te creëren waarin de overwinnaars van de Tweede Wereldoorlog vertegenwoordigd zouden zijn. Dit orgaan werd de Veiligheidsraad, en de overwinnaars van de oorlog, de VS, de Sovjet Unie, China, en in Europa Frankrijk en Engeland, kregen een permanente zetel in dit orgaan met vetomacht.

Tegelijkertijd werd er door de vrouw van de Amerikaanse president, Eleanor Roosevelt, nagedacht over mogelijkheden om deze organisatie toezicht te laten houden op de mensenrechten. Zij stond aan de wieg van de ontwikkeling van verdragen als het Internationaal Verdrag inzake Burgerlijke en Politieke Rechten en het Internationaal Verdrag inzake Economische, Sociale en Culturele Rechten. Mede door haar toedoen hebben non gouvernementele organisaties de mogelijkheid om waarnemerstatus te krijgen bij internationale organisaties. Direct na de Tweede Wereldoorlog werd in San Francisco een conferentie belegd waar de Verenigde Naties werden opgericht. Sinds haar oprichting is de VN enorm uitgebreid, mede door de dekolonisatie in Afrika en Azië en het uiteenvallen van de Sovjet Unie en Joegoslavië. Ook zijn er als gevolg van afscheiding meer staten ontstaan.

Rechtsbasis
De juridische basis van de VN vinden we in het VN Handvest. Ook de Universele Verklaring voor de Rechten van de Mens vormt een belangrijk rechtsonderdeel van de VN. Hoewel de Universele Verklaring voor de Rechten van de Mens niet de vorm van een verdrag heeft, en daarmee niet bindend was, is het van grote invloed geweest. De verklaring bevat een lijst met belangrijke mensenrechten en principes, en is door vele landen na de Tweede Wereldoorlog gebruikt als voorbeeld bij het formuleren van een Grondwet. In de loop der tijd is de Universele Verklaring voor de Rechten van de Mens dan ook voor sommigen geaccepteerd geraakt als onderdeel van het dwingend gewoonterecht.

Het VN Handvest formuleert het doel van de VN, namelijk het bewaren van de vrede en veiligheid in de wereld, beschrijft de werking en doelstellingen van de organen van de VN en beschrijft hoe staten lid kunnen worden van de VN. Ook beschrijft het Handvest welke sancties de organisatie kan nemen wanneer staten zich niet houden aan haar aanbevelingen, veelal geformuleerd in resoluties van de Veiligheidsraad. Tenslotte beschrijft het Handvest hoe er met conflicten moet worden omgegaan, hoe het Handvest kan worden geamendeerd, en hoe de organisatie kan ophouden te bestaan.

Lidmaatschap
Staten die lid willen worden van de Verenigde Naties moeten een verzoek daartoe in dienen bij het Secretariaat. Teneinde lid te kunnen worden moet aan verschillende criteria zijn voldaan, die zijn geformuleerd in artikel 4 van het VN Handvest:

1. Internationale vrede en veiligheid handhaven;
2. Vriendschappelijke betrekkingen aanknopen tussen naties gebaseerd op respect voor het principe van gelijke rechten en het zelfbeschikkingsrecht van volken;
3. Internationale samenwerking realiseren bij het oplossen van problemen van economische, sociale, culturele of humanitaire aard en respect voor

mensenrechten en fundamentele vrijheden;
4. Een lidstaat zal niet dreigen met het gebruik van geweld, of geweld gebruiken ten koste van de territoriale integriteit of politieke onafhankelijkheid van een andere staat.

Artikel 18 van het Handvest stelt dat tweederde van de Algemene Vergadering voor het lidmaatschap van een staat die hierom verzoekt moet stemmen, nadat een aanbeveling van de Veiligheidsraad is ontvangen conform artikel 27 (2) van het VN Handvest. Deze aanbeveling wordt afgegeven nadat aan de vereisten is voldaan, die geformuleerd zijn in artikel 4 VN Handvest.

De procedure die gevolgd moet worden om lid te worden van de VN is neergelegd in artikel 134 tot 138 van het Handvest.

In 1947 verzocht de Algemene Vergadering het Internationaal Hof van Justitie om advies inzake de vraag of het mogelijk is dat de Algemene Vergadering en de Veiligheidsraad aanvullende criteria mogen formuleren, boven de criteria die in de artikelen 1 en 2 zijn geformuleerd, of dat de criteria uit de artikelen 1 en 2 uitputtend zijn (Conditions of Admission of a State to Membership in the United Nations (Article 4 of the Charter), Advisory Opinion, ICJ, 1948). Het Hof kwam tot de conclusie dat de criteria die geformuleerd zijn in artikel 4 VN Handvest uitputtend zijn, en dat een lidstaat niet gerechtigd is

> to make its consent to the admission dependent on conditions not expressly provided by paragraph 1 of the said article, and that, in particular, a member of the organization cannot, while it recognizes the conditions set forth in that provision to be fulfilled by the State concerned, subject its affirmative vote to the additional condition that other states be admitted to membership in the United Nations together with that State.

In 1949 werd een ander advies gevraagd aan het Internationaal Hof van Justitie met betrekking tot deze vraag (Competence of the General Assembly for the Admission of a State to the United Nations, Advisory Opinion, ICJ, 1950). Dit aanvullende advies was nodig omdat de positie van de Veiligheidsraad niet voldoende aan bod was gekomen in het eerdere advies. De Algemene Vergadering stelde voor dat het woord "aanbeveling" in artikel 4 (2) VN Handvest niet noodzakelijkerwijs een positieve aanbeveling zou hoeven te zijn. Zou het mogelijk zijn dat de Algemene Vergadering een staat toe laat als er geen aanbeveling van de Veiligheidsraad zou zijn, door de afwezigheid van een aanbeveling te interpreteren als een negatieve aanbeveling? Het Internationale Hof van Justitie meende in deze dat

> the admission of a State to membership in the United Nations, pursuant to

paragraph 2 of Article 4 of the Charter, cannot be effected by a decision of the General Assembly when the Security Council has made no recommendation for admission, by reason of the candidate failing to obtain the requisite majority or of the negative vote of a permanent Member upon a resolution so to recommend.

Zetel en officiële talen.
De zetel van de Verenigde Naties is New York. Er is echter ook een belangrijk kantoor in Genève, het kantoor van de voorganger van de VN, de Volkenbond. Daarnaast heeft de VN vele regionale kantoren.
    De officiële talen binnen de VN zijn het Engels, Frans, Spaans, Russisch, Arabisch en Chinees. Dit betekent dat alle documenten in deze zes talen beschikbaar moeten zijn. Het is van groot belang dat de vertalingen kloppen, want als er in een aanbeveling of internationaal verdrag een verschil in vertaling is, of zelfs een correcte vertaling, maar hieruit meerdere interpretaties kunnen volgen, dan dient de oorspronkelijke taal leidend te zijn. Het is daarom belangrijk dat nationale parlementen tijdens het ratificatieproces de vertaling naar de nationale taal oplettend volgen. Verdragen hebben naast de verdragstekst ook een Memorie van Toelichting, die aangeeft wat de bedoeling van ieder afzonderlijk artikel is. Bij twijfel over de juiste vertaling, of juiste interpretatie van de vertaling, kan de Memorie van Toelichting helderheid verschaffen.

Algemene Vergadering, Commissies
In de Algemene Vergadering zijn alle lidstaten van de VN vertegenwoordigd. De Algemene Vergadering komt minimaal 1x per jaar bijeen in de samenstelling van de regeringsleiders. Iedere premier of president krijgt spreektijd, en de bijeenkomst duurt dan ook enkele maanden. Ook Nederland vaardigt de premier af, die in zijn toespraak aangeeft welke onderwerpen hij belangrijk vindt voor de politieke agenda van de VN. De Algemene Vergadering beslist over de algemene politieke lijn die de VN vaart. De Algemene Vergadering mag aanbevelingen doen aan de Veiligheidsraad en de lidstaten van de VN, zij spreekt over vrede en veiligheid wanneer er een dergelijke zaak op de agenda wordt gezet door een lidstaat of de Veiligheidsraad. Voorts stelt de Algemene Vergadering rapporten op en doet aanbevelingen met betrekking tot verdere internationale samenwerking op het gebied van politiek, ontwikkeling van internationaal recht en het codificeren van internationaal recht. Het bevorderen van internationale samenwerking op economisch, sociaal en cultureel gebied, alsmede op het gebied van onderwijs en gezondheidszorg is één van haar taken. Ook draagt zij zorg voor de promotie van mensenrechten en fundamentele vrijheden. Haar bevoegdheden zijn terug te

vinden in de artikelen 10, 11 (2), 13 (1) en 14 van het VN Handvest. De Algemene Vergadering kan rapporten van alle belangrijke organen van de VN ontvangen (artikel 15 VN Handvest). De Algemene Vergadering keurt het budget van de VN goed en bepaalt hoeveel de verschillende lidstaten moeten betalen (artikel 17 VN Handvest). Wanneer een staat twee jaar achterstand in de betaling van de contributie heeft wordt haar het stemrecht in de Algemene Vergadering ontnomen totdat de betalingen zijn ingelopen. Een uitzondering kan worden gemaakt wanneer de staat kan aantonen dat de wanbetaling het gevolg is van omstandigheden buiten de macht van de staat (artikel 19 VN Handvest).

De Algemene Vergadering kan zo vaak bijeen komen als nodig is, wat betekent dat zij ook in spoedzitting bijeen kan komen. Er wordt gestemd bij meerderheid, iedere lidstaat heeft één stem en er is geen vetorecht (artikel 18 VN Handvest). Op het gebied van vrede en veiligheid kan de Algemene Vergadering overigens alleen aanbevelingen doen, zij heeft geen mechanismen om beslissingen af te dwingen. Hiervoor dient een zaak doorverwezen te worden naar de Veiligheidsraad. Voor de ontwikkeling van het internationale recht zijn de conclusies en aanbevelingen van de Algemene Vergadering belangrijk, omdat eruit geconcludeerd kan worden of bepaalde zaken tot het gewoonterecht behoren. Bovendien geven de conclusies en aanbevelingen informatie over de juiste interpretatie van artikelen uit het Handvest. Er kunnen zes commissies worden onderscheiden, die de activiteiten van de Algemene Vergadering ondersteunen:

- Het eerste comité houdt zich bezig met ontwapening en internationale veiligheid;
- Het tweede comité houdt zich bezig met economische en financiële zaken;
- Het derde comité houdt zich bezig met sociale, culturele en humanitaire aangelegenheden;
- Het vierde comité houdt zich bezig met politieke zaken en dekolonisatie;
- Het vijfde comité houdt zich bezig met administratieve en budgettaire aangelegenheden;
- Het zesde comité houdt zich bezig met juridische zaken.

Veiligheidsraad
De Veiligheidsraad bestaat uit 15 leden, waaronder vijf permanente leden met vetorecht en tien leden die voor een periode van twee jaar in de Veiligheidsraad gekozen worden, niet herkiesbaar zijn, en dus wisselen. Zij worden getrapt gekozen, wat betekent dat er ieder jaar vijf nieuwe tijdelijke leden plaats nemen in de Veiligheidsraad. Artikel 24 (1) VN Handvest geeft aan wat de taken van de Veiligheidsraad zijn. De taak van de Veiligheidsraad is in de eerste plaats om de vrede en veiligheid in de

wereld te waarborgen, de kerntaak van de VN, en daarmee is de Veiligheidsraad ook het belangrijkste orgaan van de VN. Zij kan, wanneer zij door een lidstaat of de Secretaris Generaal van de VN attent gemaakt wordt op een dreiging van een schending van de vrede of een schending van de vrede, bijeen komen en resoluties aannemen waarin zij de partijen bij een geschil oproept tot een vreedzame oplossing van het conflict te komen, dan wel de wapens neer te leggen. Dit doet zij in de vorm van aanbevelingen die zijn neergelegd in resoluties. Hoewel de resoluties politiek van karakter zijn en in principe niet voldoen aan de eisen die aan internationaal juridische documenten worden gesteld, kunnen de resoluties wel degelijk juridische waarde hebben en zijn zij moreel bindend voor de partijen. De reden hiervoor is eenvoudig te bedenken: wanneer de staten zich niet aan de aanbevelingen van de Veiligheidsraad zouden houden, of de hulp van de Veiligheidsraad in de wind zouden slaan, zou dit een verzwakking van de Veiligheidsraad en de VN als geheel met zich mee brengen, en in een wereld waar weinig organen zijn die zich boven de staten kunnen plaatsen, zou dat een risico voor de wereldvrede met zich meebrengen. Daarom stelt artikel 25 van het VN Handvest ook dat iedere lidstaat zich zal houden aan de beslissingen van de Veiligheidsraad. De beslissingen neergelegd in de resoluties zijn dus bindend.

De stemverhoudingen wisselen naar gelang het belang van het onderwerp op de agenda van de Veiligheidsraad. Alle leden van de Veiligheidsraad hebben een stem. Als het gaat om procedurele zaken volstaat een tweederde meerderheid (negen stemmen) en geldt het vetorecht van de permanente leden niet. Voor overige beslissingen dient een tweederde meerderheid voor het voorstel te zijn, waarbij geen permanent lid tegen mag zijn. Een oplossing om besluitvorming niet te frustreren is om als permanent lid zich te onthouden van stemming wanneer men tegen is maar niet noodzakelijkerwijs met veto wil dreigen (artikel 27 VN Handvest). Er is ook een mogelijkheid dat een staat met veto macht in de Veiligheidsraad haar veto twee keer gebruikt. Wanneer gestemd wordt over de vraag of iets een procedurele zaak is mag het vetorecht namelijk wel gebruikt worden. Zo kan een permanent lid van de Veiligheidsraad voorkomen dat een stemming die hij belangrijk acht als procedureel wordt aangemerkt, waarna dit land geen gebruik zou kunnen maken van zijn vetorecht. Vervolgens kan de lidstaat dan elke concept resolutie over het onderwerp laten sneuvelen door het uitbrengen van een veto. Je kunt je afvragen wat dit betekent voor een situatie waar een permanent lid verwikkeld is in een conflict. Voor deze situatie bestaat de regel dat een permanent lid zich zal onthouden van stemming (artikel 27 (3) VN Handvest), wanneer op grond van hoofdstuk VI van het VN Handvest (vreedzame oplossing van conflicten) een onderwerp op de agenda staat waarbij deze staat betrokken is.

De Veiligheidsraad is in de eerste plaats verantwoordelijk voor de vrede en veiligheid in de wereld. Wanneer er een schending van de vrede dreigt, of als er een schending van de vrede plaatsvindt dient dit direct gemeld te worden aan de Veiligheidsraad die in spoedzitting bijeen kan komen. De Veiligheidsraad zal een resolutie aannemen waarin het oproept tot het vinden van een vreedzame oplossing van het conflict (artikel 31 tot 38 VN Handvest) of tot een staakt het vuren. Wanneer één der partijen zich niet houdt aan de resoluties van de Veiligheidsraad kan de Veiligheidsraad besluiten tot het nemen van maatregelen. Op grond van artikel 39 juncto 41 VN Handvest kan de Veiligheidsraad besluiten tot het afkondigen van sancties of het afkondigen van een boycot. De leden van de VN dienen zich te houden aan deze sancties of boycots van de Veiligheidsraad. Deze maatregelen zijn allen zonder gebruik van geweld. Wanneer een staat na het opleggen van sancties of boycots vasthoudt aan het niet naleven van resoluties, kan als een *ultimum remedium* besloten worden tot het nemen van maatregelen met gebruik van geweld. De Veiligheidsraad opereert dan op grond van artikel 39 juncto 42 VN Handvest. Het geweld kan plaatsvinden op de grond, op zee of in de lucht, en duurt tot de onrechtmatige situatie is opgeheven. Het recht op territoriale integriteit en interne soevereiniteit blijft overeind. Wanneer een staat wordt aangevallen door een andere staat, dient de staat dat per ommegaande te melden aan de Veiligheidsraad, en in principe dient de staat in kwestie zich te onthouden van actie. Echter, op grond van artikel 51 van het VN Handvest heeft een staat het recht om zichzelf te verdedigen. Het komt er dan ook op neer dat een staat die wordt aangevallen en dit meldt aan de Veiligheidsraad zichzelf verdedigt totdat de Veiligheidsraad zodanige maatregelen heeft genomen dat deze de integriteit van de aangevallen staat kan garanderen, ofwel door middel van niet-gewelddadige middelen, ofwel door middel van militaire steun. Een voorbeeld waar de Veiligheidsraad een land militair te hulp kwam was toen Irak in 1991 Koeweit binnenviel. Nadat niet militaire middelen hadden gefaald om Irak te bewegen zich terug te trekken uit Koeweit, werd besloten tot een militaire interventie om Koeweit te bevrijden van Irakese overheersing. De reden dat hiertoe werd overgegaan is ook weer terug te voeren op het Kellogg Briand Pact uit 1928, dat stelt dat agressieoorlogen niet langer zijn toegestaan. Dat principe is inmiddels *ius cogens* geworden, en werd in het geval van de Irakese inval in Koeweit geschonden.

Veelal zullen zaken ter attentie van de Veiligheidsraad gebracht worden waarbij de vrede nog niet geschonden is. Dit kan gedaan worden door regeringen, maar ook door de Secretaris-generaal van de VN.

INSTITUTIONEEL RECHT

Uniting for Peace resolutie
In 1950 was een oorlog tussen Noord en Zuid Korea gaande. Stemmingen in de VN Veiligheidsraad verliepen moeizaam, omdat de Sovjet Unie gebruik maakte van haar vetorecht. Uiteindelijk lukte het om te stemmen over de oorlog in Korea, omdat de Sovjet Unie op zeker moment de Veiligheidsraad boycotte en dus geen gebruik van haar vetorecht maakte. Westerse staten formuleerden een resolutie die de Algemene Vergadering meer macht zou geven, om te voorkomen dat de VN lamgeslagen zou worden in kwesties van vrede en veiligheid wanneer een permanent lid van de Veiligheidsraad gebruik zou maken van zijn vetorecht. Op 3 november 1950 nam de Algemene Vergadering resolutie 377 A aan, waarin zij in geval de Veiligheidsraad niet in staat zou zijn te handelen als tweede orgaan verantwoordelijk zou zijn voor de vrede en veiligheid in de wereld. Deze resolutie wordt de *Uniting for Peace resolutie* genoemd. Omdat de Algemene Vergadering, in tegenstelling tot de Veiligheidsraad, niet permanent in zitting was, werd het bij deze resolutie mogelijk gemaakt om in spoedzitting bijeen te komen. De Algemene Vergadering kan in bijzondere gevallen ook maatregelen nemen die het gebruik van geweld inhouden.

Voorgestelde hervormingen
De vorige Secretaris-generaal van de VN, Kofi Annan, heeft veel energie gestopt in het aanmoedigen van hervormingsvoorstellen voor de VN. De organisatie bestaat al meer dan 60 jaar, en de internationale verhoudingen zijn in die tijd veranderd. Zo zijn er geen landen uit Afrika of Latijns Amerika vertegenwoordigd als permanente leden van de Veiligheidsraad, en zijn er bij de permanente leden relatief veel landen die tot de Europese regio gerekend worden. Daarnaast is het gebruik van het vetorecht vele staten een doorn in het oog.

In 2005 werd als vervolg op een rapport van de High Level Group over hervorming van de VN door de lidstaten van de VN het rapport *In Larger Freedom* aangenomen, dat politieke steun verleende aan de door de High Level Group voorgestelde hervormingen van de VN. Ter hervorming van de Veiligheidsraad werden twee plannen voorgesteld: Bij plan A zouden er zes permanente leden bijkomen welke geen vetomacht krijgen, en drie niet-permanente zetels om een eerlijker verdeling over de werelddelen te krijgen. Mogelijke kandidaat-leden zijn Brazilië, India, Duitsland en Japan. De Veiligheidsraad zou uitgebreid worden maar de huidige leden zouden blijven zitten. Een ander plan (plan B) stelt voor om het aantal permanente leden met vetorecht gelijk te houden. Er zouden acht nieuwe zetels gecreëerd worden die een termijn van vier jaar kennen, en één zetel die om de twee jaar wisselt, niet verlengbaar is en niet permanent, welke verdeeld wordt over de belangrijkste regio's. Zoals te begrijpen valt voelen de permanente leden daar echter weinig voor, omdat dit betekent dat ze macht gaan verliezen. Er zijn tot op heden geen wijzigingen doorgevoerd ten aanzien van de Veiligheidsraad.

Secretariaat
Het Secretariaat beheert de dagelijkse gang van zaken van de VN en wordt geleid door de Secretaris-generaal. De ambtenaren bij het Secretariaat werken zonder last en ruggespraak van hun nationale regeringen (artikel 100 VN Handvest). Het Secretariaat faciliteert het werk van de andere hoofdorganen van de VN. De activiteiten van het Secretariaat zijn breed: het faciliteert communicatie naar de VN Veiligheidsraad, speelt een rol bij het benoemen van bemiddelaars, het organiseren van vredesoperaties, het faciliteren van rapporten over de situatie van de mensenrechten en economische vraagstukken. Ook zorgt het Secretariaat voor het organiseren van conferenties en het vertalen van documenten.

Secretaris-generaal
De rol van de Secretaris-generaal bij de Verenigde Naties is bijzonder belangrijk. Hij vertegenwoordigt de organisatie en beheert het Secretariaat. Problemen kunnen aan hem worden voorgelegd, waarna hij ze doorgeleid naar het relevante orgaan. Het Secretariaat en de Secretaris-generaal fungeren als depositaris voor ratificatie- en ondertekeningsbescheiden met betrekking tot verdragen. Voorts zorgen de Secretaris-generaal en het Secretariaat voor de lopende zaken van de organisatie.

De Secretaris-generaal wordt benoemd voor een periode van vijf jaar, en kan herkozen worden. De huidige Secretaris-generaal, Ban Ki Moon, is benoemd per 1 januari 2007 en heeft een mandaat tot en met 31 december 2011. De Veiligheidsraad kan een aanbeveling doen aan de Algemene Vergadering met namen van kandidaten voor de post van Secretaris-generaal, en vervolgens kiest de Algemene Vergadering een kandidaat. Hier wordt een roulerend systeem gehanteerd waarbij iedere regio aan de beurt komt. Na Afrika (Kofi Annan) is dus nu Azië aan de beurt. Binnen de Veiligheidsraad hebben de permanente leden veto recht bij het opstellen van de lijst met kandidaten. De Secretaris-generaal kan geen onderdaan van één van de permanente leden van de Veiligheidsraad zijn.

ECOSOC
De Economische en Sociale Raad (ECOSOC) bestaat uit 54 leden, die getrapt gekozen worden door de Algemene Vergadering. Ieder jaar worden 18 leden gekozen door de Algemene Vergadering van de VN, die een zittingstermijn van drie jaar hebben. De leden worden naar regio gekozen

INSTITUTIONEEL RECHT

en zijn direct herkiesbaar. Er zijn 14 leden uit Afrika, 11 Aziatische leden, 6 Oost Europese leden, 10 Latijns Amerikaanse en Caribische leden, en 13 West Europese leden en leden uit andere delen van de wereld.

Er zijn verschillende organen die aan de ECOSOC moeten rapporteren, zoals de Commissie t.a.v. de Status van Vrouwen (Commission on the Status of Women) en de Raad voor de Rechten van de Mens. De ECOSOC heeft een kantoor dat bijeenkomsten coördineert en de agenda opstelt.

De ECOSOC kent een jaarlijkse Ministeriële Review bijeenkomst. Hierop worden de uitkomsten van de vergaderingen en conferenties besproken. Ook is er een tweejaarlijkse bijeenkomst van het Development Cooperation Forum. Haar taak is dialoog te promoten en toe te zien op de implementatie van de uitkomsten van vergaderingen en conferenties. Haar eerste bijeenkomst vond plaats in 2008.

Internationaal Hof van Justitie
Het Internationaal Hof van Justitie is gevestigd in het Vredespaleis in Den Haag. Het Hof heeft een eigen Statuut, waarin wordt beschreven hoe het Hof is opgebouwd, hoe de rechters worden geselecteerd en hoe een rechtszaak tot een einde komt. Het Hof is de opvolger van het Permanente Hof van Justitie (1919-1945), dat deel uitmaakte van de voorganger van de VN, de Volkenbond. Het Hof heeft als basis het geschreven en ongeschreven internationaal publiekrecht. Alleen staten kunnen een zaak aanhangig maken bij het Hof, en alleen staten kunnen gedaagde zijn. Ook is de mogelijkheid geschapen dat een orgaan van de VN een vraag van internationaal recht voorlegt aan het Hof. Het Hof doet dan geen bindende uitspraak, maar geeft een advies. De rechtsgang van het Internationaal Hof van Justitie weerspiegelt elementen uit zowel het continentale recht (met als basis het Franse recht) als het common law principe, waarop de rechtsgang in Engeland en de VS is gebaseerd. Bij het selecteren van rechters wordt gekeken naar een regionale verdeling, alsmede een verdeling naar rechtssysteem, zodat de verschillende rechtssystemen zoveel mogelijk vertegenwoordigd zijn. Wanneer er een vacature voor een rechter is, kunnen staten kandidaten naar voren schuiven. Het Hof telt 15 rechters, gekozen uit de verschillende juridische tradities, en met een evenredige vertegenwoordiging van de verschillende werelddelen. De rechters worden benoemd door de Algemene Vergadering, op aanbeveling van de Veiligheidsraad voor een periode van 9 jaar en zijn herbenoembaar. Of een rechter wordt gekozen hangt mede af van een goede lobby door de regering van het land waaruit de beoogde rechter afkomstig is. De rechters moeten een gedegen kennis van het internationale publiekrecht hebben, beroepbaar zijn tot rechter in hun eigen land, en een goede reputatie hebben op het

gebied van onafhankelijkheid, onpartijdigheid, integriteit en oordeelsvermogen. De rechters spreken recht zonder last of ruggespraak, wat wil zeggen dat een rechter onafhankelijk tot zijn of haar oordeelsvorming komt en dat de nationale regering geen invloed op de rechter kan uitoefenen.

Hoe verloopt een zaak? Wanneer een staat meent dat er een conflict is met een andere staat, die de genoemde staat aan het Hof wil voorleggen, moet eerst gekeken worden door het Hof of de staat en de aangeklaagde staat de rechtsmacht van het Hof hebben erkend. Wanneer blijkt dat één van de staten de rechtsmacht niet heeft erkend, kan dit gerepareerd worden door een verklaring van de staat dat het *ad hoc* de rechtsmacht erkent. Dat moet wel gebeuren voordat de zaak wordt aangebracht. Deze eerste fase van het onderzoek wordt de preliminaire fase genoemd. Wanneer blijkt dat één of meer partijen bij het conflict de rechtsmacht niet hebben erkend, of wanneer blijkt dat één of meer van de partijen geen staat zijn, zal het Hof zich onbevoegd verklaren om kennis te nemen van de inhoud van de zaak. Wanneer het Hof aan het einde van de preliminaire fase verklaart dat het de rechtsmacht heeft om kennis te nemen van deze zaak volgt de inhoudelijke behandeling, ook wel de *merits* genoemd. Hierbij analyseert het Hof welke rechtsvragen zijn gesteld, welk recht in het geding is, en of er sprake is van een schending van normen van geschreven of ongeschreven internationaal recht. Zowel gedurende de preliminaire fase als tijdens de inhoudelijke fase hebben de partijen bij het conflict de mogelijkheid om het Hof van alle benodigde informatie te voorzien, zowel schriftelijk als tijdens een mondelinge behandeling voor het Hof (Memorie van Repliek en Memorie van Dupliek). Een zaak kan jaren duren. Als het Hof klaar is met haar beraadslagingen zal het tot een uitspraak komen die bindend is voor de partijen. De deelvragen worden beantwoord, waarbij wordt aangegeven welke rechters het eens waren met de uitspraak, en welke rechters het niet eens waren met de uitspraak. De rechters die het niet eens waren met de uitspraak, kunnen in een *dissenting opinion*, die gepubliceerd wordt aan het einde van de uitspraak, uitleggen volgens welke redenering zij tot een andere uitspraak komen. Ook kunnen rechters die via een andere gedachtegang op dezelfde uitspraak uitkomen een *consenting opinion* schrijven. Dit is anders dan in het Nederlandse rechtssysteem, waar het geheim van de raadkamer geldt en dus alleen de uitspraak bekend wordt, maar niet bekend wordt gemaakt of de uitspraak bij meerderheid of bij unanimiteit tot stand kwam. Omdat uitspraken van het Internationale Hof van Justitie na verloop van tijd ook deel gaan uitmaken van het internationaal publiekrecht is duidelijk dat een uitspraak tot stand gekomen met unanimiteit van stemmen meer gewicht in de schaal legt dan een uitspraak waarbij de meningen verschillen. In het laatste geval kan overigens de argumentatie van de rechters bijdragen aan de ontwikkeling van het internationaal publiekrecht. De uitspraak is bindend voor alle partijen in het conflict.

Alle partijen bij een geschil beloven de uitspraak van het Hof te respecteren. Het kan echter voorkomen dat een staat toch in gebreke blijft na een veroordeling. In dat geval kan de staat die in het gelijk is gesteld naar de VN Veiligheidsraad gaan en om maatregelen vragen om de staat die verloren heeft onder druk te zetten toch de uitspraak te respecteren. De VN Veiligheidsraad kan dit doen door het uitvaardigen van resoluties, waarbij de staat wordt opgeroepen om gehoor te geven aan de uitspraak van het Internationaal Hof van Justitie. Wanneer dit niet helpt kan de Veiligheidsraad haar toevlucht nemen tot het instellen van een boycot of het nemen van retorsies, dat wil zeggen het nemen van maatregelen die onaangenaam zijn maar niet onrechtmatig, om een staat onder druk te zetten. De Veiligheidsraad zal over het algemeen geen toevlucht nemen tot militaire dwang.

De tweede rol van het Internationaal Hof van Justitie is het uitleggen van juridische problemen van internationaal publiekrechtelijke aard aan onderdelen van de VN. Een dergelijk advies is niet bindend. Een bekend advies is de vraag van de Algemene Vergadering of het dreigen met of gebruik van atoomwapens in strijd is met het internationaal publiekrecht. In dit advies verschillen de meningen binnen het Hof zeer, wat tot een interessant advies leidde, niet alleen inhoudelijk, maar ook met betrekking tot de stemverhoudingen. Belangrijk is dat het Hof zich uitsluitend over juridische zaken buigt, en zich niet laat verleiden door de politiek om stelling te nemen. Wat juridisch is blijft juridisch, en wat politiek is wordt teruggelegd bij de politici.

Wat we hier zien is een samenwerking van recht en politiek. Wanneer de politiek er niet meer uitkomt, kunnen staten naar het Internationaal Hof van Justitie gaan, die een bindende uitspraak doet. Wanneer onverhoopt het recht niet wordt nageleefd, neemt de politiek het weer over in de Veiligheidsraad om politieke druk uit te oefenen. Het is voor een staat met vetomacht in de Veiligheidsraad niet toegestaan om het vetorecht uit te oefenen als een uitspraak van het Internationaal Hof van Justitie ter sprake komt.

Internationaal Hof van Arbitrage (VN)
Het Internationaal Hof van Arbitrage is net als het Internationaal Hof van Justitie gevestigd in het Vredespaleis. Het komt bijeen wanneer partijen om arbitrage vragen, en dan nooit in dezelfde samenstelling, omdat iedere partij één of twee rechters mag kiezen uit een lijst van rechters die het Hof van Arbitrage heeft, en ze gezamenlijk een voorzitter kiezen. Uitspraken van

het Hof van Arbitrage zijn bindend. Ook hier is het weer belangrijk om te zien of het Hof jurisdictie heeft, alvorens over te gaan tot de inhoudelijke behandeling.

Internationaal Strafhof
Het duurde meer dan 40 jaar nadat onderhandelingen voor het oprichten van een permanent Internationaal Strafhof startten voor het Internationaal Strafhof daadwerkelijk werd opgericht. Een reden hiervoor was dat het Hof kan interveniëren in de nationale soevereiniteit van een staat wanneer de betreffende staat een persoon, die verdacht wordt van het plegen van misdaden tegen de menselijkheid en oorlogsmisdaden, niet vervolgd.

Het Internationaal Strafhof startte haar werkzaamheden op 1 september 2002 en heeft haar zetel in Den Haag. Het Internationaal Strafhof is gelieerd aan de VN via een overeenkomst, die is goedgekeurd door de staten, partij bij het Strafhof en de president van het Hof (zie ook artikel 2 van het Statuut van Rome).

De volgende misdrijven kunnen worden vervolgd door het Hof: genocide, misdrijven tegen de mensheid, oorlogsmisdrijven, en agressie (artikelen 5-9 van het Statuut). De definitie van agressie is wegens onenigheid tussen de onderhandelaars tijdens de totstandkoming van het Statuut nog niet nader ingevuld. Het juridisch basisdocument van het Internationaal Strafhof is het Statuut van Rome.

Slechts misdrijven begaan na het in werking treden van het Internationaal Strafhof kunnen worden vervolgd. Misdrijven gepleegd door personen die binnen de jurisdictie vallen van een staat die de rechtsmacht van het Hof heeft erkend kunnen worden vervolgd. Het gaat daarbij om staten waar de daden gepleegd zijn, en staten waarvan de dader of verantwoordelijke voor de daden onderdaan is. De VS, die het Hof niet erkennen, hebben met verschillende Oost Europese staten die partij zijn bij het Strafhof bilaterale verdragen afgesloten, die uitgezonden Amerikaanse militairen moeten vrijwaren van uitlevering aan het Internationaal Strafhof (dit is mogelijk op grond van artikel 98 van het Statuut van Rome).

Wie kunnen een zaak aanbrengen? Dit kan worden gedaan door een staat die partij is bij het Internationaal Strafhof, door de VN Veiligheidsraad en door de aanklager van het Internationaal Strafhof (zie artikel 13 van het Statuut van Rome). De aanklager zal een klacht onderzoeken, en wanneer voldoende grond wordt gevonden voor vervolging, besluiten tot het starten van een procedure tegen deze persoon.

Het Strafhof functioneert als restrechter. Dit is belangrijk omdat het betekent dat het Hof zal interveniëren in de soevereiniteit van een staat als het zelf niet in staat is of niet bereid is personen die ernstige schendingen van de mensenrechten hebben gepleegd te berechten. Wanneer een zaak is aangebracht bij het Hof en de aanklager meent dat er voldoende gronden zijn om over te gaan tot vervolging, kan een staat nog steeds besluiten om zelf te vervolgen. De aanklager van het Internationaal Strafhof zal dan de zaak stilleggen, in afwachting van een strafzaak in het land van herkomst. Dit is belangrijk, omdat het initiatief tot vervolging zoveel mogelijk bij de staat blijft. Dat betekent dat het Internationaal Strafhof de zaak seponeert als er een eerlijk proces met een eerlijke straf wordt uitgesproken door het land van herkomst. Het *ne bis in idem* beginsel, de regel dat je niet twee maal voor hetzelfde misdrijf mag worden veroordeeld, wordt zo niet geschonden. Wanneer sprake is van een *fake* proces, waarbij een onredelijk lage straf wordt opgelegd of vrijspraak volgt, voorziet artikel 20 van het Statuut van het Strafhof erin dat er geen sprake is van *ne bis in idem*, en vervolgens kan het Internationaal Strafhof alsnog in actie komen en een eerlijk proces voeren. Het is voor het Internationaal Strafhof belangrijk om aan te tonen dat het slechts, indien noodzakelijk in het kader van de bestraffing van ernstige internationale misdrijven, tot vervolging en schending van de nationale soevereiniteit zal overgaan. Ook is het belangrijk voor het Hof om aan te tonen dat de aanklager volledig onafhankelijk is en zaken slechts vanuit juridisch oogpunt zal beoordelen. Iedere schijn van politieke stellingname dient vermeden te worden.

Wanneer de aanklager voldoende aanknopingspunten heeft om over te gaan tot vervolging, wordt de zaak voorgelegd aan de pre-trial chamber. Deze kamer spreekt recht met één of drie rechters, en bestaat uit minimaal zes rechters. Ook het Hof bestaat uit een kamer van minimaal zes rechters en spreekt recht in kamers van drie rechters. Er is een speciale kamer in het leven geroepen om zaken in hoger beroep te behandelen. Deze kamer bestaat uit een president en vier rechters en komt in deze samenstelling ook bijeen in hoger beroepszaken.

De rechters worden gekozen vanwege hun bijzondere kennis op het gebied van strafrecht. De rechters werken gedurende drie jaar in de Kamer. Daarna maken ze zaken af waar al hoorzittingen zijn geweest.

Het voordeel van het instellen van een permanent Internationaal Strafhof is dat in principe *ad hoc* tribunalen nu niet langer nodig zijn. *Ad hoc* tribunalen, zoals het Joegoslavië tribunaal en het Rwanda tribunaal, en eerder in de geschiedenis het Neurenberg en Tokyo tribunaal zijn tribunalen die voor een bepaald conflict, voor delicten gepleegd tijdens een bepaalde periode in het leven wordt geroepen. Het *ad hoc* tribunaal functioneert tijdelijk tot de kopstukken in een conflict zijn berecht. Het *ad hoc* tribunaal wordt op het grondgebied van een niet betrokken staat opgericht. Het voordeel hiervan is dat wanneer de vrede in een land te fragiel is om de kopstukken van een fout regime te berechten, dit door de internationale gemeenschap wordt overgenomen en er dus geen straffeloosheid zou zijn.

Nadeel is dat een *ad hoc* tribunaal vaak als een overwinnaartribunaal wordt gezien. Dit was ook de kritiek die Slobodan Milosevic, voormalig president van Servië en Montenegro had op het Joegoslavië tribunaal. Een ander nadeel is dat beargumenteerd zou kunnen worden dat het tribunaal wordt opgedrongen aan een land. Het besluit tot oprichting van een *ad hoc* tribunaal is een politiek besluit van de VN Veiligheidsraad en daarmee zou het mogelijk zijn dat er politieke processen plaatsvinden. Al deze nadelen zijn er niet bij het Internationaal Strafhof, waarbij staten partij moeten worden om gebonden te worden.

Internationaal Straf Tribunaal voor Joegoslavië (ICTY) (VN)
Dit tribunaal werd opgericht in 1993 op grond van resolutie 827 (1993) van de VN Veiligheidsraad. Het tribunaal heeft haar eigen Statuut, waarin wordt uitgelegd voor welk conflict het is ingesteld, het Statuut geeft ook aan welke misdrijven gedurende welke tijd berecht kunnen worden. Het gaat om ernstige schendingen van het humanitair recht, schending van het oorlogsrecht, genocide, en misdrijven tegen de mensheid. Andere zaken die worden behandeld in het Statuut zijn de verhouding tot vervolging in het land van herkomst, hoe het tribunaal is samengesteld en waar het is gevestigd. De gang van een proces wordt beschreven, alsmede de manier van het uitzitten van straffen. Het is de bedoeling bij dit Hof vooral de zogenaamde 'grote vissen' te vervolgen, dat wil zeggen de hiërarchisch verantwoordelijken van een politiek, of de uitvoering daarvan, waarbij oorlogsmisdaden en misdaden tegen de mensheid zijn gepleegd. De minder belangrijke misdadigers kunnen via het nationale recht van de staat worden vervolgd. Een internationaal tribunaal wordt vooral opgericht om te voorkomen dat bepaalde belangrijke aanstichters van ernstige mensenrechtenschendingen ongestraft weten weg te komen, en wellicht een politieke carrière kunnen uitbouwen of voortzetten. In dit geval ging het om de misdaden die in Bosnië zijn gepleegd na 1 januari 1991. Voor het Joegoslavië tribunaal, zoals dit tribunaal kortweg wel wordt genoemd, was het belangrijk om een voorbeeld te stellen en politiek belangrijke misdadigers veroordeeld te krijgen. De eerste zaak van belang was de zaak Tadic (ICTY 2 oktober 1995). Een andere belangrijke zaak, die uiteindelijk niet tot een einde is gebracht omdat de aangeklaagde overleed, was de zaak tegen Slobodan Milosevic. Als president van Servië en Montenegro werd Slobodan Milosevic als hoogste verantwoordelijk gehouden voor de misdrijven die gepleegd werden in Bosnië. Milosevic heeft het Hof nooit erkend, en weigerde ook een advocaat. Hij verdedigde zichzelf – hij was jurist – doch kreeg toch enkele advocaten toegewezen die zijn zaak moesten bepleiten (*amici curiae*), teneinde te voorkomen dat hij het Hof kon betichten van het voeren van een juridisch niet correct proces. Volgens

Milosevic was dit Hof, dat misdaden vervolgde begaan in een ander land dan waar het gevestigd was, een overwinnaarhof, dat bovendien door een politiek orgaan was ingesteld, de VN Veiligheidsraad. Hij meende dan ook dat het hele Hof gepolitiseerd was.

Internationaal Crimineel Tribunaal voor Rwanda (ICTR) (VN)
Net als het Joegoslavië tribunaal is dit tribunaal ingesteld bij resolutie van de VN Veiligheidsraad, vanwege ernstige schendingen van het internationaal humanitair recht en genocide in Rwanda tegen Rwandese burgers. De territoriale jurisdictie kan ook de buurlanden van Rwanda betreffen voor zover zich daar ernstige schendingen van het internationaal humanitair recht hebben voorgedaan, gepleegd door Rwandese burgers. Het Statuut geeft aan wat de tijdsperiode is waarover geoordeeld wordt, namelijk van 1 januari 1994 tot en met 31 december 1994. Het Hof zetelt in Arushia, Tanzania, maar maakt gebruik van dezelfde aanklager als het Joegoslavië tribunaal, Serge Brammertz, die zetelt in Den Haag. In het Statuut regelen de artikelen 2 tot en met 4 welke misdaden vervolgd worden bij het Hof. Het gaat om genocide, waarbij de definitie van de Genocide Conventie wordt gebruikt, misdaden tegen de menselijkheid, schendingen van gemeenschappelijk artikel 3 van de Geneefse Conventies en van Protocol II. Het Hof is samengesteld uit een trial chamber en een kamer voor zaken in hoger beroep. De kamers bestaan uit 14 onafhankelijke rechters, waarvan er niet twee dezelfde nationaliteit mogen hebben. De rechtbank bestaat uit kamers van drie rechters, de hoger beroepskamer uit vijf rechters. Tevens wordt aangegeven hoe een proces verloopt. Ook hier is het weer de bedoeling om de politiek belangrijke figuren aan te pakken, die anders wellicht door hun connecties in eigen land veroordeling zouden ontlopen.

Je ziet dat er met betrekking tot dit conflict op verschillende niveaus recht wordt gesproken. Bij het Internationaal Tribunaal komen de politiek verantwoordelijken voor de genocide voor de rechter. Te denken valt aan hooggeplaatste mensen, die opdracht gaven tot de genocide, maar ook radio verslaggevers, die via radio station *Mille Collines* muziek draaiden die aanzette tot haat en via de radio opriepen tot moordpartijen. Minder belangrijke mensen die deel hebben genomen aan de moordpartijen worden door Rwandese rechtbanken vervolgd. Omdat er jaren na het conflict nog steeds vele, vele mensen in de gevangenissen wachten op berechting, is enkele jaren geleden besloten om een traditionele manier van rechtspraak, de *gacaca*, nieuw leven in te blazen. Bij deze rechtspraak wordt door dorpsoudsten recht gesproken. Er is dus geen sprake van rechtspraak zoals wij die kennen. Bij deze *gacacas* wordt vooral via een groepsproces gekeken of de betrokkene schuldig is en of de betrokkene berouw toont. Dit kan de strafmaat verminderen.

De kritiek van Rwandezen is dat velen niet goed op de hoogte zijn van het Rwanda tribunaal en menen dat de vervolging niet snel genoeg gaat. Ook doorkruist het langzame Rwanda tribunaal het verzoeningsproces, dat in Rwanda gaande is. Sommigen, zowel Rwandezen als anderen, zien dan ook meer in een *Truth and Reconciliation* proces, dan in een tribunaal.

Internationaal Straf Tribunaal voor Libanon (ICTL) (VN)
Dit tribunaal is in maart 2009 van start gegaan, en is gevestigd in Leidschendam. Hoewel er financiering is voor een periode van drie jaar, is er geen limiet gesteld aan de tijdsspanne waarbinnen het tribunaal haar werk dient te hebben voltooid.

Raad voor de Rechten van de Mens
De Raad voor de Rechten van de Mens is de opvolger van de Commissie voor de Rechten van de Mens. De Raad is ontstaan als onderdeel van de hervormingen van de VN. Het doel van de Raad is om toe te zien op naleving van de mensenrechten. Dit orgaan is ondergeschikt aan ECOSOC en de Algemene Vergadering, en rapporteert jaarlijks aan de Algemene Vergadering.

Wanneer de Raad een situatie van ernstige schendingen van mensenrechten ter ore komt, waarbij de indruk bestaat dat er sprake is van een langdurig patroon van mensenrechtenschendingen en er niet meer van incidenten gesproken kan worden, dan kan de Raad bijeen komen en de zaak bespreken. Zij kan een fact finding missie sturen, waarbij experts ter plaatse gaan kijken hoe de situatie is. De leden van de fact finding missie kunnen met omwonenden en slachtoffers spreken. Op grond hiervan kan de Raad verschillende maatregelen nemen. Zo kan besloten worden tot het instellen van een landenrapporteur, een specialist op het gebied van de mensenrechten die gedurende een jaar (of zoveel langer als het mandaat is verstrekt) onderzoek zal doen naar de mensenrechtensituatie in een bepaald land. De rapporteur moet wel geaccepteerd worden door de betreffende regering, omdat hij of zij ter plekke onderzoek zal doen. Ook kan de Raad besluiten tot het benoemen van een thematisch rapporteur. Ook deze rapporteur krijgt een mandaat voor bepaalde tijd, vaak een jaar, en zal gedurende die tijd onderzoek doen naar specifieke schendingen van mensenrechten, zoals verdwijningen of buitengerechtelijke executies. De thematisch rapporteur is niet geografisch gebonden en werkt dus wereldwijd. Deze beide soorten rapporteurs stellen op grond van hun bevindingen een rapport op, dat zij in concept voorleggen aan de Raad voor de Rechten van de Mens. Deze legt het aan de regering(en) voor, teneinde

INSTITUTIONEEL RECHT

eventuele onjuistheden te kunnen aanpassen. Daarna wordt het rapport definitief en openbaar. De volgende stap is behandeling van het rapport door de Raad voor de Rechten van de Mens, die op grond van de bevindingen kan besluiten tot het wel of niet verlengen van het mandaat. Daarnaast kent de Raad voor de Mensenrechten werkgroepen die zich met een bepaald thema bezig houden, zoals de werkgroep inzake huurlingen.

Individuen die slachtoffer zijn van mensenrechtenschendingen kunnen klachten indienen bij de Raad voor de Rechten van de Mens. Deze klachten worden behandeld in twee werkgroepen. De personen die in de Working Group on Communications en de Working Group on Situations zitten, de organen die de klachten behandelen, worden gekozen door het Adviserend Comité van de Raad voor de Mensenrechten, die uit 18 leden bestaat. De personen in deze werkgroep zijn vertegenwoordigd naar geografische herkomst.

Sinds 2006 heeft de Raad voor de Mensenrechten de beschikking over een nieuwe procedure, de *Universal Periodic Review*, waarbij iedere staat periodiek moet rapporteren aan de Raad over de situatie van de mensenrechten. Deze procedure beoogt niet een overlapping te zijn met de verschillende procedures die al bestaan onder mensenrechtenverdragen van de VN, maar de Raad juist inzicht te verschaffen in de situatie van de mensenrechten in een land als geheel, niet toegespitst op specifieke mensenrechten. Bovendien kan in de loop der jaren duidelijk worden hoe de ontwikkeling van de mensenrechtensituatie in een land is.

Naast de Raad voor de Rechten van de Mens zijn er nog meer organen die zich met mensenrechten bezighouden. Zo is er een Hoge Commissaris voor de Rechten van de Mens, die een eigen kantoor en staf heeft, waarbij klachten met betrekking tot mensenrechten kunnen worden ingediend.

Peace Building Commissie
Een van de nieuwe organen binnen de VN die zijn ontstaan onder Secretaris-generaal Kofi Annan als onderdeel van de hervorming van de VN is de Peace Building Commission. De commissie heeft als doel om

1. Alle relevante actoren, waaronder internationale donors, internationale financiële instituties, nationale regeringen en landen die troepen leveren bijeen te brengen;
2. Bewaken van middelen;
3. Adviseren inzake integrale strategieën voor postconflict vredesopbouw, en indien nodig aandacht vestigen op hiaten in deze strategieën die de vrede kunnen bedreigen.

HOOFDSTUK 3

Er is een Peace Building fonds opgezet en de commissie heeft de beschikking over een support office.

De Peace Building Commissie bestaat uit een Organiserend Comité en een werkgroep die zich concentreert op 'lessons learned'. Ook zijn er landenspecifieke bijeenkomsten.

Civil society organisaties kunnen bijeenkomsten van de Commissie bijwonen en informeel bijdragen aan het werk van de Commissie via het indienen van documenten. Ook kunnen civil society groepen deelnemen aan landenspecifieke bijeenkomsten. Dergelijke groepen worden aangemoedigd deel te nemen aan activiteiten die vredesopbouw bevorderen in het land van herkomst.

NOORD ATLANTISCHE VERDRAGS ORGANISATIE

Organisatie van de Noord Atlantische Verdrags Organisatie (NAVO)

De NAVO, die op dit moment 28 lidstaten telt, is in 1949 opgericht als verdedigingsorganisatie, met name om Europa te beschermen tegen een aanval van de Sovjet Unie en expansie van het communisme tegen te gaan. De Sovjet Unie op haar beurt richtte het Warschau Pact op, waarin ook de Oost Europese staten participeerden. Zo hadden beide partijen aan hun kant van het IJzeren Gordijn een verdedigingsorganisatie.

Toen eind 1991 de Sovjet Unie uiteen viel (het Warschau Pact was al eerder dat jaar uiteen gevallen), moest de NAVO zich op zijn toekomst beraden. De organisatie was niet meer echt nodig als verdedigingsorganisatie, maar wel heel praktisch. Vredesoperaties kwamen na 1991 veel vaker voor en de NAVO kon hiervoor troepen leveren als bijdrage aan het bewaren van vrede en veiligheid in de wereld. In 1999 viel de NAVO Kosovo binnen om de bevolking in Kosovo te beschermen tegen ernstige schendingen van de mensenrechten en mogelijk genocide. Dit betekende een aanval op Servië en Montenegro, en ook een activiteit buiten het gebied van de organisatie (out of area). De vragen die gesteld moesten worden waren dan ook: zijn *out of area* activiteiten geoorloofd, of niet? Moet het NAVO Handvest worden aangepast aan de huidige machtsverhoudingen? Moet de taak van de NAVO veranderen?

Naast het beantwoorden van deze vragen was er ook een mogelijkheid om de organisatie uit te breiden. Verschillende staten in Oost Europa en de Baltische staten waren zeer geïnteresseerd in lidmaatschap van de NAVO voor hun veiligheid, maar ook omdat ze dit zagen als een mogelijkheid om meer geaccepteerd te worden door het Westen. Voor hen werd het Partnership for Peace programma gecreëerd, dat bedoeld was om deze landen voor te bereiden op lidmaatschap en te helpen bij het hervormen van het leger. Ook was het van belang nog eens te kijken naar de criteria waaraan moest worden voldaan om lid te kunnen worden van de NAVO (artikel 10 NAVO Verdrag specificeert niet).

Verdrag

Het NAVO Verdrag vormt de juridische basis van de organisatie. In artikel 5 staat aangegeven dat deze organisatie een verdedigingsorganisatie is. Wanneer een lidstaat wordt aangevallen, wordt dit gezien als een aanval op allen en zullen alle lidstaten het land dat wordt aangevallen te hulp komen. De wijze waarop en het tijdspad dat hiertoe gekozen wordt zijn ter appreciatie van de lidstaat, maar dit is niet geheel vrij, omdat er ook besluiten moeten kunnen worden genomen tot het uitzenden van troepen. Artikel 6 bepaalt dat de NAVO slechts actief is op het territorium dat omsloten wordt door de grenzen van de lidstaten.

Nadat de Koude Oorlog voorbij was, diende de NAVO zich te bezinnen op haar taak in de toekomst. Nu de vrede in Europa gegarandeerd leek, was er eerder een vredebrengende en vredehandhavende taak weggelegd voor de NAVO elders in de wereld. Daarom werd besloten in de toekomst op verzoek van de VN ook deel te nemen aan vredesoperaties. Dit betekende dat de NAVO ook buiten haar grondgebied activiteiten zou gaan ontplooien. Dit levert strijd met artikel 6 van het Verdrag op, dat de territoriale reikwijdte van de organisatie aangeeft. Daarnaast werd besloten om nieuwe lidstaten toe te laten op het moment dat zij in staat zouden zijn om deel te nemen aan NAVO operaties. Voor veel kandidaat lidstaten betekende dit dat eerst een moderniserings- en professionaliseringsslag gemaakt moest worden voordat zij volwaardig lid konden worden. De NAVO ontwierp een traject dat kandidaat lidstaten zouden moeten doorlopen voordat zij als lid uitgenodigd zouden kunnen worden. Een van de eisen die aan kandidaat lidstaten wordt gesteld is dat er zich op het territorium geen conflicten mogen voordoen en dat een lidstaat niet verwikkeld mag zijn in een conflict met een buurland.

Het NAVO Verdrag stelt in artikel 7 dat het geen actie zal ondernemen welke strijdig is met de principes van de VN, en dat van haar lidstaten niet zal worden verwacht dat zij handelen in strijd met de rechten en plichten van de VN. Dit maakt een nauwe samenwerking tussen VN en NAVO mogelijk, en onderstreept het belang van de VN als hoeder van de vrede en veiligheid in de wereld.

In 1991 werd in Rome het Strategisch Concept van het Bondgenootschap gepubliceerd. De verandering in de internationale verhoudingen van bipolair naar multipolair betekende een wijziging in de werkwijze van de NAVO. Ook binnen de lidstaten van de NAVO deden zich veranderingen voor. Oost en West Duitsland werden herenigd. De transitieprocessen in Midden Europa hadden de aandacht van de NAVO, en met reden. De oorlog in Bosnië en later Kosovo bracht instabiliteit in deze regio. De veranderingen in de voormalige Sovjet Unie werden met aandacht gevolgd, ook omdat de conventionele troepen in de voormalige Sovjet staten aanzienlijk groter waren dan die van het NAVO bondgenootschap, zeker die in West Europa. In het Strategisch Concept werd het doel van de NAVO als volgt omschreven:

> Het Bondgenootschap berust op de gemeenschappelijke waarden van democratie, mensenrechten en rechtsorde, en streeft sinds zijn oprichting naar het totstandbrengen van een rechtvaardig en blijvend vreedzame orde in Europa. Dit Bondgenootschappelijk doel blijft onveranderd.

Het Bondgenootschap heeft tegenwoordig de volgende fundamentele veiligheidstaken:

1. Een brede opvatting van het begrip veiligheid, waaronder ook politieke, economische, sociale en milieu factoren vallen;
2. Een commitment met betrekking tot de transatlantische betrekkingen;
3. De ontwikkeling van Europese mogelijkheden binnen de Alliantie;
4. Blijvende aandacht voor conflictvoorkoming en crisis management;
5. Effectieve partnerships, waarin samenwerking en dialoog van groot belang zijn met staten die geen lid van de NAVO zijn;
6. Aandacht voor uitbreiding van de organisatie;
7. Voortgaande pogingen om wapenbeheersing, ontwapening en non-proliferatie overeenkomsten na te komen.

De NAVO zou vanaf dit moment de dialoog met Midden en Oost Europa versterken, en samenwerking intensiveren. Collectieve verdediging blijft de kerntaak van de NAVO, naast het uitvoeren van andere veiligheidstaken. Geconstateerd werd dat vredeshandhaving en conflictvoorkoming belangrijker waren dan ooit. De NAVO stelde dat het de activiteiten van andere internationale organisaties als de CVSE (vanaf 1993 OVSE), de West Europese Unie (WEU) en de VN zou steunen in haar activiteiten tot een vreedzame wereld binnen haar werkgebied te komen.

In 1999 is de NAVO zonder mandaat van de VN Veiligheidsraad Kosovo binnengevallen om een humanitaire ramp onder de Kosovaren te voorkomen, die vermoed werd te worden gepleegd onder verantwoordelijkheid van de regering van Servië en Montenegro. Kosovo maakte deel uit van Servië en Montenegro. Dit was een *out of area* activiteit van de NAVO. De regering van Servië en Montenegro protesteerde tegen de aanval en klaagde 10 lidstaten van de NAVO die deelnamen aan de interventie aan bij het Internationaal Gerechtshof. De NAVO kon als organisatie niet aangeklaagd worden door Servië en Montenegro, omdat voor het Internationaal Gerechtshof alleen staten gedaagd kunnen worden. Servië en Montenegro stelden dat de NAVO lidstaten handelden in strijd met het VN Handvest, omdat zij zonder resolutie van de VN Veiligheidsraad handelden. Er was daarom sprake van ongeautoriseerd gebruik van geweld en inmenging in interne aangelegenheden, alsmede schending van de soevereiniteit van Servië en Montenegro. Bovendien zouden er oorlogsmisdaden (er werd zelfs verwezen naar de Genocide Conventie) zijn gepleegd door de staten, die schade opleverden. De regering van Servië en Montenegro was uit op een veroordeling en schadevergoeding. Deze zaak had inhoudelijk erg interessant kunnen worden. Zij strandde echter gedurende de preliminaire fase, toen het Hof concludeerde dat Servië en Montenegro op het moment van het aanbrengen van deze zaak geen lid van de VN waren en dus ook de rechtsmacht niet hadden erkend. Derhalve verklaarde het Hof zich niet ontvankelijk, en blijft het gissen hoe een inhoudelijk vonnis eruit zou hebben gezien. Ook Nederland werd door de regering van Servië en Montenegro aangeklaagd in deze zaak, genaamd *Legality of the Use of Force*.

De NAVO is in de jaren 90 meer samenwerking gaan zoeken met de VN, OVSE en EU. Omdat zowel de OVSE als de EU zich ook militair willen profileren door medewerking te verlenen aan vredesmissies is afgesproken dat er mogelijk troepen aan de NAVO worden geleverd. Daarnaast heeft de EU haar eigen rapid reaction force, en voert zij ook onder eigen titel vredesmissies uit, vaak nadat de NAVO voorwerk heeft verricht, of in samenwerking met de NAVO (operatie Amber Fox in Macedonië en vanaf 2004 EU missie Althea en troepenmacht Eufor in Bosnië Herzegovina, waar ook Nederland troepen aan levert). De NAVO levert troepen aan de VN wanneer de VN hierom vraagt. De precieze procedures die hierbij gevolgd worden komen aan de orde in het hoofdstuk over conflictbeheersing.

Besluitvorming vindt plaats door middel van consensus. Dit betekent dat er niet gestemd wordt bij de NAVO. Het consultatieproces is dus erg belangrijk, en het is dan ook een voortdurend proces waar lidstaten zowel formeel als informeel met elkaar van gedachten wisselen. De uitkomst daarvan kan ook wel eens zijn dat de staten "agree to disagree".

HOOFDSTUK 3

Noord Atlantische Raad

De Noord Atlantische Raad speelt als belangrijkste besluitvormingsorgaan de grootste rol bij het tot stand komen van besluiten. In de Noord Atlantische Raad zijn de ambassadeurs (bijeenkomend als de permanente vertegenwoordigers bij de organisatie) en staatshoofden van de lidstaten vertegenwoordigd.

De Secretaris-generaal, die voorzitter van de Noord Atlantische Raad is, speelt hierdoor uiteraard ook een belangrijke rol in het besluitvormingstraject. De basis van de Noord Atlantische Raad is terug te vinden in artikel 9 van het NAVO Handvest. De Noord Atlantische Raad komt minimaal eenmaal per week bijeen en zoveel vaker als noodzakelijk geacht wordt. De Raad komt twee keer per jaar bijeen in de samenstelling van de Ministers van Buitenlandse Zaken van de lidstaten en de Ministers of Defensie, en van tijd tot tijd tijdens een Top in de samenstelling van de staatshoofden en regeringsleiders.

Het werk van de Noord Atlantische Raad wordt voorbereid in subcomités, zoals het Senior Politiek Comité. De raad brengt verklaringen en communiqués uit, die worden gepubliceerd na ministeriële vergaderingen of een Top.

De militaire taken van de NAVO omvatten planning, training, en het uitvoeren van militaire operaties. De Allied Command Operations worden geleid door SACEUR (Supreme Allied Commander Europe, doorgaans een Amerikaan). Een nieuw functioneel commando is in 2003 in het leven geroepen, het Allied Command Transformation, onder Commando van de Supreme Allied Commander Transformation. Allied Command Operations, SHAPE, is verantwoordelijk voor alle operaties van de NAVO.

Samenwerkingsverbanden

Er zijn verschillende samenwerkingsverbanden, waaronder natuurlijk de contacten met landen die in de toekomst wellicht lid zullen worden van de NAVO. Het gaat hierbij om:

1. De Euro-Atlantische Partnerschaps Raad, bestaande uit 49 staten, NAVO lidstaten en anderen, die hier bijeen komen om aspecten van veiligheid te bespreken via dialoog en consultatie. De onderwerpen die aan de orde komen zijn, maar deze lijst is niet uitputtend: crisismanagement en vredesoperaties; regionale onderwerpen; wapen controle en alles wat gerelateerd is aan de proliferatie van massavernietigingswapens; internationaal terrorisme; defensie onderwerpen met betrekking tot planning, budgettering, politiek en strategie; civil emergency planning en rampenbestrijding, samenwerking op het gebied van wapens; nucleaire veiligheid; civiel-militaire samenwerking

op het gebied van luchtverkeer en wetenschappelijke samenwerking. De partnerlanden die participeren zijn Albanië, Armenië, Oostenrijk, Azerbaijan, Wit Rusland, Bosnië en Herzegovina, Kroatië, Finland, Georgië, Ierland, Kazachstan, Kirgizië, Moldavië, Montenegro, Rusland, Servië, Zweden, Zwitserland, FYROM, Tadjikistan, Toerkmenistan, Oekraïne en Oezbekistan. De communicatie vindt plaats via de diplomatieke missies die de meeste partnerlanden bij de NAVO hebben. Sinds 2005 is er een speciaal Security Forum.

2. Partnership for Peace Programma: dit is een bilateraal samenwerkingsproject tussen een individuele staat en de NAVO, dat in 1994 werd opgezet. Het gaat hier om een bilateraal programma dat voor iedere kandidaat lidstaat een programma op maat biedt. Het proces naar toetreding krijgt verder vorm in het Membership Action Plan, waar hulp en praktische steun wordt geboden aan kandidaat lidstaten om hun defensie te hervormen. De formele basis van dit programma is het Framework Document. Elke lidstaat dient verregaande politieke commitments te maken om haar democratisch gehalte te garanderen, respect te hebben voor internationaal recht, de verplichtingen voortvloeiend uit het VN Handvest na te komen, alsmede de verplichtingen voortvloeiend uit de Universele Verklaring voor de Rechten van de Mens, de Slotakte van Helsinki (OVSE) en afspraken op het gebied van ontwapening en wapenbeheersing na te komen, af te zien van het gebruik van geweld of het dreigen met geweld tegen andere staten, de bestaande grenzen te respecteren en conflicten vreedzaam te beslechten. Participatie in het Partnership for Peace programma of het Membership Action Plan garandeert niet dat een kandidaat lidstaat ook daadwerkelijk lid van de NAVO wordt.

Er dient transparantie in de planning en budgettering van de nationale defensie te zijn, en er moet capaciteit opgebouwd worden om deel te kunnen nemen aan gezamenlijke vredesoperaties van de NAVO. Een Individueel Partnership Action Plan (IPAP) wordt opgesteld door de lidstaat en de NAVO. Deze programma's hebben een looptijd van twee jaar. De samenwerking is met name gericht op hervorming van het leger en het omgaan met de consequenties die hervorming meebrengt. Dit heeft invloed op onder andere defensie politiek en planning, civiel-militaire samenwerking, opleiding en training, luchtverdediging, communicatie- en informatie systemen en crisis management.

Een volgende stap is het aangaan van een Membership Action Plan (MAP) met de staat die lidmaatschap van de NAVO beoogt. De staten die een MAP aangeboden krijgen dienen jaarlijks te rapporteren over de politieke, economische, en veiligheidssituatie in het land. Ook bevat het rapport informatie over het defensieapparaat en het recht. Het land krijgt politieke en technische feedback van de NAVO. Ook krijgt de beoogd lidstaat hulp van de NAVO en van lidstaten in de hervorming van het

defensieapparaat.
　　Tenslotte zijn er in de afgelopen jaren initiatieven ontplooid om te komen tot een Partnership Action Plan ten aanzien van Defense Institution Building en een plan ten behoeve van de strijd tegen het terrorisme.
　　De NAVO heeft voor de Kaukasus en voor Centraal Azië een speciaal afgezant van de Secretaris-generaal benoemt, omdat het deze regio's als strategisch belangrijk bestempelt, en de landen in deze regio nog geen lid zijn van de NAVO.
Daarnaast zijn er bilaterale en multilaterale dialogen aangegaan met regio's die belangrijk zijn voor de NAVO, zoals:

1. NAVO-Russische Raad: Na het einde van de Koude Oorlog is de NAVO-Russische Raad opgezet, waarin de NAVO en Rusland op regelmatige basis overleggen. De onderwerpen die ter sprake komen in de Raad betreffen gemeenschappelijke onderwerpen zoals de strijd tegen het terrorisme en proliferatie van massavernietigingswapens. Ook is Rusland als waarnemer aanwezig bij de twee jaarlijkse bijeenkomst van de Parlementaire Assemblee van de NAVO.
2. NAVO-Oekraïne: de Oekraïne neemt een bijzondere plaats in vanwege haar territoriale ligging tussen Oost en West Europa. Tussen beiden is een speciaal Handvest aangenomen, en er vindt regelmatig overleg plaats. De NAVO en Oekraïne werken bovendien samen in internationale vredesoperaties.
3. Mediterrane Dialoog: Het gaat hier om periodiek overleg met landen die in de Mediterrane regio en het Midden Oosten liggen. Getracht wordt via dialoog en samenwerking meer uitgebreide partnership programma's met deze landen op te zetten. Goede bilaterale contacten worden als cruciaal gezien voor veiligheid en vertrouwen in de regio.
4. Samenwerking met de landen in Zuid-Oost Europa: Als gevolg van de conflicten op de Balkan in de jaren 90 en het belang van een rustig Zuid Oost Europa werd in 1999 besloten tot het oprichten van het South East Europe Initiative (SEEI). Het doel van de samenwerking is regionale samenwerking, veiligheid en stabiliteit in de regio op de lange termijn.
5. Istanbul Cooperation Initiative: Dit initiatief werd in 2004 gelanceerd en moet landen in het Midden Oosten samenwerking met de NAVO op het gebied van veiligheid geven. Landen die participeren zitten onder andere in de Gulf Cooperation Council: Bahrein, Oman, Koeweit, Qatar, Saoedie Arabië en de Verenigde Arabische Emiraten. Op de agenda staan ook onderwerpen als terrorisme en de proliferatie van massavernietigingswapens. Andere landen in de regio kunnen zich aansluiten bij dit initiatief. Hoewel er over "staat" en "staten" wordt

gesproken, is het niet uitgesloten dat de Palestijnse Autoriteit kan participeren in de activiteiten van het Initiatief. Over participatie wordt besloten door de Noord Atlantische Raad.

Parlementaire Assemblee

De Parlementaire Assemblee komt op uitnodiging van een lidstaat twee keer per jaar bijeen, steeds op een wisselende locatie. De parlementariërs in de Parlementaire Assemblee zijn ook parlementariër in hun eigen land, en hebben daar defensieaangelegenheden in portefeuille. Nederland heeft zeven parlementariërs in de Parlementaire Assemblee. Behalve parlementariërs van lidstaten kom je ook waarnemers tegen, zoals afgevaardigden van de Russische Federatie. Deze nemen tijdens werkoverleggen, die plaatsvinden tijdens de bijeenkomsten, deel aan de beraadslagingen door het doen van interventies, maar hebben uiteraard geen stemrecht. Ook non gouvernementele organisaties kunnen als waarnemer worden toegelaten. Tijdens bijeenkomsten van de Parlementaire Assemblee kan besloten worden over intensivering van een traject naar volwaardig lidmaatschap van een staat die deelneemt aan het Partnership for Peace programma. Ook staan NAVO interventies op de agenda. Militairen geven uitleg over verschillende missies, zodat de parlementariërs met redenen omkleed beslissingen kunnen nemen. De Parlementaire Assemblee is het politieke orgaan van de NAVO.

Secretaris-generaal

Op dit moment is de Secretaris-generaal van de NAVO een Deen, Anders Fogh Rasmussen. De rol van de Secretaris-generaal is het vertegenwoordigen van de organisatie. De Secretaris-generaal beschikt over een secretariaat, dat hem ondersteunt en de lopende zaken binnen de NAVO behartigt (denk aan het organiseren van de Parlementaire Assemblee en de normale activiteiten van een secretariaat). Het is geografisch zo verdeeld dat de Secretaris-generaal doorgaans een Europeaan is, omdat de SACEUR een Amerikaan is. De Secretaris-generaal wordt voor een periode van vier jaar benoemd door de regeringen van de lidstaten.

JURISPRUDENTIE

Legality of the Use of Force (Servië en Montenegro vs. Nederland)

Tijdens de preliminaire fase stelde Nederland dat Servië geen partij was bij het Internationale Hof van Justitie. Daar had Nederland twee argumenten voor: ten eerste had de VN Veiligheidsraad in de jaren negentig verklaard dat Servië en Montenegro niet werden gezien als de opvolgerstaten van de Joegoslavische Federale Republiek, en dat zij dus ook niet de rechten en plichten van het oude Joegoslavië konden overnemen. Dat betekende feitelijk dat Servië en Montenegro opnieuw lidmaatschap van de VN moesten aanvragen, en ook dat de rechtsmacht die het oude Joegoslavië had erkend, niet automatisch Servië en Montenegro bond. Het tweede argument was dat Servië en Montenegro toen zij de zaak tegen Nederland hadden aangespannen bij het Internationaal Hof van Justitie enkele dagen later nog snel de rechtsmacht expliciet erkenden. Regelgeving geldt niet met terugwerkende kracht, en dat betekent dat op het moment van indienen van de klacht tegen Nederland Servië en Montenegro de rechtsmacht van het Hof niet hadden erkend. Het Hof verklaarde zich inderdaad niet ontvankelijk, en volgde daarbij de denktrant van de Nederlandse vertegenwoordiger. Aan een inhoudelijke behandeling in de tweede fase, de *merits*, kwam het Internationaal Hof van Justitie niet toe.

ORGANISATIE VOOR VREDE EN SAMENWERKING IN EUROPA (OVSE)

Doel en documenten

In afwijking van andere internationale organisaties wordt je van deze organisatie geen lid als staat maar participeer je in de activiteiten van de organisatie. De organisatie heette tot 1993 Conferentie voor Vrede en Samenwerking in Europa. De organisatie is opgericht in 1973 en had als doel om Oost en West in Europa dichter bij elkaar te brengen, en aandacht te besteden aan mensenrechten. Vooral voor staten in Oost Europa is dit heel belangrijk geweest.

In 1975 werd in Helsinki de *Final Act of the Conference on Security and Co-operation in Europe* aangenomen. De noodzaak tot betere relaties tussen de deelnemende staten werd in dit document benadrukt, er diende soevereine gelijkheid te zijn en respect voor de rechten die samenhangen met die soevereiniteit. Staten mogen dus zelf hun politieke, sociale, economische en culturele systemen kiezen en zelf wetgeving aannemen. De deelnemende staten zouden niet dreigen met geweld of geweld gebruiken tegen andere deelnemende staten, grenzen bleven onschendbaar, territoriale integriteit bleef beschermd, en conflicten zouden op vreedzame wijze worden opgelost. Deelnemende staten zouden zich niet mengen in de interne aangelegenheden van andere staten, er diende respect te zijn voor fundamentele mensenrechten, met name voor de vrijheid van meningsuiting, de vrijheid van religie of levensovertuiging. Er was sprake van gelijke rechten voor volken en zelfbeschikking voor volken. Het internationale recht zou te goeder trouw nageleefd worden. Deze afspraken gaven dissidenten in de Sovjet Unie en Oost Europa de mogelijkheid om hun regeringen te herinneren aan het naleven van deze principes.

In 1992 was er na de val van het IJzeren Gordijn behoefte aan een aanvulling van de Helsinki Final Act. Weer werd een document in Helsinki aangenomen. De beslissingen die hier werden genomen leidden tot het aanstellen van een CVSE Hoge Commissaris inzake Nationale Minderheden, die zich via early warning en early action zou bezighouden met conflictoplossing. Ook werden er in het kader van toekomstige vredesoperaties van de CVSE algemene regels aangenomen op het gebied van early warning, conflictvoorkoming en crisis management, inclusief fact finding missies en CVSE peacekeeping, en mogelijkheden voor vreedzame beslechting van conflicten in en tussen deelnemende staten.

Naast ondersteuning bij conflictbeheersing heeft de OVSE in de afgelopen 15 jaar hulp geboden bij het voorbereiden en uitvoeren van verkiezingen in landen in transitie. De organisatie helpt ook bij democratisering, door middel van het geven van cursussen over democratisering, het trainen van rechters in Westerse manieren van rechtspreken (met name rechters trainen om zich niet door politici onder druk te laten zetten politieke uitspraken te doen), en het trainen van politiemensen om geen steekpenningen aan te nemen en niet te martelen bij arrestatie en verhoor.

Troika en voorzitterschap, Summits

Tijdens Summits worden de belangrijke lijnen van de organisatie uitgezet. Het voorzitterschap bestaat uit een troika, bestaande uit de voorzitter, de vorige voorzitter, en de volgende voorzitter. Het voorzitterschap duurt een jaar, en wisselt naar de alfabetische letter van het land. De troika moet garanderen dat ervaringen van eerdere voorzitterschappen worden doorgegeven en een land zich kan voorbereiden op het voorzitterschap.

Parlementaire Assemblee

Doel van de Parlementaire Assemblee is om interparlementaire dialoog en samenwerking te bevorderen. Uit de 56 landen die participeren, worden 320 parlementariërs afgevaardigd. Nederland vaardigt acht parlementariërs af naar de Assemblee, vijf uit de Tweede Kamer, en drie uit de Eerste Kamer. De Parlementaire Assemblee komt drie keer per jaar bijeen. Het standing committee verzorgt de voorbereiding van stukken en vergaderingen tussen sessies door, en bestaat uit de permanente vertegenwoordigers van de deelnemende staten. Er zijn verder algemene comités en ad hoc comités, een treasurer, een Secretaris-generaal en een Internationaal Secretariaat.

HOOFDSTUK 3

Ministeriële Raad

De Ministeriële Raad komt één maal per jaar bijeen aan het eind van ieder voorzitterschap om beslissingen te nemen. Dit orgaan, dat is samengesteld uit de ministers van buitenlandse zaken, is het besluitvormend orgaan van de OVSE tussen de Summits door. Onderwerpen die op de agenda staan omvatten conflict preventie en crisis management.

Permanente Raad

Dit is het belangrijkste besluitvormingsorgaan van de OVSE. Het orgaan komt iedere week in Wenen bijeen om te vergaderen en beslissingen te nemen.

Secretariaat en Secretaris-generaal

Het OVSE Secretariaat, onder leiding van de Secretaris-generaal, verstrekt operationele steun aan de organisatie. Het secretariaat is gevestigd in Wenen, en heeft ook een kantoor in Praag.

De activiteiten waar het secretariaat zich mee bezig houdt omvatten strijd tegen mensenhandel en terrorisme, conflict preventie, het bijhouden van documentatie, economische en milieuactiviteiten, externe samenwerking, gender mainstreaming, politie en training.

Conflict Prevention Centre (CPC)

Het Conflict Prevention Centre (CPC) ondersteunt de Voorzitter en andere OVSE organen op het gebied van early warning, conflict preventie, crisis management en postconflict rehabilitation. Het centrum ondersteunt activiteiten ter plaatse van de OVSE.

Office for Democratic Institutions and Human Rights (ODIHR)

Dit orgaan houdt zich bezig met het voorbereiden van verkiezingen in vrijwel alle landen in Oost Europa en de voormalige Sovjet Unie, voor zover het de geografisch Europese landen betreft. Er wordt onderscheid gemaakt tussen lange termijn missies en korte termijn missies. De lange termijn missies bestaan uit verkiezingswaarnemers die helpen met de voorbereidingen van de verkiezingen. Zij gaan dikwijls al drie maanden tevoren naar het betreffende land om te helpen met de voorbereidingen, zoals het nastreven dat alle politieke partijen zendtijd krijgen en de mogelijkheid krijgen hun programma aan het volk voor te leggen. Ook moeten er voldoende stemlokalen zijn, voldoende stembiljetten en moeten mensen de mogelijkheid gehad hebben zich te registreren als kiezer. De verkiezingswaarnemers die voor de korte termijn komen, arriveren kort voor de verkiezing en controleren op de dag van de verkiezing of de verkiezingen er rechtmatig aan toe gaan. Ook blijven zij 's avonds en 's nachts, nadat de kieslokalen gesloten zijn, om te controleren of er niet wordt gefraudeerd met het tellen van de stembiljetten. De waarnemers publiceren direct na de verkiezingen een rapport met hun bevindingen. De waarnemers die voor lange termijn in het land zijn kijken daarna nog of er op correcte wijze met de uitslag van de verkiezingen wordt omgegaan. Naast een controleproces is er ook sprake van een leerproces voor de staat in transitie. Het ODIHR is gevestigd in Warschau. Andere activiteiten van het ODIHR liggen op het vlak van gender gelijkheid, non-discriminatie en tolerantie.

Hoge Commissaris Nationale Minderheden

De Hoge Commissaris inzake Nationale Minderheden zetelt in Den Haag. De taak van de Hoge Commissaris is om nog voor conflicten gewelddadig worden actie te ondernemen. Dit doet de Hoge Commissaris door middel van stille diplomatie. Wanneer hem een conflict tussen een minderheid en een regering ter ore komt kan hij zich door middel van een fact finding missie op de hoogte stellen van de situatie, en door met beide partijen te praten trachten om de dialoog op gang te houden of weer op gang te krijgen. Doordat er geen ruchtbaarheid aan deze activiteiten wordt gegeven lijdt ook geen van de partijen gezichtsverlies. Bovendien is het makkelijker om tot een compromis te komen wanneer de pers niet betrokken is bij de activiteiten van de Hoge Commissaris. Zo kunnen de onderhandelaars makkelijker water bij de wijn doen, waar ze wanneer de pers de gesprekken of onderhandelingen zou volgen, een hardere positie zouden moeten innemen, ook met het oog op het tevreden stellen van de achterban en het binnenhalen van een zo groot mogelijke (politieke) winst. Het succes van het werk van de Hoge Commissaris is dus moeilijk meetbaar, maar conflictvoorkoming is een mechanisme dat wel steeds meer aandacht krijgt. De eerste Hoge Commissaris, van 1993 tot 2001, was de Nederlander Max van der Stoel. In 2007 is een nieuwe Hoge Commissaris benoemd, de Noor Knut Vollebaek. Het bemiddelen voordat een conflict gewelddadig is geworden behoort bij de conflictbeheersing die we early warning noemen, een vorm van vroegtijdige interventie die we later in het hoofdstuk over conflictbeheersing zullen terugvinden.

OVSE Hof voor Arbitrage en Conciliatie

Het Hof voor Conciliatie en Arbitrage is gevestigd in Genève en is opgericht in 1995. Het Hof heeft als doel om tot vreedzame oplossing van conflicten te komen. Staten die de Conventie inzake Conciliatie en Arbitrage hebben geratificeerd, kunnen gebruik maken van de diensten van het Hof. Zaken die bij het Hof kunnen worden aangebracht betreffen conflicten over delimitatie van grenzen, zowel op land als op zee, territoriale integriteit en economische conflicten. Op dit moment zijn 33 staten partij bij het Hof, dat gevestigd is in Genève. Het Hof beschikt over conciliatiecommissies en arbitrage tribunalen, die op *ad hoc* basis hun diensten aanbieden. Het Hof is dan ook niet permanent in zitting. Een partij bij een conflict kan een zaak aanbrengen bij dit Hof. Wanneer gebruik wordt gemaakt van conciliatie zal de commissie een rapport met aanbevelingen opstellen. De partijen krijgen vervolgens 30 dagen om hierop te reageren. Wanneer er geen overeenstemming wordt bereikt en de partijen hebben toegestemd in arbitrage, volgt een zaak voor het Hof van Arbitrage. Hier zien we dus een soort tweetrapsraket, waarbij eerst getracht wordt via politieke middelen, of quasi-juridische middelen te komen tot een oplossing. Wanneer dit niet werkt, kan worden overgegaan tot een juridische procedure. Het Hof bestaat uit experts op het gebied van internationaal recht die benoemd worden door de lidstaten. Arbiters en conciliators worden bijgestaan door een secretariaat onder leiding van Robert Badinter, die tevens voorzitter van het Hof is. Nederland heeft het Hof (nog) niet erkend.

RAAD VAN EUROPA

Organisatie van de Raad van Europa

Het doel van de Raad van Europa is om toe te zien op de naleving van de mensenrechten bij haar leden, en haar leden te assisteren bij het verwezenlijken van democratie en een rechtsstaat. Daarnaast is het doel van de Raad van Europa om intensiever samen te werken. De organisatie werd in 1949 opgericht. Als rechtsbasis werd het Europees Verdrag voor de Rechten van de Mens (EVRM) ontwikkeld. Hierin zijn de rechten van de mens gedefinieerd die de Raad van Europa belangrijk vindt. Ook zijn de organen omschreven die de Raad van Europa telt. Het EVRM kent onder andere het recht op leven, het recht op lichamelijke integriteit, het recht op gelijke behandeling, het recht op een eerlijk proces, het recht op vereniging en vergadering. De organisatie heeft haar zetel in Straatsburg. Op dit moment heeft de Raad van Europa 47 lidstaten. Staten die lid willen worden van de Raad van Europa dienen in het geografisch gebied van Europa te liggen. Daarnaast dienen zij bereid en in staat te zijn de rechtsstaat binnen hun staten te garanderen, respect te hebben voor de rechten van de mens, het Europees Verdrag van de Rechten van de Mens te erkennen alsmede het daar aan verbonden Europees Hof voor de Rechten van de Mens (artikel 3 en 4 Statuut Raad van Europa). Uitstoting uit de organisatie is mogelijk, maar zal slechts bij hoge uitzondering worden gebruikt (artikel 8 Statuut Raad van Europa).

Parlementaire Assemblee

In de Parlementaire Assemblee zitten leden van nationale parlementen. De Assemblee heeft 318 zetels, waarvan Nederland er zeven bekleed. Er zijn geen afzonderlijke verkiezingen voor de Parlementaire Assemblee van de Raad van Europa. Wanneer een staat zich niet aan de rechten van de mens houdt, zoals verwoordt in het EVRM, kan als sanctie worden opgelegd dat de parlementariërs van dat land gedurende enkele bijeenkomsten geen spreekrecht meer krijgen. Dit is tot nu toe het zwaarste middel dat is gebruikt tegen Rusland, dat eind jaren 90 en begin van dit millennium de mensenrechten van Tsjetsjeense inwoners van Tsjetsjenië op grote schaal schond. In de jaren 80 heeft de Parlementaire Assemblee grote kritiek geuit op lidstaat Turkije vanwege een patroon van ernstige en voortdurende schendingen van de mensenrechten.

Secretariaat

Het Secretariaat behartigt de dagelijkse zaken van de organisatie. Het werkt voor de Secretaris-generaal en de Plaatsvervangend Secretaris-generaal, alsmede voor de Parlementaire Assemblee en het Comité van Ministers. Het Secretariaat registreert zaken van het Europees Hof voor de Rechten van de Mens. Het Secretariaat werkt voorts voor de Commissaris voor de Rechten van de Mens, en voor het Congres van Locale en Regionale Autoriteiten in Europa. Daarnaast werkt het Secretariaat voor directoraten en directoraten-generaal.

Secretaris-generaal

De Raad van Europa heeft een Secretaris-generaal, Thorbjørn Jagland. Tot de taken van de Secretaris-generaal behoort het toezien op de naleving van mensenrechten in de lidstaten en het constateren van problemen in de lidstaten op het gebied van democratie en de rechten van de mens. De Secretaris-generaal zal geconstateerde problemen vervolgens aankaarten bij de bevoegde instanties van de Raad van Europa.

Congres van Lokale en Regionale Autoriteiten

In dit orgaan zitten de gekozen afgevaardigden van locale en regionale groepen. Het juridisch basisdocument voor dit orgaan is het European

Charter for Local Self Government. Het gaat hier om een consultatief orgaan binnen de Raad van Europa. Het Congres van Lokale en Regionale Autoriteiten bestaat uit twee delen, de Kamer van Locale Autoriteiten en de Kamer van Regionale Autoriteiten. Doel van het Congres is het helpen van landen in (Oost) Europa met het opzetten van democratische locale en regionale structuren.

Commissaris voor de Mensenrechten

De Commissaris voor de Rechten van de Mens bekleedt een onafhankelijk ambt binnen de Raad van Europa. Zijn functie is in 1999 in het leven geroepen. De Commissaris kan landen bezoeken indien hij dit nodig acht. Op dit moment wordt het ambt bekleed door Thomas Hammarberg. Het mandaat van de commissaris is als volgt:

1. Zorgdragen voor het respecteren van de rechten van de mens en lidstaten helpen bij het implementeren van de mensenrechtenstandaard die de Raad van Europa vereist;
2. Het bevorderen van onderwijs betreffende de mensenrechten in de lidstaten van de Raad van Europa;
3. Het constateren van mogelijke tekortkomingen in de wetgeving en toepassing van mensenrechten;
4. Advies geven en informatie verstrekken met betrekking tot de bescherming van mensenrechten in de gehele regio.

De activiteiten van de Commissaris beslaan het aangaan van een dialoog met regeringen en het bezoeken van landen, het doen van aanbevelingen en awareness raising en het bevorderen dat nationale mensenrechten structuren ontwikkeld worden.

Comité van Ministers

In het Comité van Ministers zitten de Ministers van Buitenlandse Zaken van de lidstaten van de Raad van Europa. Belangrijke beslissingen van algemene aard worden door dit comité genomen. De voorbereidingshandelingen worden verricht door het Coreper, het Comité des Representants Permanents (comité van permanente vertegenwoordigers), meestal de ambassadeurs van de betreffende landen of hoge ambtenaren die besluitvorming voorbereiden, zodat een deel van de beslissingen zonder verdere beraadslaging als hamerstuk kan worden afgedaan.

INSTITUTIONEEL RECHT

Europees Hof voor de Rechten van de Mens

De rechtsbasis van het Europees Hof voor de Rechten van de Mens is het Europees Verdrag voor de Rechten van de Mens. Alle staten die lid worden van de Raad van Europa dienen de rechtsmacht van het Europees Hof voor de Rechten van de Mens te erkennen. Bij het Europees Hof voor de Rechten van de Mens hebben alle lidstaten van de Raad van Europa een rechter (op dit moment heeft de organisatie 47 leden, en dus heeft het Hof 47 rechters). Een nieuwe lidstaat mag drie rechters voordragen, waaruit doorgaans de eerste rechter op de lijst gekozen wordt. Het Hof komt nooit in volledige samenstelling bijeen, maar, afhankelijk van de ernst en complexiteit van de zaak, in kamers van drie, vijf, zeven of zeventien rechters. Wanneer het Hof bijeen komt in een Kamer van 17 rechters gaat het altijd om een vraag over de interpretatie van het Europees Verdrag voor de Rechten van de Mens.

Een zaak kan worden aangespannen door ingezetenen van lidstaten van de Raad van Europa en door staten die lid zijn van de Raad van Europa. Bij zaken waarbij een ingezetene van een lidstaat een zaak aanspant, dienen de volgende regels in acht genomen te worden:
1. De nationale rechtsmiddelen dienen te zijn uitgeput. Dit wil zeggen dat de burger moet hebben geprocedeerd tot het hoogste nationale rechtsorgaan. Dat is in Nederland de Hoge Raad. Slechts in zeer uitzonderlijke gevallen, wanneer het onmogelijk is om tot het hoogste rechtsorgaan te procederen, kan van deze regel afgeweken worden.
2. De zaak moet worden voorgelegd aan het Europees Hof voor de Rechten van de Mens binnen zes maanden na de laatste nationale uitspraak. De reden hiervoor is dat er een belangrijke reden moet zijn om naar dit Hof te stappen, en dat er daarom niet te lang mee gewacht mag worden. Tegelijkertijd is het een zware beslissing om aan een internationale procedure te beginnen, die vaak zeer langdurig is, en daarom is het gerechtvaardigd om de burger enige maanden bedenktijd te geven.

Een commissie controleert of de zaak gegrond is en of de zaak ontvankelijk is. Wanneer de nationale rechtsmiddelen niet zijn uitgeput, of wanneer de klacht langer dan zes maanden na de laatste nationale rechterlijke uitspraak is ingediend, wordt de zaak niet ontvankelijk verklaard. Ook wordt gekeken of de zaak enige kans van slagen heeft. Wanneer op voorhand duidelijk is dat er geen schending van de mensenrechten heeft plaatsgevonden, wordt de zaak ongegrond verklaard.

Er wordt ook hier onderscheid gemaakt tussen de preliminaire fase, waar wordt gecontroleerd of de zaak ontvankelijk en gegrond is, en de inhoudelijke behandeling van de zaak, de *merits*. Wanneer de zaak ontvankelijk is, en de rechters bevoegd zijn om kennis te nemen van de zaak, wordt begonnen met de inhoudelijke behandeling. Ondertussen wordt geprobeerd om de zaak in der minne te schikken, om zo een langdurige procedure te voorkomen.

Het Hof bestaat uit vijf secties, waarvan de samenstelling iedere drie jaar wisselt. Er zijn ook kamers, bestaande uit zeven rechters, voortkomend uit de secties. Comités van drie rechters, die voor een periode van een jaar gekozen worden beslissen of zaken ontvankelijk zijn. Deze comités maken deel uit van secties. Het Europees Hof voor de Rechten van de Mens toetst slechts aan het EVRM, en niet aan het nationale recht. Wanneer schending van het EVRM wordt geconstateerd in een uitspraak, betekent dit voor het betreffende land dat het zijn wetgeving zodanig dient aan te passen dat de schending wordt opgeheven, en voor de klager zal het betekenen dat de staat schadevergoeding moet betalen.

Een uitspraak van het Europees Hof voor de Rechten van de Mens is bindend. Hoger beroep is niet mogelijk. Wel kan één der partijen om uitleg van de uitspraak vragen, wanneer deze partij meent dat een bepaalde formulering onduidelijk is. Mocht de verliezende partij zich niet aan de uitspraak houden, dan kan de winnende partij naar het Comité van Ministers van de Raad van Europa gaan en vragen om maatregelen. Deze zijn enigszins vergelijkbaar met de procedure bij de Veiligheidsraad wanneer een staat zich niet houdt aan een uitspraak van het Internationaal Gerechtshof. Het Comité van Ministers kan besluiten tot politieke maatregelen tegen de betreffende staat, zoals tijdelijk ontnemen van het spreekrecht in de Parlementaire Assemblee, of schorsing in de Parlementaire Assemblee. We zien hier weer dat wanneer het recht niet wordt nageleefd door de politiek, internationale politieke middelen kunnen worden ingezet tegen de weigerachtige staat.

Het is niet toegestaan om twee internationale procedures tegelijk te beproeven, dus je mag niet tegelijkertijd een individuele klacht hebben ingediend bij het Comité inzake Burgerlijke en Politieke Rechten, en naar het Europees Hof voor de Rechten van de Mens gaan met betrekking tot dezelfde zaak. Ook een simultane procedure bij het Europees Hof van Justitie en het Europees Hof voor de Rechten van de Mens is niet toegestaan.

SUBORGANISATIES

Comité van Venetië

Het Comité van Venetië werd begin jaren negentig opgericht om de nieuwe lidstaten van de Raad van Europa, allen in transitie en allen voortkomend uit de desintegrerende Sovjet Unie en Joegoslavië, te helpen met het transitieproces naar democratie. Dit wordt gedaan door de staten hulp te bieden bij het schrijven van een grondwet, het aanpassen van wetgeving op zo'n manier, dat de wetgeving de huidige democratische eisen en eisen op het gebied van de rechten van de mens kan doorstaan. Ook worden rechters getraind in de West Europese manier van rechtspreken (het niet doen van politieke uitspraken), en wordt de politie getraind in het werken zonder het aannemen van steekpenningen. Er wordt tevens getraind om bij arrestatie en verhoor niet te martelen.

Commissie Gelijke Behandeling Man-Vrouw

De Commissie Gelijke Behandeling Man-Vrouw houdt zich bezig met de emancipatie van de vrouw. De commissie komt verschillende keren per jaar bijeen, waarbij de lidstaten ambtenaren afvaardigen. Ook zitten er op de publieke tribune vrouwenorganisaties. Van tijd tot tijd komt de commissie bijeen in de samenstelling van de bewindspersonen belast met emancipatiebeleid. Er worden door de commissie initiatieven ontplooid op het gebied van gelijke behandeling, gelijke beloning, strijd tegen vrouwenhandel, verbetering van de positie van vrouwen tijdens en na conflicten en bestrijding van geweld tegen vrouwen.

Verdragen

Naast het Europees Verdrag voor de Rechten van de Mens zijn er in de loop der tijd nog vele Protocollen (aanvullende verdragen) aangenomen bij het EVRM. Deze worden nader besproken in hoofdstuk 4.

EUROPESE UNIE

Organisatie van de EU

De Europese Unie is van oorsprong een economisch samenwerkingsverbond. Het werd in 1957 opgericht als de Europese Economische Gemeenschap. Doel was om op het gebied van economie en energie samen te werken en Europa weer op te bouwen, onder andere door belastingbarrières aan de grens op te heffen. Nog voorafgaand aan de oprichting van de EEG waren in 1952 de EGKS (Europese Gemeenschap voor Kolen en Staal, opgeheven in 2002) en Euratom opgericht.

In de loop der tijd zijn de activiteiten van de EEG enorm uitgebreid, en is ook het aantal lidstaten enorm toegenomen. Het bijzondere aan de EEG, die later werd omgedoopt in EG, ten opzichte van de andere hier behandelde internationale intergouvernementele organisaties is dat aan de EEG en nu EU soevereiniteit is overgedragen, waardoor het een organisatie is die veel invloed heeft in de nationale rechtsorde. Voor Nederland betekent dit dat meer dan 60% van de nieuwe wetgeving haar oorsprong vindt in Brussel, zetel van de EU.

EG verdrag en andere verdragen

In 1992 werd het Verdrag betreffende de Europese Unie (Verdrag van Maastricht) ondertekend, waarvan het Verdrag betreffende de Europese Gemeenschap een integrerend onderdeel is. Dit verdrag behandelt het economische, sociale, culturele en educatieve leven in de EU. Ook worden in het verdrag de samenstelling en werking van de EU organen uitgelegd, de besluitvormingsprocedure en de manier waarop de EU aan middelen komt. Later zijn daar tijdens speciale bijeenkomsten van de Top van de EU nog aanvullende verdragen bijgekomen, die regelen hoe staten lid kunnen worden van de EU, zowel wat betreft de procedure als wat betreft de criteria, en welke rechten de Europese burgers hebben. Ook zijn er wijzigingen voorgesteld en inmiddels ingevoerd die het democratisch gat moeten verkleinen. Er zijn drie pijlers tot stand gekomen, waarbij de eerste pijler reeds volledig de soevereiniteit van de lidstaten heeft overgenomen, en dit in toenemende mate ook gebeurt bij de derde pijler. In de tweede pijler wordt meer en meer samengewerkt, maar is nog steeds sprake van intergouvernementele besluitvorming. Met het in werking treden van het Verdrag van Lissabon in december 2009 zijn deze pijlers weer opgeheven. De tendens in de verdragen is dat we een steeds verdere integratie van de EU zien, waarbij staten in toenemende mate soevereiniteit overdragen aan de organisatie.

Zetel, lidmaatschap, uitstoting

De Europese Unie heeft haar zetel in Brussel, waar de Commissie zetelt. Ook de Raad komt in Brussel bijeen. Het Europese Parlement heeft haar zetel in Straatsburg, en er wordt dan ook heel wat afgereisd door EU ambtenaren en parlementariërs, omdat de parlementariërs ook in Brussel werken, waar de commissievergaderingen plaatsvinden. In 1996 zijn bij het Verdrag van Amsterdam specifieke eisen geformuleerd waaraan een staat moet voldoen om lid van de EU te kunnen worden. Deze eisen omvatten het accepteren van het *acquis communautaire* (datgene wat al bereikt is door de organisatie en de lidstaten), respect voor de rechtsstaat en respect voor de rechten van de mens. Wanneer een staat lid wordt van de EU wil dit nog niet automatisch zeggen dat de staat de euro invoert of de paspoortcontrole aan de grens afschaft. Deze zaken worden geregeld in het Akkoord van Schengen en bij het Verdrag van Maastricht, waarbij werd besloten tot één munteenheid per 1 januari 2002. Wanneer een lidstaat niet langer voldoet aan de vereisten van de rechtsstaat en respect voor de rechten van de mens, dan kan de EU maatregelen tegen deze staat nemen en in een uiterst geval de staat uit de organisatie stoten.

Talen

De Europese Unie heeft 23 officiële talen. Dat betekent dat alle officiële documenten, alsmede jurisprudentie dienen te worden vertaald naar deze talen. De meeste parlementariërs kunnen hun eigen taal spreken tijdens de parlementaire bijeenkomsten, wat betekent dat er voor tolken veel werk is. Op dit moment zijn de officiële talen: Engels, Frans, Duits, Spaans, Italiaans, Portugees, Grieks, Nederlands, Deens, Tsjechisch, Hongaars, Fins, Zweeds, Lets, Litouws, Ests, Sloveens, Pools, Slovaaks, Iers, Bulgaars, Roemeens en Maltees.

Europees Hof van Justitie

Het Europees Hof van Justitie is het orgaan dat rechtspreekt binnen de EU. In het Europees Hof van Justitie zijn rechters van alle lidstaten vertegenwoordigd, wat betekent dat het Hof op dit moment 27 rechters heeft. Zij worden gekozen voor een periode van zes jaar bij gezamenlijke beslissing van de regeringen van de lidstaten. De rechters dienen onpartijdig te zijn en de kwalificaties te hebben om in eigen land benoembaar te zijn op de hoogste juridische posities. Er wordt recht gesproken in kamers van drie, vijf of dertien rechters. De rechters toetsen aan het primaire en secundaire gemeenschapsrecht.

De partijen die een zaak kunnen aanbrengen bij het Hof zijn nationale rechters, die in het kader van een lopende zaak advies willen over de interpretatie van EU wet- en regelgeving (zij zijn niet gerechtigd om zelf het EU recht te interpreteren). Zij spreken het Hof aan in een prejudiciële procedure. Dit houdt in dat zij hun vraag aangaande EU recht stellen, en ondertussen de nationale zaak stilleggen, in afwachting van het oordeel van het Europees Hof van Justitie. Wanneer het Europees Hof van Justitie uitspraak heeft gedaan, heropent de nationale rechter de zaak en spreekt recht, met inachtneming van de uitspraak van het Europees Hof van Justitie. Slechts in twee gevallen hoeft de nationale rechter niet om uitleg te vragen aan het Europese Hof. Het gaat om een:

1. Acte clair. Wanneer het volkomen duidelijk is hoe het EU recht moet worden geïnterpreteerd.
2. Acte éclairé. Wanneer er reeds jurisprudentie is die aangeeft hoe het Europees recht geïnterpreteerd moet worden, hoeft er geen vraag aan het Hof gesteld te worden.

Naast de prejudiciële procedure, kunnen ook staten een zaak aanbrengen bij het Hof, organen van de EU elkaar of een staat aanklagen, en kunnen burgers een staat of orgaan aanklagen. Ook is het mogelijk dat een ambtenaar van één van de EU organen een zaak aanspant tegen een orgaan van de EU. Organen van de EU en lidstaten, die ervan verdacht worden wet- en regelgeving onjuist of niet te hebben geïmplementeerd, of het EU recht geschonden te hebben, kunnen aangeklaagd worden. Ook hier toetst de rechter niet aan het nationale recht, maar kijkt slechts of er sprake is van schending van EU wet- en regelgeving.

De rechter doet uitspraak, waarbij die uitspraak gemotiveerd wordt. Omdat de Europese rechter bijzonder veel zaken krijgt voorgelegd en daardoor de doorlooptijd van de zaken vertraging opliep, is er in 1989 gekozen voor het toevoegen van een Gerecht van Eerste Aanleg. Het belang van dit Gerecht is om zaken sneller af te kunnen handelen, maar ook om in een vroeg stadium niet ontvankelijke en kennelijk ongegronde zaken te kunnen afdoen. Op die manier gaan alleen de belangrijkere zaken naar het Europese Hof van Justitie. Ook hier is er in principe geen hoger beroep. Wel kan uitleg van de beslissing gevraagd worden aan het Europese Hof van Justitie, waarbij een kamer met andere samenstelling kan worden geformeerd. Als hoger beroepstermijn geldt een periode van twee maanden. Het Hof kan in kamers van drie, vijf, of dertien rechters bijeen komen, en ook hier geldt, hoe belangrijker de zaak, hoe groter de kamer. Het Gerecht van Eerste Aanleg behandelt klachten van ambtenaren van de EU, beroepen tot nietigverklaring ingesteld door natuurlijke personen of rechtspersonen, schadevergoedingsacties tegen de EU en kort gedingen. Tenslotte bestaat er een Gerecht voor Ambtenarenzaken, waar geschillen inzake het ambtenarenrecht van de EU kunnen worden behandeld.

Eurojust (EU)

Dit is een agentschap dat de hoven van de EU voorziet van informatie en helpt bij het bestrijden van zware, grensoverschrijdende criminaliteit. Eurojust is opgericht in 2002. Eurojust heeft een openbare aanklager, rechter, of politievertegenwoordiger per lidstaat.

Commissie

De Commissie bestaat uit commissarissen, afkomstig uit de lidstaten van de EU. Op dit moment heeft de Commissie 27 leden. Iedere commissaris heeft een bepaald beleidsterrein onder zijn of haar hoede. De commissarissen doen hun werk zonder last en ruggespraak, dus ze werken onafhankelijk van de politiek van hun nationale regering. De Commissie heeft het recht van initiatief, en vertegenwoordigt de EU naar buiten toe.

De commissarissen worden door de regeringen van de lidstaten gezamenlijk benoemd voor een termijn van vijf jaar en zijn herbenoembaar. Iedere lidstaat wijst één of twee onderdanen aan die wordt voorgedragen als Commissaris (grote landen leveren twee commissarissen).

Raad

De Raad is het besluitvormend orgaan. De Raad kan samenkomen in verschillende samenstellingen, afhankelijk van het onderwerp dat op de agenda staat. Wanneer er dus een landbouwonderwerp op de agenda staat, komt de Raad bijeen in de samenstelling van de Ministers van Landbouw van de lidstaten. Twee maal per jaar komt de Raad bijeen in de samenstelling van de regeringsleiders en presidenten van de lidstaten. Dit wordt ook wel de Top genoemd. Op de agenda staan dan onderwerpen als uitbreiding van de EU en wijzigingen in de organisatorische structuur. Hier worden de belangrijkste besluiten genomen met betrekking tot de toekomst van de EU. De besluitvorming door de Raad wordt voorbereid door nationale en internationale ambtenaren, en er wordt dan ook onderscheid gemaakt tussen dossiers die als hamerstuk kunnen worden afgedaan en dossiers die nog discussie behoeven voordat tot besluitvorming kan worden overgegaan. Via de Raad hebben de lidstaten invloed op de besluitvorming in de EU.

Europees Parlement

Sinds 1979 wordt het Europees Parlement direct gekozen door de burgers van de EU lidstaten. De verkiezingen vinden iedere vijf jaar plaats. Men kiest kandidaat parlementariërs van de eigen nationaliteit, die in het Europees Parlement met andere politici van gelijkgestemde politieke partijen coalities vormen, zoals de Liberalen, Socialisten, Christen Democraten en Sociaal Democraten. In de loop der jaren is de besluitvorming in de EU zo gewijzigd dat het Europees Parlement zo veel mogelijk inspraak krijgt. Bij de goedkeuringsprocedure was het nog zo dat het parlement alleen ja of nee kon zeggen, bij de instemmingsprocedure heeft het Europees Parlement het recht van amendement en bij de medebeslissingsbevoegdheid kan regelgeving niet tot stand komen zonder de expliciete goedkeuring van het Europees Parlement. Welke besluitvorming van toepassing is hangt af van de materie. De vraag hoeveel parlementariërs een staat in het parlement mag hebben hangt samen met de grootte van het territorium en de bevolking. Een land als Polen is dus invloedrijker dan een land als Luxemburg of Nederland. De verschillende besluitvormingsprocedures worden meer uitgebreid behandeld in hoofdstuk 8.

Pijlers, EG, EBVB, JBZ

In 1992 werd de EU opgericht, waarbij er een structuur werd gecreëerd bestaande uit drie pijlers. De eerste pijler, de EG pijler, bestond uit de E(E)G, EGKS en Euratom, en was supranationaal. Alle nationale wet- en regelgeving in deze pijler vond haar oorsprong in Brussel. In 2002 hield de EGKS op te bestaan, omdat de rol die kolen en staal speelde in Europa enorm was afgenomen, en er geen noodzaak was hier een speciale internationale organisatie voor te hebben.

De tweede pijler bevatte het Gemeenschappelijk Europees Buitenlands en Veiligheidsbeleid. Deze pijler was intergouvernementeel, wat betekent dat regelgeving op dit gebied nationaal bleef. Wel is er steeds verdergaande samenwerking op het gebied van buitenlands en veiligheidsgebied, resulterend in een rapid reaction force en samenwerking met de NAVO in vredesoperaties. De derde pijler, Politiële en Justitiële Samenwerking in Strafzaken, was ook intergouvernementeel, al zijn sommige onderdelen, zoals het immigratiebeleid, overgeheveld naar de eerste pijler, omdat ze inmiddels supranationaal geregeld worden. In de derde pijler zaten ook onderwerpen als bestrijding van drugshandel, bestrijding van terrorisme en juridische zaken. Binnen de derde pijler werd ook steeds meer samengewerkt, maar soevereiniteit werd slechts minimaal overgedragen.

Met de inwerkingtreding van het Verdrag van Lissabon op 1 december 2009 verdween de pijlerstructuur.

Uitbreiding en uitdagingen

De uitbreiding van de EU in korte tijd van 15 lidstaten naar 27 lidstaten en binnenkort 28 als Kroatië lid van de EU wordt, heeft al veel institutionele wijzigingen met zich mee gebracht. De nieuwe lidstaten moeten economisch ondersteund worden, en werden dat ook al in het traject naar lidmaatschap toe. Ook moet er plaats ingeruimd worden in organen als het Europees Parlement en de Commissie voor de nieuwe lidstaten. Er moet worden nagedacht over het aantal officiële talen. Op termijn zal ook het aantal landen dat deel uitmaakt van de Euro-zone toenemen, net als het aantal landen dat partij wordt bij het Schengen verdrag, dat een ruimte van open binnengrenzen realiseert. Dat betekent ook dat er steeds opnieuw moet worden gekeken naar het effectief beschermen van de buitengrenzen van de EU. Ook is nieuw beleid nodig voor de buurlanden van de EU. Dit gebeurt via de European Neighbourhood Policy en de Eastern Partnership.

Het traject naar lidmaatschap van de EU is een tijdrovend en vaak ingrijpend traject, omdat het *acquis communautaire* moet worden gehaald. Dat betekent dat een niet EU land haar wetgeving en economie op een zodanig peil moet brengen dat het mee kan doen met Europa. Dit vergt economische offers van de burgers. Daarnaast worden eisen aan de democratie en de rechtsstaat gesteld. Ook dient er respect voor de rechten van de mens te zijn. De EU heeft speciale projecten in het leven geroepen om de transitie naar lidmaatschap te begeleiden. De kandidaat lidstaten dienen jaarlijks te rapporteren aan de EU over de gemaakte vorderingen.

CONCLUSIE

In dit hoofdstuk hebben we verschillende intergouvernementele organisaties en hun structuren behandeld. De vraag die we ons aan het einde van dit hoofdstuk moeten stellen is: waarom is het belangrijk voor een politicoloog om zo gedetailleerd te weten hoe een internationale organisatie in zijn algemeenheid is opgezet, en in het bijzonder, wat is het nut om de exacte structuren van de VN of de Raad van Europa te kennen? Het antwoord is dat je uitsluitend kunt begrijpen hoe nationale politiek en internationale politiek zich met elkaar verhouden als je weet welke macht de organisaties hebben, en welke invloed de nationale parlementariërs en ministers hebben op besluitvorming in die organisaties. Wil je de besluitvorming binnen een orgaan als de VN goed kunnen doorgronden (en dus weten hoe de machtsverhoudingen liggen), dan is het noodzakelijk om te weten welke landen veto recht hebben en wat dit in praktijk voor gevolgen kan hebben. Voor bijvoorbeeld de EU is het van belang te weten hoeveel stemmen iedere lidstaat van de EU in het Europese Parlement heeft om de machtsverhoudingen te kunnen doorgronden. Bovendien is het noodzakelijk dat je weet waar je moet aankloppen als je als lobbyist of NGO-vertegenwoordiger aandacht voor een onderwerp wilt krijgen bij een internationale intergouvernementele organisatie. Het helpt dan als je weet wat waarnemerstatus inhoudt, en welke mogelijkheden je hebt met lobbyen in de wandelgangen. Wat opvalt is dat de structuur van internationale intergouvernementele organisaties grotendeels hetzelfde is. Sommige organen hebben eigen middelen om het recht af te dwingen (rechtbanken), anderen verwijzen naar bestaande manieren van internationaalrechtelijke conflictoplossing. De organisaties hebben zowel politieke als juridische organen. Deze kunnen elkaar ondersteunen. Een voorbeeld is de Veiligheidsraad (een politiek orgaan) die maatregelen kan nemen als een staat een uitspraak van het Internationaal Hof van Justitie niet nakomt, en het Europees Hof voor de Rechten van de Mens, die interpreteert hoe artikelen uit het Europees Verdrag voor de Rechten van de Mens moeten worden toegepast.

De kennis die u in dit hoofdstuk hebt opgedaan zal ook van pas komen in het volgende hoofdstuk, waar we gaan kijken naar de bescherming van mensenrechten. Organisaties als de VN, de NAVO en de EU zijn volop in beweging, en een evaluatie van de voorgestelde veranderingen in de institutionele structuur kunt u nu beter interpreteren.

VERDER LEZEN?

R. Barents, L.J. Brinkhorst, *Grondlijnen van Europees Recht*, Kluwer, Deventer, 2006.

Eijsbouts, J.H. Jans, L.A.J. Senden, A. Prechal (Eds.), *Europees Recht, Algemeen Deel, Sinds het Verdrag van Lissabon*, Europa Law Publishing, Groningen, 2010.

Final Act Conference on Security and Cooperation in Europe, http://www.osce.org/mc/39501.

In Larger Freedom, http://www.un.org/largerfreedom/.

Jurisprudentie: Legality of the Use of Force, http://www.icj-cij.org/docket/index.php?sum=628&code=yne&p1=3&p2=3& case=110&k=51&p3=5.

J. Klabbers, *An Introduction to International Institutional Law*, Cambridge University Press, Cambridge, 2009.

NAVO Handboek.

H.G. Schermers, N. Blokker, *International Institutional Law: Unity within Diversity*, Nijhoff, Boston, 2003.

Strategisch Concept NAVO,
http://www.nato.int/cps/en/natolive/official_texts_27433.htm.

JURISPRUDENTIE

Conditions of Admissin of a State to Membership in the United Nations (Article 4 of the Charter),
http://www3.icj-cij.org/docket/index.php?p1=3&p2=4&code=asun&case=3&k=2e
Competence of the General Assembly for the Admission of a State to the United Nations,
http://www3.icj-cij.org/docket/index.php?p1=3&p2=4&code=gaun&case=9&k=31
Legality of the Use of Force (Serbia and Montenegro vs the Netherlands),
http://www3.icj-cij.org/docket/index.php?p1=3&p2=3&code=yne&case=110
&k=51

HOOFDSTUK 4

MENSENRECHTEN

INLEIDING

In de loop van de 20^e eeuw zijn de mensenrechten een steeds belangrijker plaats gaan innemen in het internationale recht.
In dit hoofdstuk zal een historisch overzicht van de ontwikkeling van mensenrechten worden gegeven. Welke mensenrechten hebben wij nu, en hoe zal de toekomstige ontwikkeling van mensenrechten eruit zien? Zijn er eigenlijk wel nog meer mensenrechten nodig? In hoeverre zijn mensenrechten een West-Europese uitvinding, die met dwang wordt opgedrongen aan niet-Europese staten?
Ook staan in dit hoofdstuk procedures en regels centraal die de mogelijkheid bieden om als lezer van dit boek advies te geven over het volgen van de juiste weg in geval van schendingen van de rechten van de mens.

GESCHIEDENIS VAN DE MENSENRECHTEN

Gedurende de twintigste eeuw heeft de ontwikkeling van mensenrechten en mechanismen om die mensenrechten te beschermen een hoge vlucht genomen. De eerste rechten op dit gebied die na de Tweede Wereldoorlog gecodificeerd werden zijn terug te vinden in de Universele Verklaring van de Rechten van de Mens (1948), later gevolgd door het Verdrag ter Voorkoming van Genocide (1948), het Internationaal Verdrag inzake Burgerlijke en Politieke Rechten (1966), het Internationaal Verdrag inzake Economische, Sociale en Culturele Rechten (1966), het Internationaal Verdrag inzake de Bestrijding van Alle Vormen van Rassendiscriminatie (1965), het Internationaal Verdrag inzake de Bestrijding van Alle Vormen van Discriminatie tegen Vrouwen (1979), het Verdrag inzake Marteling en Andere Vormen van Inhumane Behandeling (1984), en het Verdrag inzake de Rechten van het Kind (1989). Dit is slechts een kleine greep uit het grote scala aan verdragen binnen de VN dat ontwikkeld is om de rechten van de mens te benoemen en te beschermen. Ook regionale organisaties ontwikkelden vele verdragen, organen en mechanismen.

HOOFDSTUK 4

Er valt in de ontwikkeling van de mensenrechten een lijn waar te nemen. In de eerste verdragen was er vooral aandacht voor groepsrechten en individuele rechten, waarbij de staat zich moest onthouden van inmenging in het leven van de burger. Daarna ontwikkelden de minderheidsrechten zich verder, en nog weer later werden individuele rechten, waarbij de staat juist diende te handelen ten behoeve van de burger belangrijk. Er wordt ook wel gesproken over drie, en sommigen zeggen vier, generaties mensenrechten. De eerste generatie bevat de burgerlijke en politieke rechten, waarbij de staat zich onthoudt van inmenging in het leven van de burger. De tweede generatie bevat de economische, sociale en culturele rechten, waarbij de staat juist een inspanning moet leveren om de rechten van de burger zo goed mogelijk te garanderen. Er wordt ook wel gesproken over een derde generatie mensenrechten, waaronder rechten als het recht op een woning, het recht op voedsel en gebruik van natuurlijke hulpbronnen zouden vallen. Er is zelfs sprake van een vierde generatie mensenrechten, waarin natuurrechten zouden vallen, als vervolg op mensenrechten. Bij deze natuurrechten, vastgelegd in de Grondwet van Ecuador uit 2008, wordt meer ingegaan op de rechten op natuur, zoals die bijvoorbeeld door inheemse volken erkend worden. Hier staat bescherming en respectvol gebruik van de natuur centraal, met aandacht voor soevereiniteit over natuurlijke bronnen, biodiversiteit, toegang tot water en voedsel en recht van inheemse volken op het grondgebied die hen traditioneel toebehoort. Deze natuurrechten moeten worden onderscheiden van de term natuurrecht, waarbij verwezen wordt naar ongeschreven recht. Sommigen menen dat deze laatste twee generaties een aparte categorie mensenrechten vormen, anderen menen dat deze rechten vallen onder de noemer economische, sociale en culturele rechten.

Een groep die langer dan anderen op erkenning van hun speciale noden heeft moeten wachten, zijn de inheemse volken, oorspronkelijke bewoners zoals de Indianen in de VS en Latijns Amerika, de Toeareg in Afrika, de Roma in Europa, de Inuit in Canada en de Aboriginals in Australië. In 2007 werd de VN Declaration on the Rights of Indigenous Peoples aangenomen, een document dat een stap naar meer erkenning van de speciale noden van inheemse volken kenmerkt.

Tussen het aannemen van de Universele Verklaring van de Rechten van de Mens, in 1948, en de aanname van de Internationale Verdragen inzake Burgerlijke en Politieke Rechten en Economische, Sociale en Culturele Rechten, zit bijna 20 jaar. De reden hiervoor was dat het heel moeilijk was om tot overeenstemming te komen over de inhoud en formulering van de verdragen. In de tussentijd was de Universele Verklaring van de Rechten van de Mens bijzonder belangrijk geworden. Veel regeringen gebruikten de Verklaring als voorbeeld bij het formuleren van een nieuwe Grondwet. Zoals de naam al zegt was de Universele Verklaring in 1948 een niet bindend document, omdat het geen verdrag is. Doordat echter zoveel landen het gebruikten als basis waarop hun staat werd gebouwd, verkreeg het een zeer belangrijke rol in het internationale recht. Bij de conferentie van Teheran in 1966, waar het Internationale Verdrag inzake Burgerlijke en Politieke Rechten, en het Internationaal Verdrag inzake Economische, Sociale en Culturele Rechten werd aangenomen, werd ook vastgesteld dat de Universele Verklaring van de Rechten van de Mens een zo belangrijke rol in het internationale recht was gaan innemen dat gesproken kon worden van gewoonterecht, waarmee de Universele Verklaring volgens sommigen bindend werd.

Destijds waren de Westerse staten (West Europa en de VS) groot aanhanger van de burgerlijke en politieke rechten, terwijl de communistische staten (Oost Europa en de Sovjet Unie) eerder voorstander waren van economische, sociale en culturele rechten.

De codificatie van mensenrechten gaat nog steeds door, en de International Law Commissie van de VN speelt een grote rol in dit proces, omdat het vaak gevraagd wordt om teksten te concipiëren en adviezen te geven. Ook bij regionale mensenrechtenverdragen gaat de codificatie door, vaak in de vorm van Optionele Protocollen (aanvullende verdragen bij een moederverdrag), waarbij staten afzonderlijk partij worden. Het is dan ook belangrijk, wanneer een staat de mensenrechten schendt, om te controleren bij welke verdragen een staat partij is, om te weten hoe een staat ter verantwoording te roepen. En hieruit blijkt dan weer dat het belangrijk is voor staten om partij te worden bij mensenrechtenverdragen.

In dit hoofdstuk wordt ook aandacht besteed aan nationaliteitenpolitiek. De meeste mensen hebben een nationaliteit, en dit stelt hen in staat om een paspoort aan te vragen, waarmee grensoverschrijdende reizen kunnen worden gemaakt. Maar er zijn ook mensen zonder nationaliteit. Zij hebben problemen als zij naar een ander land willen reizen, en wanneer zij in moeilijkheden raken is het de vraag welk land zich zal bekommeren om hen. Ook zijn er landen die niet toestaan dat een burger zijn of haar nationaliteit opgeeft, als de burger (nog) niet een andere nationaliteit heeft. Dit om statenloosheid te beperken. Het is hiermee duidelijk dat het hebben van een nationaliteit ook een mensenrecht is, dat in het internationaal recht en in de politiek aandacht verdiend.

Voordat we nu verder gaan met het bespreken van de verschillende verdragen en de verschillende mechanismen om staten te dwingen zich aan deze verdragen te houden, moeten we ons twee vragen stellen:

1. Waarom moet een politicoloog kennis hebben van mensenrechten?

2. Waarom moet een politicoloog kennis hebben van de mechanismen om mensenrechtenschendingen aan de kaak te stellen?

Ad 1. Wil je als politicoloog de politiek van een land doorgronden en een goede politieke analyse kunnen geven van een land, dan is het belangrijk dat je weet welke rechten (en plichten) de burger heeft. Als je de rechten binnen de staat, vanuit internationaal perspectief gezien niet kent, weet je ook niet of er rechten geschonden worden. En als het evident is dat er rechten van de burger geschonden worden is het belangrijk dat je in staat bent om die terug te voeren tot verplichtingen van de staat ten aanzien van bepaalde verdragen waar het partij bij is. Dat brengt ons dan bij de tweede vraag:

Ad 2. Wanneer we weten dat er in een bepaalde staat mensenrechten geschonden worden, is het ook belangrijk dat we weten wat daartegen gedaan kan worden. Vaak is het mogelijk als non gouvernementele organisatie, of als burger, misstanden aan de kaak te stellen of te lobbyen bij de bevoegde instanties (bijvoorbeeld een andere staat) om actie te ondernemen (zoals het indienen van een statenklacht). Zelfs als een staat bewust geen verdragen op het gebied van de mensenrechten heeft ondertekend en geratificeerd zijn er mogelijkheden om schendingen van mensenrechten aan de kaak te stellen. Recht en politiek gaan hier weer hand in hand. Juridische procedures kunnen soms uitkomst bieden, maar quasi-juridische, en dus eigenlijk politieke, procedures kunnen ook helpen. Bij het aan de kaak stellen van mensenrechtenschendingen speelt bovendien de mobilization of shame een grote rol. Regeringen vinden niets vervelender dan wanneer zij door andere regeringen gewezen worden op hun tekortkomingen. Daarom is het van het grootste belang dat de politicoloog in spé een grondige kennis van de mensenrechten heeft, alsmede van de mechanismen die gebruikt kunnen worden om de situatie van mensenrechten aan de kaak te stellen.

Laten we de verschillende mensenrechtencategorieën onder de loep nemen en kijken wat voor rechten door de categorieën worden beschermd.

INDIVIDUELE MENSENRECHTEN: BURGERLIJKE EN POLITIEKE, ECONOMISCHE, SOCIALE EN CULTURELE RECHTEN

De rechten die in het Internationaal Verdrag inzake Burgerlijke en Politieke Rechten worden vastgelegd zijn het recht op zelfbeschikking voor volken, om zo hun politieke status en economische, sociale en culturele ontwikkeling te bevorderen (artikel 1, lid 1). Volken hebben het recht om hun natuurlijke hulpbronnen zelf te gebruiken (artikel 1, lid 2). Er zal geen discriminatie plaatsvinden met betrekking tot de toepassing van de rechten verwoord in dit verdrag (artikel 2, lid 1). Iedereen die meent in zijn rechten getroffen te zijn, heeft het recht zijn zaak voor een competent tribunaal te brengen (artikel 2, lid 3). Vrouwen en mannen zullen gelijk behandeld worden (artikel 3). In tijden van grote nood mogen bepaalde rechten worden opgeschort, maar de basisrechten blijven gehandhaafd (artikel 4). Iedereen heeft het recht op leven, en dat mag niemand arbitrair worden ontnomen (artikel 6). Niemand zal gemarteld worden of op enige andere manier onmenselijk en onwaardig worden behandeld (artikel 7). Slavernij is onder alle omstandigheden verboden (artikel 8). Iedereen heeft recht op vrijheid en veiligheid van zijn persoon. Niemand mag zonder reden vastgezet worden (artikel 9). Iedereen die is gearresteerd zal menselijk behandeld worden, met respect voor de waardigheid van zijn persoon (artikel 10). Niemand zal worden vastgezet omdat hij een contractuele verplichting niet kan nakomen (artikel 11). Iedereen heeft het recht op bewegingsvrijheid, niemand zal zonder reden de toegang tot zijn eigen land geweigerd worden (artikel 12). Artikel 14 tot en met 16 behandelen de rechten van de burger met betrekking tot toegang tot de rechtsmacht. Iedere burger heeft recht op briefgeheim en een privé leven (artikel 17). Iedereen heeft het recht op vrije meningsuiting en vrijheid van religie (artikel 18 en 19). Oorlogspropaganda is verboden (artikel 20). Iedereen heeft het recht op vereniging en vergadering en het recht vakbonden te vormen (artikel 21 en 22). Een huwelijk dient in vrijheid en in overeenstemming gesloten te worden (artikel 23). Kinderen zullen beschermd worden (artikel 24). Iedereen is gelijk voor de wet (artikel 26). In landen waar minderheden bestaan, zal aan die minderheden het recht gegeven worden om hun cultuur te uiten, religie te belijden en taal te spreken (artikel 27).

In het Internationaal Verdrag inzake Economische, Sociale en Culturele Rechten zijn de volgende rechten van de burger vastgelegd: artikel 1 is identiek aan artikel 1 van het Internationaal Verdrag inzake Burgerlijke en Politieke Rechten en garandeert volken het recht op zelfbeschikking. Alle staten zullen maatregelen nemen, zowel op individuele basis als in samenwerking met anderen, om er voor te zorgen dat de rechten in dit verdrag zoveel als mogelijk gerealiseerd kunnen worden, en dit zonder discriminatie van welke aard ook (artikel 2). Mannen en vrouwen zullen gelijk behandeld worden voor wat betreft het realiseren en genieten van economische, sociale en culturele rechten (artikel 3). De staten dienen het recht op werk te erkennen, inclusief het recht om werk van je keuze te doen (artikel 6). Bovendien dienen er voor dit werk voor iedereen arbeidsvoorwaarden te zijn met een eerlijk salaris dat gelijk is voor allen die gelijkwaardig werk doen (artikel 7). De staat garandeert dat er vakbonden opgericht mogen worden en dat deze vakbonden hun werk zullen kunnen doen (artikel 8). De staat zal sociale zekerheid garanderen voor haar burgers (artikel 9). De staat zal de familie beschermen (artikel

10). De staat zal erkennen dat de burger recht heeft op een voldoende levensstandaard, inclusief voldoende voedsel, kleding en woonruimte (artikel 11). De staat erkent dat de burger het recht heeft op een zo hoog mogelijk niveau van lichamelijke en geestelijke gezondheid (artikel 12). De staat erkent het recht op onderwijs.

Sommige staten hebben voorbehouden gemaakt bij bepaalde rechten. Voorbehouden maken bij een verdrag is mogelijk, maar een voorbehoud mag nooit zo ver gaan dat een staat daarmee onder de aard van het verdrag uit zou mogen komen. Er mogen dus geen voorbehouden worden gemaakt voor rechten die centraal staan in het verdrag. Daarom dient het maken van een voorbehoud geaccepteerd te worden door de organisatie. Wordt het niet geaccepteerd, dan betekent dit in feite dat de staat geen partij kan worden bij het verdrag.

Het Internationaal Verdrag inzake Burgerlijke en Politieke Rechten en het Internationaal Verdrag inzake Economische, Sociale en Culturele Rechten kennen beide een rapportageplicht. Iedere vier jaar dient een staat die partij is bij het verdrag een rapport in bij het Comité voor de Rechten van de Mens dat is opgericht als toezichthoudend orgaan bij de twee verdragen. Dit Comité zal in samenspraak met de regeringsdelegatie vaststellen of er vooruitgang is geboekt met het implementeren van het verdrag in de nationale rechtsorde, en aangeven waar verbeterpunten zitten.

Daarnaast hebben de beide verdragen een Optioneel Protocol, waarbij het individueel klachtrecht is vastgelegd. Dit Optioneel Protocol moet apart geratificeerd worden en geldt alleen voor die staten die er partij bij zijn. Een burger uit een staat die partij is bij het Optioneel Protocol kan na uitputting van de nationale rechtsmiddelen een klacht indienen bij het Comité. Het moet dan gaan om een schending van een recht uit het Internationaal Verdrag inzake Burgerlijke en Politieke Rechten of het Internationaal Verdrag inzake Economische, Sociale en Culturele Rechten. Het Comité zal de regering om informatie vragen en op grond van de informatie van klager en regering, eventueel na een hoorzitting, tot een conclusie komen. Deze conclusie is niet bindend, maar het niet naleven van deze conclusie zal ertoe leiden dat de andere lidstaten de in gebreke blijvende staat erop aankijken. Er is dus sprake van mobilization of shame. Daarmee is dit individueel klachtrecht een nuttige aanvulling op de rapportageplicht die hierna behandeld wordt. Het is tenslotte denkbaar dat een regering besluit om een rooskleurig beeld van de mensenrechtensituatie in het land te geven, waar dit volgens objectieve maatstaven niet terecht is. De procedure van het individueel klachtrecht mag niet samen met een andere internationale procedure worden gevolgd, bijvoorbeeld bij een regionale mensenrechtenorganisatie. Het is dus niet mogelijk om te "shoppen".

GROEPS RECHTEN: MINDERHEDEN, RASSENDISCRIMINATIE, VROUWEN, KINDEREN

Het VN Verdrag inzake Uitbanning van Elke Vorm van Discriminatie tegen Vrouwen

Dit verdrag werd door Nederland in 1979 getekend. Het ratificatieproces dat volgde nam 12 jaar in beslag, omdat de Nederlandse wetgeving niet in overeenstemming met het verdrag was. Dat betekende dat er zoveel wetgeving aangepast moest worden, dat men daar pas in 1991 mee klaar was. Toen kon Nederland partij worden bij het verdrag. Het VN Vrouwenverdrag, zoals dit verdrag ook wel kortweg wordt genoemd, bevat rechten als gelijke behandeling, gelijke betaling voor gelijke arbeid, bescherming tegen uitbuiting, met name sexuele uitbuiting, vertegenwoordiging van vrouwen in publieke functies, zoals in gemeenteraad en parlement, bevordering van rechten van vrouwen in rurale gebieden (dit geldt natuurlijk nog meer voor ontwikkelingslanden dan voor Nederland) en speciale aandacht voor de gezondheid van vrouwen, in het bijzonder voor zover het hun reproductieve vermogens betreft. Vrouwen moeten gelijke toegang tot onderwijs hebben. Het is duidelijk dat dit een verdrag is waarbij de overheid juist wordt opgeroepen om een actief beleid te voeren teneinde deze rechten voor vrouwen te versterken dan wel te realiseren. Er dient uiteraard een mechanisme te zijn om te controleren of staten zich aan de rechten van het verdrag houden, dan wel (voldoende) inspanningen verrichten om de rechten uit het verdrag op termijn te realiseren voor vrouwen. Het gaat hier dus om een inspanningsverplichting, met op termijn idealiter een resultaatsverplichting.

Bij het verdrag is een Comité in het leven geroepen dat toeziet op de naleving door staten van het verdrag. Iedere lidstaat moet eens in de vier jaar rapporteren aan dit Comité van experts, die op persoonlijke titel, dus zonder last en ruggespraak, zitting hebben in dit Comité. Op dit moment heeft Nederland een onderdaan in het Comité, de emeritus hoogleraar mensenrechten Cees Flinterman. Nederland rapporteert één maal per vier jaar aan het Comité, en legt dan per artikel uit hoe de stand van zaken in Nederland is en welke vooruitgang er is geboekt in de afgelopen vier jaar met implementatie van het verdrag. Naar aanleiding van dit rapport wordt een hoorzitting gehouden bij de VN, waarbij het Comité aan de Nederlandse delegatie vragen kan stellen. Op grond van deze hoorzitting stelt het Comité een rapport op dat zij openbaar maakt. De Nederlandse Staatssecretaris van Onderwijs, Cultuur en Wetenschappen, die verantwoordelijk is voor emancipatiebeleid, zendt dit aan de Kamer met een begeleidend commentaar. Op grond van het rapport, de reactie van het

Comité en de begeleidende brief kunnen Kamerleden vervolgens vragen stellen. Het is duidelijk dat er Kamervragen zullen volgen als Nederland een negatief rapport van het Comité zou ontvangen, wat vervelend is voor de betreffende bewindspersoon. Zo zal er de autoriteiten alles aan gelegen zijn om een positief rapport naar het Comité te sturen, en een positief rapport van het Comité te krijgen. Is dit niet het geval, dan leidt dit tot mobilization of shame. Vrouwenorganisaties en enkele wetenschappelijke experts op het gebied van de rechten van de vrouw hebben al enkele keren een schaduwrapportage opgesteld, en gelobbyd bij het Comité om bepaalde misstanden, die in het regeringsrapport wellicht wat minder zwaar aangezet worden, onder de aandacht van het Comité te brengen.

Naast de vierjaarlijkse rapportageplicht is er sinds enkele jaren een aanvullend Protocol, dat het individueel klachtrecht openstelt. Nederland is daar sinds 2002 partij bij. Wanneer een vrouw meent in haar rechten (zoals geformuleerd in het verdrag) getroffen te zijn, kan zij, nadat zij de nationale rechtsmiddelen heeft uitgeput, een klacht indienen bij het Comité. Het Comité zal de regering om uitleg vragen en op grond van de informatie van klager en regering tot een conclusie komen. Deze procedure is quasi juridisch, het lijkt juridisch maar wordt door een niet-juridisch orgaan uitgevoerd. Het enige dat bereikt kan worden is dat door de mobilization of shame de regering besluit om haar wetgeving aan te passen en de betrokkene schadeloos te stellen. Inmiddels is er een onderwerp waarbij Nederlandse NGO's menen dat er sprake is van schending van artikel 7 van het verdrag inzake de uitbanning van discriminatie tegen vrouwen. Het gaat hier om het beleid van de SGP om geen vrouwen toe te laten in politieke functies. Een tiental NGOs heeft een zaak aangespannen tegen de SGP, waar inmiddels de Hoge Raad uitspraak in heeft gedaan. De Hoge Raad stelde dat de SGP vrouwen niet langer mag weren van de kieslijsten. De staat moet bovendien effectieve maatregelen nemen om vrouwen binnen deze partij hun passief kiesrecht te doen toekomen. De rechter heeft echter niet de subsidiëring van de partij stopgezet (iedere politieke partij heeft recht op subsidie).

De zaak is nu aanhangig bij het Europees Hof voor de Rechten van de Mens, en dat betekent dat het Comité bij het VN Vrouwenverdrag zich er voorlopig niet over zal buigen in het kader van een individuele klachtenprocedure.

Verdrag inzake de Rechten van het Kind

Dit verdrag is relatief jong, het werd getekend in 1989 en trad in 1991 in werking. Het Verdrag inzake de Rechten van het Kind kan rekenen op bijzonder veel steun. Inmiddels hebben alle landen, op twee na (de VS en

Somalië) het geratificeerd. Rechten die in dit verdrag gevonden worden zijn onder andere: het recht op een naam, het recht op scholing, het recht op passende gezondheidszorg en het recht op bescherming door de staat, voor zover de voogden (meestal de ouders) daar niet voldoende in kunnen voorzien. De staat kan hier dus ook een controlerende rol in spelen. Ook staat er in het verdrag dat een kind niet samen met volwassenen in een gevangenis gezet mag worden en dat kindsoldaten verboden zijn. Daarbij is het uiteraard belangrijk om vast te stellen wanneer iemand volwassen wordt. Er is voor gekozen om de grens bij 18 jaar te stellen.

Bij het verdrag is een Comité ingesteld, waaraan staten één maal per vier jaar moeten rapporteren. Inmiddels is er ook een Optioneel Protocol bij het verdrag, dat voorziet in een individueel klachtrecht. Er zijn nog twee aanvullende Protocollen, één met betrekking tot de positie van kinderen tijdens gewapend conflict en een Optioneel Protocol inzake de handel in kinderen, kinderprostitutie en kinderpornografie.

Rechten van inheemse volken

Het heeft heel lang geduurd voordat het mogelijk was om een verdrag voor inheemse volken te formuleren. Een reden hiervoor is het feit dat in het internationaal publiekrecht, maar ook in de internationale politiek, de staat centraal staat, en inheemse volken hebben geen eigen staat. Bovendien staan inheemse volken en de staten waarin ze gesitueerd zijn vaak op gespannen voet met elkaar. Pas in de jaren 90 kwam er schot in de ontwikkeling van rechten voor deze groep toen gedurende enkele jaren het recht op zelfbeschikking internationaal hoger op de politieke agenda stond. In 1991 trad de ILO Convention on the Rights of Indigenous and Tribal Peoples in Independent States in werking. Dit verdrag beoogde gelijke rechten voor inheemse volken. Inmiddels is in 2007 de Declaration on the Rights of Indigenous Peoples aangenomen, die door de meeste staten onderschreven wordt, inclusief de Verenigde Staten. De Declaratie beschermt de specifieke rechten van inheemse volken. Er is eerder al via verklaringen een basis gelegd voor codificatie van deze rechten door organen als de Working Group on Indigenous Populations en UN Sub-Commission on the Promotion and Protection of Human Rights. Belangengroepen van inheemse volken en NGO's die zich het lot van deze groepen aantrekken hebben inmiddels een aanzienlijke lobby gestart. Ontwikkelingen gaan langzaam, een kenmerk dat eigenlijk voor de codificatie van vele rechten van de mens geldt. Wie zich met internationaal publiekrecht bezighoudt, moet geduld hebben, en een zeker idealisme.

De volgende rechten worden neergelegd in de Declaratie:
- Inheemse volken hebben het recht op alle rechten en vrijheden, zoals

vastgelegd in het Handvest van de VN en de Universele Verklaring voor de Rechten van de Mens, alsmede andere mensenrechtenverdragen.
- Inheemse volken hebben het recht op zelfbeschikking.
- Inheemse volken hebben het recht op een nationaliteit.
- volken hebben collectieve rechten, waaronder garanties tegen genocide, en het weghalen van inheemse kinderen bij de ouders. Ook hebben zij recht op fysieke en mentale integriteit.
- Inheemse volken zullen beschermd worden tegen etnische uitroeiing of population transfer en culturele genocide. Ook mag hen hun land niet worden afgenomen, omdat hun land een belangrijke rol speelt in hun cultuur.
- Bijzondere aandacht dient te worden besteed aan gezondheidszorg voor inheemse volken.
- Inheemse volken hebben de eigendom over hun land, inclusief water, zee-ijs, flora en fauna. Bovendien kunnen zij rechten doen gelden op gebieden die van oorsprong hun eigendom waren (restitutie dient in dat geval verleend te worden).
- Indien inheemse volken in een grensgebied wonen, zullen zij op grond van culturele, religieuze, politieke en economische redenen die grens mogen overschrijden.

De implementatie van dergelijke rechten heeft in bijvoorbeeld de Grondwet van Ecuador, die in 2008 werd aangenomen, al een eerste neerslag. Verdere implementatie van de rechten uit deze Verklaring zal plaats kunnen vinden naarmate meer staten aangeven deze rechten in hun wetgeving te willen opnemen.

BESCHERMING VAN MENSENRECHTEN IN DE VN

Raad voor de Rechten van de Mens

De Raad voor de Rechten van de Mens is werkzaam sinds 2006 en is de opvolger van de Commissie voor de Rechten van de Mens. Reden om een nieuw orgaan in het leven te roepen was het feit dat de Commissie voor de Rechten van de Mens niet aan de verwachtingen voldeed. De organisatie, waarin veel landen actief waren die zelf de mensenrechten schonden, bleek niet in staat om serieus genomen te worden door alle landen en ook voldoende effectief te zijn. Dit kwam met name omdat het slechts enkele keren per jaar bijeen kwam, één maal in het voorjaar voor een periode van zes weken en zo vaak als verder nodig was.

De Raad kan bijeen komen wanneer dit nodig is en maakt veel gebruik van fact finding missies, waaraan ook de leden van de Raad deelnemen. De Raad kan tussentijds aanbevelingen doen. De Raad rapporteert aan de ECOSOC over haar activiteiten.

Adviserend Comité van de Raad voor de Rechten van de Mens

Het Adviserend Comité is een denktank voor de Raad voor de Rechten van de Mens. Het Comité bestaat uit 18 specialisten, en vervangt de Sub-Commissie voor de Bevordering en Bescherming van de Rechten van de Mens, die onder het oude regime van de Commissie voor de Rechten van de Mens bestond. Het Comité levert rapporten aan de Raad en voert op verzoek van de Raad onderzoek uit. Doel is in contact te treden met lidstaten en nationale mensenrechtenorganisaties, NGO's en civil society. Onderwerpen waar het Comité zich mee bezig houdt omvatten het recht op voedsel en het recht op vrede. Het Comité komt ten hoogste tien dagen per jaar bijeen, vijf dagen in de eerste week van augustus en vijf dagen in de laatste week van januari.

Universal Periodic Review

Dit nieuwe mechanisme is in het leven geroepen onder de Raad voor de Rechten van de Mens. Alle VN lidstaten komen eenmaal in de vier jaar aan de beurt om te rapporteren over de situatie van de mensenrechten in hun territoir. Staten melden welke inspanningen zij hebben gedaan om de situatie van de mensenrechten te verbeteren. De bedoeling is dat met deze review alle staten gelijk behandeld worden. Op deze manier kan waar ook ter wereld de situatie van mensenrechten aan de orde gesteld worden. Dit is een argument tegen de zienswijze dat mensenrechten Eurocentrisch zijn, en dat Europese landen en de VS een dubbele standaard gebruiken bij het aan de orde stellen van mensenrechtenschendingen in ontwikkelingslanden.

De review procedure wordt uitgevoerd door de werkgroep voor de universele periodieke review, die bestaat uit de 47 leden van de Raad voor de Rechten van de Mens. Alle lidstaten van de VN kunnen deelnemen aan de dialoog met de onderzochte staten. De review wordt ondersteund door een 'troika' van drie staten die tevoren door loting worden aangewezen. De aangeleverde informatie bestaat uit een nationaal rapport, opgesteld door de staat zelf, informatie uit onafhankelijke mensenrechten rapporten en rapporten gepubliceerd op grond van verdragsverplichtingen met betrekking tot mensenrechten en informatie van andere betrokkenen, zoals NGO's en nationale organisaties die zich met de rechten van de mens bezig houden. De documenten waaraan getoetst wordt zijn het VN Handvest, de Universele Verklaring van de Rechten van de Mens, mensenrechtenverdragen waarbij de staat partij is, afspraken die op nationaal niveau gemaakt zijn en internationaal humanitair recht.

Behandeling van de review vindt plaats tijdens een zitting van de werkgroep. Iedere VN lidstaat kan vragen stellen en aanbevelingen doen aan de staat in kwestie. De troika zorgt ervoor dat de dialoog in goede banen wordt geleid. Iedere staat krijgt voor de behandeling van zijn rapport drie uur. NGO's kunnen via staten vragen laten stellen en kunnen direct deelnemen aan de discussie wanneer het rapport in een later stadium ter beoordeling bij de Raad voor de Rechten van de Mens ligt.

Vervolgens wordt een eindrapport gemaakt door de lidstaat en de troika, waarbij zij assistentie kunnen krijgen van het kantoor van de Hoge Commissaris voor de Rechten van de Mens. Hierin wordt ook de uitkomst van de discussie meegenomen, inclusief aanbevelingen. Het rapport wordt minimaal 48 uur na de behandeling in de werkgroep besproken. Deze bespreking duurt een half uur, en de staat in kwestie mag op het rapport reageren. Daarna wordt het rapport tijdens een plenaire sessie van de Raad voor de Rechten van de Mens aangenomen. Ook dan kan de staat in kwestie nog het woord voeren. Ook andere belanghebbenden kunnen spreektijd krijgen.

De staat is verantwoordelijk voor het implementeren van de aanbevelingen en het verbeteren van de situatie van de mensenrechten. Indien nodig kan de staat hierbij technische assistentie van andere VN staten krijgen. Bij een volgende rapportage moet gemeld worden welke progressie het land heeft gemaakt en wat het met de aanbevelingen heeft gedaan.

Onder verschillende verdragen bestaan al rapportageverplichtingen, zodat sprake zou kunnen zijn van overlapping, maar deze universele rapportage heeft tot doel om de informatie uit de verschillende rapportages te stroomlijnen en een diepgravender discussie mogelijk te maken. Er kunnen discrepanties zijn tussen verschillende verdragen die op verschillende momenten zijn opgezet, zoals de rechten verankerd in het EVRM en de rapportage verplichting op grond van het Internationaal Verdrag inzake Burgerlijke en Politieke Rechten. Ook kunnen er verschillen bestaan tussen bindende en niet bindende instrumenten. Wanneer het niet bindende document er eerder was dan het bindende verdrag, kan dat geïnterpreteerd worden alsof het eerdere is vervangen door het latere.

Met name bij het VN Vrouwenverdrag worden nog wel voorbehouden gemaakt die bij eerdere verdragen niet werden gemaakt. Komt dit omdat staten hebben kunnen zien hoe andere staten voorbehouden hebben gemaakt, of komt het door de specifieke bewoordingen en het specifieke karakter van het VN Vrouwenverdrag? Er zijn nogal wat voorbehouden gemaakt voor artikel 9 (2) dat gelijke rechten geeft aan mannen en vrouwen bij het toekennen van de nationaliteit aan een kind, en artikel 16 (1) dat betrekking heeft op non-discriminatie bij familierecht en huwelijk.

Staten dienen ten behoeve van verschillende rapportage mechanismen ook verschillende rapportages te maken. Vaak kiezen staten ervoor om in eenzelfde jaar verschillende rapportages te maken en te verdedigen. Het zou dan prettig zijn als er een algemeen format is waaraan de rapporten dienen te voldoen. Omdat er overlap is, komen bepaalde mensenrechtenschendingen ook bij verschillende rapportages aan de orde. Dit kan voor een regering onnodig bezwarend zijn. Wanneer de informatie gebundeld wordt op het VN Secretariaat is het mogelijk op grond van meerjarige informatie, gebaseerd op verschillende rapportages, een landenanalyse te maken die door de jaren heen verfijnd wordt. Zo is beter te zien wat voor ontwikkeling een staat doormaakt. Ook zouden aan de staat tevoren meer specifieke vragen gesteld moeten worden, zodat de staat bij het opstellen van de rapportage daar rekening mee kan houden. Zo zien we dat de manier van rapporteren voortgaande inzichten oplevert, en een constant proces is.

Hoge Commissaris voor de Rechten van de Mens

Deze positie is in 1993 ingesteld, als aanvulling op al bestaande mensenrechtenmechanismen. Het mandaat van de Hoge Commissaris omvat de volgende componenten: het bevorderen en beschermen van de effectieve uitoefening van alle burgerlijke, culturele, economische, politieke en sociale rechten en de verwezenlijking van het recht op ontwikkeling; het stroomlijnen van de mensenrechtenmechanismen binnen de VN; leiding geven aan het Centrum voor de Rechten van de Mens en advies geven. Het mandaat van de Hoge Commissaris omvat het promoten en beschermen van de rechten van de mens, het voorkomen van mensenrechtenschendingen en het bevorderen van samenwerking op het gebied van naleving van de rechten van de mens.

Navi Pillay is de huidige Hoge Commissaris. Zij wordt ondersteund door het Secretariaat van de Raad voor de Mensenrechten. De mogelijkheden die de Hoge Commissaris heeft om aandacht te vragen voor schendingen van mensenrechten die een langdurig patroon vertonen zijn het doen van onderzoek ter plaatse (fact finding missies), het opstellen van rapporten en druk uitoefenen op regeringen om hun beleid te wijzigen. Daarmee maakt ze vooral gebruik van methoden om in een vroeg stadium aandacht te vragen voor problemen, wat we early warning noemen. Dit wordt eventueel aangevuld met goede diensten, dat wil zeggen het op gang brengen van gesprekken tussen groepen waarbij de vrees bestaat dat een groep mensenrechtenschendingen zal (blijven) plegen jegens de andere groep.

Naast deze verschillende organen die zich bezig houden met controle op de naleving van mensenrechten, zijn er ook mechanismen die hun oorsprong vinden in een verdrag en ingezet kunnen worden om schendingen van de mensenrechten aan de orde te stellen.

VERDRAGSVERPLICHTINGEN

1. Periodieke rapportageplicht

Tijdens de behandeling van de verschillende verdragen bleek al dat een manier om een land actief verdragen te laten implementeren is om een land periodiek, één keer in de vier jaar, aan een Comité ingesteld bij het betreffende verdrag, te laten rapporteren over de voortgang van de implementatie van het verdrag. Het Comité dient te bestaan uit onafhankelijke specialisten op het gebied van het betreffende recht. Dat kunnen wetenschappers zijn of voormalige politici. Ze worden benoemd voor een bepaalde tijd en er is vaak ook een regionale verdeling. De rapportageplicht kan niet afgedwongen worden, dus een land dat verzuimt om te rapporteren kan niet gestraft worden. Daarom dient met onwillige regeringen diplomatiek omgegaan te worden. Het is voor sommige regeringen ook moeilijk om te rapporteren wanneer de mensenrechtensituatie in het land ernstig te wensen overlaat. Dan wil een regering liever niet rapporteren. Nadeel is ook dat de regering een rooskleuriger beeld kan scheppen dan in werkelijkheid bestaat. Het is dan aan het Comité om hier doorheen te prikken. Hier is de mobilization of shame belangrijk, het feit dat een regering door andere regeringen wordt aangekeken op haar beleid. Hoewel het niet een juridisch mechanisme is, werkt het uitstekend, vaak nog beter dan een juridische procedure. Geen enkele regering wil door collega's negatief beoordeeld worden. In sommige landen, zoals in Nederland, houden ook NGO's zich bezig met de rapportage door het schrijven van een schaduwrapportage. Deze kan niet officieel gebruikt worden door het Comité bij het betreffende verdrag, maar kan wel dienen als onofficiële informatie, die in combinatie met lobbyen in de wandelgangen kan inspireren tot het stellen van bepaalde vragen door de leden van het Comité. Het Comité stelt naar aanleiding van het gesprek met de nationale delegatie een rapport op, dat openbaar wordt gemaakt. Een negatieve beoordeling door het Comité functioneert als de mobilization of shame.

2. Statenklachtrecht

Sommige verdragen voorzien in de mogelijkheid dat een andere staat een klacht indient tegen een staat die zich niet houdt aan de rechten als verwoordt in het betreffende mensenrechtenverdrag. In dat geval spreekt men van een statenklachtrecht. Bij sommige verdragen staat de mogelijkheid om gebruik te maken van het statenklachtrecht in de hoofdtekst van het verdrag, bij sommige verdragen staat het in een Protocol en moet het afzonderlijk erkend worden. Er wordt in praktijk nauwelijks gebruik gemaakt van het statenklachtrecht, omdat het de politieke verhoudingen met het land dat aangeklaagd wordt schaadt of kan schaden. Wanneer staat A het statenklachtrecht heeft erkend, en staat B niet, kan staat B het statenklachtrecht *ad hoc* erkennen. Als staat A aangeklaagd wordt door staat B, kan zij zich beroepen op reciprociteit, en stellen dat het *in casu* het statenklachtrecht niet erkent. Wanneer één of meerdere staten een statenklacht tegen een andere staat indienen (bij het Comité dat is ingesteld bij het verdrag), dan zal het Comité de regering van het aangeklaagde land om opheldering vragen. Op grond van de informatie van de klagende staat of staten, in combinatie met de informatie die het Comité van de aangeklaagde regering heeft gekregen kan het Comité een rapport opstellen dat quasi-juridische waarde heeft. Hoewel de procedure juridische trekjes heeft met het proces van hoor en wederhoor gaat het hier om een procedure gevoerd door een politiek orgaan, waarvan de leden niet noodzakelijk juristen zijn. Het effect lijkt op dat van een juridische uitspraak. Wanneer de klagers in het gelijk worden gesteld, voelt dit voor de aangeklaagde staat als een veroordeling, en daarmee wordt schaamte opgewekt, de al eerder genoemde mobilization of shame. Van belang is dat beide kanten, aanklager en aangeklaagde, het statenklachtrecht erkend hebben.

3. Individueel klachtrecht

Het individueel klachtrecht wordt vastgelegd in een apart verdrag, een Optioneel Protocol. Een staat die partij is bij het moederverdrag kan daarna nog bepalen, of en wanneer de staat het Optioneel Protocol ratificeert. Het individueel klachtrecht wordt gezien als een versterking van de eerder genoemde mechanismen, omdat nu ook slachtoffers van schendingen in een staat die partij is hun ervaringen aan de kaak kunnen stellen bij het Comité, en politieke correctheid vanuit de regering hiermee opzij geschoven kan worden. Deze mogelijkheid is een duidelijke versterking van de mogelijkheid om mensenrechten te beschermen en schendingen aan de kaak te stellen. De procedure verloopt als volgt: Wanneer een burger van een staat die het individueel klachtrecht heeft erkend meent dat één van de rechten uit het verdrag ten aanzien van hem is of zijn geschonden, en hij/zij de nationale rechtsmiddelen heeft uitgeput, kan hij/zij een klacht indienen bij het Comité. Deze zal kijken of de nationale rechtsmiddelen zijn uitgeput, het op het eerste gezicht om een schending van het verdrag gaat en het betreffende land geen voorbehoud heeft gemaakt voor dit recht. Dan kan het Comité de regering horen, de burger horen, en na beraadslaging een rapport opstellen (hetgeen in juridische termen op een uitspraak lijkt). Deze procedure wordt quasi-juridisch genoemd, omdat het gaat om een procedure door een niet juridisch orgaan zonder dat er mogelijkheden tot afdwinging van de 'beslissing' zijn. Het effect is in principe vrijwel hetzelfde als bij een juridische uitspraak, de schaamte van de aangeklaagde en 'veroordeelde' regering wordt opgewekt, wat mobilization of shame tot gevolg heeft en heel vaak effectief werkt in die zin dat het betrokken land zijn politiek en wetgeving aanpast.

4. Internationaal Hof of internationale arbitrage

Veel verdragen voorzien in een juridische procedure wanneer sprake is van een conflict over de uitleg van een artikel uit het basisdocument van de organisatie, of wanneer er een conflict is tussen lidstaten van de organisatie. Permanente tribunalen als het Internationaal Hof van Arbitrage, het Internationaal Hof van Justitie en het Internationaal Strafhof, allen gevestigd in Den Haag, worden vaak genoemd als juridische organen die bij een conflict een uitspraak kunnen doen die bindend is voor alle partijen bij het geschil. Van belang is dan uiteraard dat alle partijen de rechtsmacht van het Hof erkend hebben of dat *in casu* erkennen. Er is in enkele gevallen gekozen voor het instellen van een tijdelijk (*ad hoc*) tribunaal, zoals het Joegoslavië tribunaal en het Rwanda tribunaal. De uitspraken van het Hof zijn bindend en geven het signaal af dat men niet wegkomt met het plegen van ernstige misdaden. Indien nodig kan het internationale recht ingrijpen waar het nationale recht tekortschiet. Uiteraard ging het in het geval van Joegoslavië om zeer ernstige vergrijpen, zoals genocide, misdaden tegen de menselijkheid en oorlogsmisdaden (Art. 5-9 Statuut Joegoslavië tribunaal), en om artikel 2 (genocide), artikel 3 (misdaden tegen de mensheid), artikel 4 (schendingen van gemeenschappelijk artikel 3 van de Geneefse Conventies en Protocol II) van het Statuut van het Rwanda tribunaal.

Naast de bovengenoemde mogelijkheden om actie te ondernemen op grond van een verdragsverplichting bestaan er ook mogelijkheden om schendingen van de mensenrechten te signaleren en aan te pakken, die niet gebaseerd zijn op een verdragsverplichting. Deze procedures zijn subsidiair bij een staat die verdragsverplichtingen is aangegaan, en garandeert dat landen die geen partij zijn bij mensenrechtenverdragen toch aangepakt kunnen worden.

PROCEDURES ZONDER VERDRAG

Wanneer een staat geen partij is bij een mensenrechtenverdrag dat een bepaalde schending regardeert, kan dit land toch ter verantwoording worden geroepen. Daartoe zijn er procedures die hun basis niet vinden in een verdrag. Hoewel zij kunnen leiden tot het publiekelijk veroordelen (in politieke zin) van een land, worden de procedures ook wel quasi-juridisch genoemd. Ze lijken juridisch, maar zijn het niet, omdat er geen verdrag of rechter aan te pas komt. Door de meer politieke lading van de procedures wordt er bij de staat die de mensenrechten schendt schaamte opgeroepen, en de kracht van deze procedures wordt dan ook wel de 'mobilization of shame' genoemd. Regeringen willen, zo is de ervaring, niet openlijk bekritiseerd worden door andere regeringen. De hierna volgende procedures zijn overigens ook van toepassing op landen die wel partij zijn bij mensenrechtenverdragen, en hebben daar een aanvullende functie voor wat betreft het ter verantwoording roepen van de autoriteiten. De navolgende procedures worden uitgevoerd onder de verantwoordelijkheid van de Raad voor de Mensenrechten van de VN.

Individuele klachtenprocedure

De individuele klachtenprocedure wordt in werking gesteld wanneer er berichten binnenkomen bij de Raad voor de Mensenrechten dat er mensenrechtenschendingen plaatsvinden en dat het gaat om een patroon dat over een langere periode lijkt voor te komen. De Raad kan besluiten om in gesprek te treden met het betreffende land. Vijf leden van de Raad voor de Mensenrechten worden benoemd in een werkgroep, die zich buigt over binnengekomen klachten en met de betreffende regeringen communiceert. De procedure vindt plaats achter gesloten deuren, en is dus niet openbaar. Gesproken wordt met de betreffende autoriteiten. De uitkomsten van het gesprek worden nadien ook niet openbaar gemaakt. Het is de bedoeling zo de regering van een land te overtuigen iets aan de mensenrechtensituatie te doen in een relatief vroeg stadium, zonder direct te namen en te shamen. De hoop is dan dat hierna het land zijn leven betert.

Fact finding missies

Om bij geruchten over mensenrechtenschendingen een goed beeld te krijgen van de situatie ter plaatse wordt vaak overgegaan tot het uitvoeren van fact finding missies. Het gaat hier om missies van een afvaardiging van een orgaan of organisatie die zich met mensenrechten bezig houdt om ter plekke, met toestemming van de autoriteiten, te onderzoeken wat er precies is gebeurd. Zonder toestemming van de autoriteiten van een land is dit niet mogelijk, omdat de fact finders het land binnen moeten kunnen en in vrijheid hun onderzoek moeten kunnen uitvoeren. Naar aanleiding van dit onderzoek, waar gesproken zal worden met mensen ter plaatse, met mensen die een gesprek met de delegatie aanvragen, en met de autoriteiten, zal dan een rapport opgesteld worden. De voorbeelden van mensenrechtenschendingen worden geanonimiseerd om represailles van de autoriteiten ten aanzien van mensen die schendingen van hun mensenrechten melden te voorkomen. Dit rapport zal voor publicatie voorgelegd worden aan de autoriteiten van het land waar de fact finding missie heeft plaatsgevonden. De regering krijgt zo de mogelijkheid om correcties voor te stellen en de regering voor te bereiden op de inhoud van het rapport. Daarna zal het rapport gepubliceerd worden en besproken bij de betreffende organisatie, die op grond van het rapport maatregelen kan nemen. Fact finding missies worden georganiseerd door intergouvernementele en non-gouvernementele organisaties.

Enkele aanvullende aspecten van het organiseren van fact finding missies is het feit dat je als lid van een delegatie of als rapporteur je rekenschap moet geven dat je de juiste mensen spreekt, en niet in een gevangenis bijvoorbeeld een cipier in een cel te zien krijgt die er goed doorvoed uitziet en meldt geen last van schendingen van zijn rechten te hebben. Wie is de tolk, is die te vertrouwen? Kunnen mensen vrijuit spreken, of zit er afluisterapparatuur in de gebouwen? Tenslotte is het belangrijk dat er een follow up is naar aanleiding van dergelijk onderzoek ter plaatse. Wat gebeurde er met de mensen die kwamen getuigen? Is de situatie van de mensenrechten verbeterd of verslechterd? Het is dus nog niet eenvoudig om een goede fact finding missie te organiseren.

Thematisch rapporteur

Wanneer de situatie van de mensenrechten bijzonder verslechtert in een staat, kan de Raad voor de Mensenrechten ervoor kiezen om op een bepaald thema een thematisch rapporteur te benoemen. Het mandaat van de rapporteur omvat om in staten waar schendingen van zijn of haar thema gemeld worden, via onderzoek ter plaatse te inventariseren wat voor schendingen plaatsvinden en of het klopt dat er een patroon in de schendingen gevonden kan worden, die over een langere tijd plaatsvinden. De thematisch rapporteur zal op grond van zijn of haar bevindingen een rapport opstellen, dat de rapporteur presenteert aan de Raad voor de Mensenrechten. De Raad kan op grond van de conclusies en aanbevelingen van de rapporteur besluiten om het mandaat van de rapporteur te verlengen of te beëindigen. Voor het uitvoeren van zijn of haar onderzoek is het belangrijk dat de rapporteur geaccepteerd wordt door de autoriteiten van de landen die hij of zij bezoekt. Zonder medewerking van de autoriteiten kan hij of zij niet het land binnengaan, en heeft onderzoek geen zin. Het is juist de bedoeling om in dialoog met de autoriteiten te blijven, om hen te bewegen hun politiek te wijzigen. Het mandaat voor de rapporteur duurt doorgaans een jaar, en kan verlengd worden. De rapporteur heeft een mandaat dat wereldwijd geldt, en rapporteert jaarlijks aan de Raad voor de Mensenrechten. Thema's die behandeld worden zijn marteling, verdwijningen, arbitraire terechtstellingen (zonder voorafgaand proces), vrouwenrechten en kinderrechten.

Landenrapporteur

Naast de thematische rapporteurs bestaan er ook landenrapporteurs. Ook voor hen geldt dat zij worden benoemd voor een jaar door de Raad voor de Mensenrechten, en dat hun mandaat jaarlijks verlengd kan worden. Ook zij doen onderzoek naar mensenrechtenschendingen, maar hun mandaat beperkt het onderzoek naar het land waarvoor ze zijn benoemd. Zo zijn er landenrapporteurs voor Irak geweest en voor Colombia. De landenrapporteurs doen hun onderzoek via fact finding missies, en vullen hun informatie aan met gesprekken met gevluchte burgers in het buitenland en aanvullende literatuur, zoals rapporten van Amnesty International en Human Rights Watch. Het is duidelijk dat het werk van internationale NGO's dus ook belangrijk is voor intergouvernementele organisaties. Een belangrijk punt is dat bij gesprekken met regeringen deze regering een agenda kan hebben waarbij zij de rapporteur probeert te overtuigen dat de situatie niet zo erg is als hij lijkt. De rapporteur spreekt ook buiten het land met vluchtelingen, die op hun beurt naast het zijn van slachtoffer ook een politieke agenda kunnen hebben.

We hebben het nog niet gehad over de kwalificaties waaraan de rapporteurs moeten voldoen. Het is duidelijk dat het om specialisten op het gebied van de rechten van de mens moet gaan. Zij zijn (internationaal) jurist, van onbesproken reputatie, integer en objectief, en zij doen hun werk zonder last en ruggespraak. Bovendien moeten de rapporteurs in praktijk een goed oog hebben voor de politieke gevoeligheden tussen de verschillende partijen.

BESCHERMING VAN MENSENRECHTEN IN DE RAAD VAN EUROPA

Binnen de Raad van Europa neemt aandacht voor de mensenrechten een belangrijke plaats in. De juridische basis voor de Raad van Europa is het Europees Verdrag voor de Rechten van de Mens. Een belangrijk orgaan

HOOFDSTUK 4

binnen de Raad van Europa is het Europees Hof voor de Rechten van de Mens.

Rechten die in het Europees Verdrag voor de Rechten van de Mens (EVRM) worden beschermd omvatten onder andere: het recht op leven, het recht op lichamelijke integriteit, het recht niet gemarteld te worden, het recht niet in slavernij te komen, het recht op een eerlijk proces, het recht op een familieleven, het recht op onderwijs en het recht op gezondheidszorg. Als aanvulling bij het EVRM zijn er in de loop der jaren vele Protocollen aangenomen waar de lidstaten vrijwillig partij bij kunnen worden. Deze Protocollen dienen te worden geratificeerd. Enkele belangrijke Protocollen behelzen: Protocol 4, waarin een verbod van vrijheidsbeneming wegens schulden is opgenomen, de vrijheid van verplaatsing, het verbod onderdanen uit te zetten en een verbod vreemdelingen collectief uit te zetten. Protocol 6, waarin de doodstraf onder alle omstandigheden afgeschaft wordt en Protocol 14, dat voorziet in hervorming van het Europees Hof voor de Rechten van de Mens.

Procedure voor burgers bij het Europees Hof voor de Rechten van de Mens

Wanneer een burger van een lidstaat van de Raad van Europa of een persoon die legaal woont in een lidstaat van de Raad van Europa meent dat zijn of haar mensenrechten zijn geschonden, dient deze eerst bij zijn of haar staat te trachten zijn/haar gelijk te halen. Dat betekent dat de burger moet procederen tot de hoogste nationale rechter, in Nederland de Hoge Raad. Wanneer de burger dan nog steeds meent dat zijn/haar mensenrechten geschonden zijn, kan er binnen zes maanden na de laatste nationale uitspraak een klacht ingediend worden bij het Europees Hof voor de Rechten van de Mens. Wanneer een klacht is ingediend zal het Hof eerst kijken of de zaak ontvankelijk is (namelijk kijken of de nationale rechtsmiddelen zijn uitgeput), of dat de zaak kennelijk ongegrond is (of er *prima facie* sprake is van een schending van een recht uit het EVRM). Wanneer de zaak ontvankelijk is zal afhankelijk van de zwaarte van de zaak het Hof er in een kamer van 3, 5 of 17 rechters naar kijken (alleen wanneer het om een belangrijke vraag m.b.t. de interpretatie van het EVRM gaat zal het Hof met 17 rechters bijeen komen). Het Hof doet een uitspraak die bindend is. Wanneer een partij het niet eens is met de uitspraak, is er in principe geen hoger beroep mogelijk. Dit is gerepareerd door een partij de mogelijkheid te geven om uitleg te vragen van de uitspraak bij hetzelfde Hof. Indien de verliezende partij zich niet houdt aan de uitspraak, kan de winnende partij zich op grond van artikel 46 EVRM wenden tot het Comité van Ministers en om politieke maatregelen tegen het land vragen. Het Comité van Ministers controleert periodiek of uitvoering aan uitspraken is gegeven, en stelt een final resolution op wanneer dit niet het geval is. Wanneer de staat in gebreke blijft, kan dit worden gevolgd door een interim resolution. Hier dient diplomatiek te werk te worden gegaan. In 1998 is een resolutie aangenomen die het Juridisch Comité van de Parlementaire Assemblee van de Raad van Europa belast met het controleren van de voortgang van naleving van uitspraken. Speciale aandacht dient door dit Comité te worden besteed aan vonnissen die nog niet ten uitvoer zijn gelegd. Nederland heeft een Agent bij het Hof, die ieder jaar aan de Nederlandse regering verslag uitbrengt over de aangebrachte zaken bij het Europees Hof voor de Rechten van de Mens en de uitspraken van het Hof in zaken tegen Nederland.

We zien dat verschillende organen binnen de Raad van Europa gebruik maken van elkaar's expertise. De Commissie van Venetië kan op grond van artikel 36 (2) EVRM en artikel 44 (3) (a) Procesreglement van het Hof, dat de mogelijkheid biedt voor derden om zienswijzen naar voren te brengen, optreden als *amicus curiae*. De Commissie van Venetië verwijst op haar beurt in haar rapporten naar jurisprudentie van het Europees Hof voor de Rechten van de Mens.

De Commissaris voor de Mensenrechten kan in zijn werk terugvallen op jurisprudentie van het EHRM en van informatie van andere organen binnen de Raad van Europa. Het zal dan gaan om wet- en regelgeving die gewijzigd moet worden n.a.v. een uitspraak. Protocol 14, dat in 2010 van kracht werd, geeft de Commissaris de mogelijkheid om schriftelijke conclusies in te dienen in een zaak die aanhangig is bij het Europees Hof voor de Rechten van de Mens en ook aan hoorzittingen deel te nemen.

Een burger die in het gelijk gesteld wordt, zal vaak schadevergoeding krijgen van de regering van zijn of haar staat. Bovendien zal de nationale regering die in het ongelijk wordt gesteld vaak haar wetgeving moeten aanpassen. De uitspraken van het Europees Hof voor de Rechten van de Mens gelden voor alle lidstaten van de Raad van Europa en vormen daarmee onderdeel van de ontwikkeling van het internationale recht. Een partij bij een conflict kan het Europees Hof voor de Rechten van de Mens om voorlopige voorzieningen vragen. Deze zijn bindend voor lidstaten, conform regel 39 van de Reglement van het Hof. Het moet bij voorlopige voorzieningen gaan om het voorkomen van onherstelbare schade aan een kernrecht, zoals het recht op leven, verbod van foltering en wrede behandeling.

HOOFDSTUK 4

Samenstelling van het Europees Hof voor de Rechten van de Mens

In het Europees Hof voor de Rechten van de Mens zijn alle lidstaten van de Raad van Europa vertegenwoordigd met één rechter. Dat betekent dat het Hof beschikt over 47 rechters. De verkiezingsprocedure vinden we in artikel 22 van het EVRM: "Voor elke Hoge Verdragsluitende Partij worden de rechters gekozen door de Parlementaire Vergadering, met een meerderheid van de uitgebrachte stemmen, uit een lijst van drie kandidaten, voorgedragen door de Hoge Verdragsluitende Partij." Binnen de Assemblee worden de kandidaten ontvangen voor een gesprek met het Subcomité dat zich met het kiezen van rechters bezig houdt en het Comité dat zich met juridische aangelegenheden en mensenrechten bezig houdt. Na de gesprekken wordt een advies opgesteld voor de Parlementaire Assemblee. Soms komt het voor dat geen van de kandidaten aan de vereisten voldoet om rechter binnen het EHRM te worden. In dat geval wordt de lijst teruggestuurd en moeten nieuwe kandidaten worden geselecteerd. Bij stemming over rechters in de Parlementaire Assemblee dient in de eerste ronde een absolute meerderheid behaald te worden. Lukt dit niet, dan volgt er een tweede ronde, waar een relatieve meerderheid dient te worden behaald.

De rechters worden gekozen voor een periode van negen jaar en zijn niet herkiesbaar. Hun termijn eindigt op het moment dat zij 70 jaar oud worden. De kandidaat rechters dienen uiteraard kennis te hebben van het internationale recht en de mensenrechten en benoemd te kunnen worden tot rechter in hun eigen land (doorgaans zullen ze in hun eigen land al rechter zijn).

Omdat het Hof enorm veel zaken moet behandelen en het er ieder jaar meer worden, is eind jaren 90 gekozen voor het concept dat een Comité eerst kijkt of een zaak kans van slagen heeft, en die zaken die niet ontvankelijk of kennelijk ongegrond zijn meteen afhandelt. De rechters zijn verdeeld in vijf secties, waarin gezorgd is voor geografische spreading en evenredige verdeling van mannelijke en vrouwelijke rechters. Aandacht is ook besteed aan verdeling van de verschillende juridische systemen. De samenstelling van de secties wisselt iedere drie jaar. Het meeste werk wordt gedaan door de kamers, bestaande uit zeven rechters uit een sectie. Comités van drie rechters besluiten over de ontvankelijkheid van een zaak. De grote kamer, bestaande uit 17 rechters, behandelt zaken die betrekking hebben op de interpretatie of toepassing van het EVRM of andere zaken van bijzonder belang. De grote kamer kan ook als een soort hoger beroepsrechter dienen.

Een staat mag een eigen rechter in het Hof hebben als het vervolgd wordt. Dit wordt gedaan om te voorkomen dat een staat zich oneerlijk behandeld voelt. Daarmee zie je hier een voorbeeld waar recht en politiek elkaar beïnvloeden. Het toevoegen van een rechter van de eigen nationaliteit moet medewerking van het betreffende land aanmoedigen en voorkomen dat de staat meent via vriendjespolitiek van andere staten benadeeld te zijn. Het Hof toetst alleen aan het EVRM, en niet aan de nationale wet- en regelgeving.

JURISPRUDENTIE VAN HET EUROPEES HOF VOOR DE RECHTEN VAN DE MENS

Berrehab (1988)
De heer Berrehab was een Marokkaans onderdaan geboren in Marokko en woonachtig in Nederland. De basis van zijn verblijfstitel was verblijf bij partner. Op 8 februari 1979 vroeg zijn vrouw echtscheiding aan, nadat zij in oktober 1977 getrouwd waren. In 1978 had de heer Berrehab een werkvergunning gekregen. In november 1979 werd de scheiding uitgesproken, en werd de heer Berrehab toeziend voogd van zijn dochter, die in 1979 tijdens de scheiding was geboren. In december 1979 wilde de heer Berrehab zijn verblijfsvergunning verlengen. Dit werd geweigerd op grond van het feit dat de reden voor verblijf in Nederland, namelijk verblijf bij Nederlandse partner, was komen te vervallen. De heer Berrehab vroeg de Minister van Justitie om herziening van de beslissing. Hij wilde een "onafhankelijke" verblijfsvergunning om zijn taak als vader te kunnen vervullen. Hij stelde dat hij voldoende inkomsten had en een deel van de opvoeding van zijn dochter kon bekostigen. De minister antwoordde niet binnen drie maanden, wat een impliciete afwijzing van zijn verzoek inhield. Vervolgens ging de heer Berrehab naar de Afdeling Rechtspraak van de Raad van State. Hij stelde dat de Nederlandse staat in strijd met artikel 8(1) van het EVRM handelde. De tekst van artikel 8 (1) van het EVRM luidt: "Een ieder heeft recht op respect voor zijn privé-leven, zijn gezins- en familieleven, zijn woning en zijn correspondentie". Voor wat betreft de opvoeding van zijn dochter stelde de Raad van State in 1983 dat hiermee geen nationaal belang was gediend en dat de opvoeding ook elders plaats kon vinden. Voorts stelde de Raad van State dat vier ontmoetingen per week niet gerekend konden worden tot een gezinsleven zoals geformuleerd in artikel 8 (1) van het EVRM en dat de vader ook zonder verblijfsvergunning nog wel mogelijkheden zou vinden om het contact met zijn dochter te onderhouden via de afspraak met zijn ex-vrouw. In maart 1983 werd de heer Berrehab ontslagen op zijn werk. Op 28 december 1983 werd hij gearresteerd met als doel uitzetting uit Nederland. Hij spande een kort geding aan maar trok dit in nadat hij was uitgezet naar Marokko. In 1984 brachten zijn ex-vrouw en zijn dochter twee maanden in Marokko door. In augustus 1984 vroeg de heer Berrehab een visum voor drie maanden aan bij

HOOFDSTUK 4

de Nederlandse Ambassade in Rabat. Nadat dit in eerste instantie geweigerd was, kreeg hij een visum voor één maand. De heer Berrehab en zijn ex-vrouw stelden in 1984 een notariële akte op, waarbij zij verklaarden dat de heer Berrehab actief zou deelnemen aan de opvoeding van zijn dochter en dat hij in de afgelopen jaren vier dagen in de week enkele uren voor zijn dochter had gezorgd. In mei 1985 ging de heer Berrehab naar Nederland en vroeg verlenging van zijn visum aan tot augustus 1985. Dit werd in juni 1985 geweigerd. De heer Berrehab ging in beroep bij de Raad van State en stelde een kort geding in. Zijn visum werd inderdaad verlengd tot augustus 1985. Op 14 augustus 1985 hertrouwde de heer Berrehab met zijn ex-vrouw en op 9 december 1985 kreeg hij van het Ministerie van Justitie een verblijfstitel voor verblijf bij partner, inclusief recht tot werken. Hij verbleef permanent in Amsterdam op het moment dat hij een zaak aanhangig maakte bij het Europees Hof voor de Rechten van de Mens.

Het Europese Hof voor de Rechten van de Mens stelde in haar conclusie dat er inderdaad sprake was van schending van artikel 8 (1) van het EVRM, dat er geen schending van artikel 3 van het EVRM was, en dat de Nederlandse staat 20.000 gulden schadevergoeding moest betalen aan de eiser.

Benthem arrest (1985)
De heer Benthem, een garagehouder, vroeg een vergunning aan om een LPG-station te beginnen. Dit werd afgewezen, en hij procedeerde door tot de hoogste instantie. Daarna ging hij in beroep bij het Europees Hof voor de Rechten van de Mens. In het Benthem arrest stelde het Europees Hof voor de Rechten van de Mens dat het Kroonberoep, het hoogste administratief beroep in die tijd in Nederland, niet in overeenstemming was met de scheiding der machten, omdat het geen beroep op een onafhankelijke rechter was, maar op een bestuursorgaan. De Minister deed in laatste instantie een uitspraak, in plaats van een rechtbank. Na deze uitspraak is de Tijdelijke Wet Kroongeschillen ingesteld, die de beslechting van geschillen overdroeg aan de afdeling Geschillen van de Raad van State. Er is naar aanleiding van de uitspraak van het Europees Hof voor de Rechten van de Mens een Algemene Wet Bestuursrecht opgesteld, die conflicten over het bestuursrecht onderbrengt bij de sector bestuursrecht van Rechtbanken, en hoger beroep vindt plaats bij de Afdeling Bestuursrecht van de Raad van State. Voor ambtenarenzaken is de hoger beroepsinstantie de Centrale Raad van Beroep. Deze uitspraak heeft voor Nederland tot een geheel nieuw systeem voor bestuursrechtspraak geleid.

Ruslan Umarov tegen de Russische Federatie, 2008
De heer Umarov heeft zich tot het Europees Hof voor de Rechten van de Mens gewend wegens de verdwijning van Magomed Umarov nadat deze was gearresteerd door Russische militairen op 27 mei 2000. Militairen zijn op de bewuste dag het huis van applicant binnengedrongen en hebben hem naar buiten gesleurd en geslagen, nadat zij zijn vrouw en dochters hadden bedreigd en uitgescholden. De zoon van applicant, Magomed Umarov, is vervolgens naar buiten gerend en heeft gevraagd waarom zijn vader werd geslagen. De jongen werd opgepakt en afgevoerd in een auto zonder nummerplaten. Later die dag kwamen de mannen terug om het paspoort en de studentenkaart van de zoon op te halen. De vader heeft in het ziekenhuis de benodigde medische zorg gekregen. Via jonge mannen die vrijgekocht zijn komt applicant te weten dat zijn zoon in een put in de grond wordt vastgehouden op de Russische basis in Khankala. De applicant schrijft verschillende brieven naar de betrokken instanties om informatie over zijn zoon en de reden voor detentie. Er komt echter geen antwoord. Wel wordt de suggestie gedaan een bemiddelaar te vinden via welke geld kan worden betaald voor de vrijlating van zijn zoon, omdat zijn zoon anders zou kunnen 'verdwijnen'. Uiteindelijk ontkende de overheid dat er militairen betrokken waren geweest bij de arrestatie. Korte tijd later wordt er een massagraf opgegraven, waarin 60 lichamen liggen. De applicant gaat er heen en vindt een lijk dat dezelfde kleren draagt als zijn zoon bij zijn arrestatie droeg. Hij kan het lijk echter niet identificeren omdat het geen hoofd heeft. De volgende dag keert applicant terug met zijn vrouw, en wordt geïnformeerd dat de lichamen naar een 15 km verder gelegen plaats zijn gebracht. Daar wordt hen gemeld dat de lichamen gecremeerd zijn, nadat er foto's van zijn genomen. Er zit geen foto van het de dag eerder door applicant gevonden lichaam bij. In 2003 wordt gesteld dat de overheid niet bij machte is te achterhalen wie betrokken zijn geweest bij de verdwijning van Magomed Umarov en de verwonding van Ruslan Umarov.

De Russische regering verzoekt in deze zaak om niet-ontvankelijk verklaring, aangezien de locale rechtsmiddelen niet zijn uitgeput. De Russische overheid ontkent dat zij ooit Magomed Umarov hebben gearresteerd. Er lijkt sprake van schending van artikel 2 van het EVRM, het recht op leven. Er is geen adequaat onderzoek gedaan naar de verdwijning van Magomed Umarov. Ook lijkt er sprake te zijn van van marteling, schending van artikel 3 EVRM, aangezien Magomed Umarov, zoals uit verslagen van medegevangenen kan worden opgemaakt, zowel tijdens zijn arrestatie als later is gemarteld. Ten aanzien van de applicant is sprake van geestelijk lijden. Ook lijkt er sprake te zijn van schending van artikel 5 EVRM, het recht op een eerlijk proces. Voorts claimt applicant een schending van artikel 8 EVRM, respect voor huiselijk leven en privésfeer als gevolg van het binnenvallen van het huis en de arrestatie en verdwijning van zijn zoon. Applicant verwijst naar artikel 13 EVRM, dat in geval van schending van mensenrechten recht geeft op een schadevergoeding. Het Hof constateert in haar uitspraak dat er een schending is van artikel 2 EVRM, geen schending van artikel 3 EVRM met betrekking tot de zoon, maar wel met betrekking tot de applicant voor wat betreft de mishandeling door de militairen en geestelijk lijden door het verdwijnen van zijn zoon, er is sprake van schending van artikel 5 m.b.t. Magomed Umarov, een schending van artikel 13 voor wat betreft artikel 2, en voor wat betreft artikel 3 m.b.t. geestelijk lijden en van artikel 5 en 8; de regering heeft in strijd met artikel 38 (1) (a) gehandeld door het Hof geen stukken inzake het onderzoek in de verdwijning van Magomed Umarov te geven; het Hof veroordeelt de Russische staat tot een schadevergoeding ten aanzien van Ruslan Umarov.

Deze zaak geeft aan dat staten die geen onderzoek instellen naar misdrijven, waardoor het uitputten van de nationale rechtsmiddelen onmogelijk is, hier niet mee weg komen. In bijzondere gevallen, waarvan dit een voorbeeld is, neemt het Europees Hof voor de Rechten van de Mens een zaak toch in behandeling, omdat kan worden aangetoond dat het niet mogelijk was de rechtsmiddelen uit te putten.

UNIVERSALITEIT VAN MENSENRECHTEN

Mensenrechten worden vaak afgeschilderd als een Westers concept. Als we naar het codificatieproces van de rechten van de mens kijken is dat ook het geval. Na de Tweede Wereldoorlog zijn het vooral de West Europese staten en Amerika die geijverd hebben voor burgerlijke en politieke rechten, dat wil zeggen rechten, waar de staat zich moet onthouden van activiteiten jegens de burger. De socialistische landen, Oost Europa en de Sovjet Unie ijverden voor economische, sociale en culturele rechten, dat wil zeggen rechten, waarbij er een verplichting op de regering rust om deze rechten te garanderen en daartoe politiek te ontwikkelen. Ook stellen ontwikkelingslanden wel dat West Europa een dubbele standaard hanteert bij het aan de orde stellen van mensenrechtenschendingen. Westerse staten hebben een politieke agenda en politiek-strategische belangen, en dit beïnvloedt de mate waarin zij kritiek hebben op landen die de mensenrechten schenden.

Sommige niet-westerse landen hebben gezegd dat deze rechten op hen (nog) niet van toepassing kunnen zijn. In de eerste plaats is daar bijvoorbeeld het recht om zelf je partner te kiezen, dat wil zeggen niet tegen je zin uitgehuwelijkt te worden. Dit recht staat in bepaalde landen onder druk omdat men daar nu eenmaal traditioneel uitgehuwelijkt wordt.

Hetzelfde geldt voor de vrijheid van religie. In bepaalde islamitische landen staat er een straf op het wisselen van geloof, en dus het verlaten van het islamitische geloof. Ook is het niet mogelijk zonder in problemen te raken om iemand van een ander geloof te trouwen of het geloof van je partner aan te nemen, als deze niet islamitisch is. Bepaalde islamitische straffen, of het toepassen van lijfstraffen uit de sharia, staan op gespannen voet met de mensenrechten, omdat hierbij de integriteit van het lichaam wordt geschonden. Dit zou ook onder het kopje marteling kunnen vallen. Tenslotte zijn er landen die bezwaar maken tegen economische mensenrechten met als argument dat het land te arm en te zwak is om zich met deze rechten bezig te houden. Eerst zal het land met harde hand, dus met mensenrechtenschendingen, naar meer welvaart geleid moeten worden voordat de regering zich bezig kan houden met een luxe goed als mensenrechten. Ook genitale verminking wordt door sommige Afrikaanse landen waar het nog niet bij wet verboden is afgedaan als traditioneel en noodzakelijk.

Het argument van de mensenrechtenactivist zal zijn dat onder geen enkele voorwaarde mensenrechten geschonden mogen worden, omdat het democratisering en een open samenleving in de weg staat. Het argument dat de schendingen nodig zijn om een sterke staat te bouwen of om tradities in ere te houden worden dan ook afgedaan als drogreden.

NATIONALITEITENPOLITIEK

Wanneer het om de bescherming van mensenrechten gaat van personen die in het buitenland slachtoffer van mensenrechtenschendingen zijn of die worden verdacht van mensenrechtenschendingen en meerdere nationaliteiten hebben, is het van belang te kunnen bepalen welk land in actie moet komen om de belangen van deze persoon te beschermen danwel te vertegenwoordigen. Veel staten hebben wetgeving waarin staat dat men recht heeft op een nationaliteit. Zonder nationaliteit krijgt een burger geen bescherming, en ook geen paspoort, en zonder paspoort is het niet mogelijk om naar andere landen te reizen. Geen nationaliteit hebben is dus een probleem. Meer dan één nationaliteit hebben kan ook een probleem opleveren. Van tijd tot tijd is er een tendens om meervoudige nationaliteit tegen te gaan. Het kan bijvoorbeeld onduidelijk zijn welke staat je te hulp moet komen als je in problemen raakt. Begin jaren 90 was de heersende politieke trend om mensen die het Nederlanderschap aanvroegen, te verzoeken om hun andere nationaliteit op te geven. In het voorjaar van 2007 woedde in de Tweede Kamer een discussie over Parlementsleden met meerdere nationaliteiten. Toen werd ook duidelijk voor veel mensen dat er staten zijn die niet toestaan dat je hun nationaliteit opgeeft. Zo'n land is

HOOFDSTUK 4

Turkije, maar ook Marokko en Argentinië staan niet toe dat je hun nationaliteit opzegt.

Er zijn twee soorten nationaliteitenwetgeving te onderscheiden, *ius sanguinis*, waarbij je de nationaliteit van je ouders krijgt, en *ius soli*, waarbij je de nationaliteit van de plaats waar je geboren wordt krijgt. Welke nationaliteit je krijgt hangt dus af van de wetgeving in het land van geboorte.

Ius sanguinis
In Nederland is de nationaliteitenwetgeving georganiseerd volgens het principe van *ius sanguinis*. Dat betekent dat een persoon met twee Nederlandse ouders de Nederlandse nationaliteit krijgt. Heb je een Nederlandse ouder en een Franse ouder, dan krijg je de Nederlands-Franse nationaliteit.

Ius soli
Engeland en de Verenigde Staten hanteren het systeem van *ius soli*, waarbij het grondgebied waar je wordt geboren leidend is. Word je dus uit twee Nederlandse ouders geboren in Engeland, dan krijg je de Engelse nationaliteit. Word je uit een Nederlandse ouder en een Franse ouder geboren in de VS, dan krijg je de Amerikaanse nationaliteit.

Waarom is het belangrijk om dit systeem te kennen? Stel dat je als Nederlands-Franse gegijzeld wordt in de Sahara, welk land gaat dan voor jou onderhandelen? Beide landen hebben een andere onderhandelingsstijl, dus als ze samen gaan onderhandelen, kan dat wel eens contraproductief zijn. Daarom gaan beide regeringen nu kijken waar jij geboren bent, waar je de meeste tijd van je leven gewoond hebt. Het land waar je het meest een band mee hebt gaat nu voor je onderhandelen. Er gaat kostbare tijd verloren om dit uit te zoeken, en zie hier waarom het niet handig is om twee nationaliteiten te hebben. In het verleden waren hier overigens ook wel voordelen aan verbonden. Stel dat je in Italië bent geboren uit een Engelse vader en een Italiaanse moeder (Italië heeft het *ius sanguinis* systeem), dan heb je dus de Engels-Italiaanse nationaliteit. Je bent een man (het is 2003, want de dienstplicht is in Italië in 2004 afgeschaft, dus dit is een historisch geval), en je wordt 18. In Italië is er dienstplicht voor mannen, in Engeland niet. Door te kiezen voor de Engelse nationaliteit en de Italiaanse nationaliteit op te geven, ontloop je de dienstplicht.

Er is interessante jurisprudentie op het gebied van nationaliteitenvraagstukken. De meest bekende zaak is de zaak rond de heer Nottebohm, die aanhangig werd gemaakt bij het Internationaal Hof van Justitie.

MENSENRECHTEN

Nottebohm (Liechtenstein vs. Guatemala) (1955)
Liechtenstein bracht deze zaak aan omdat het meende dat Guatemala acties had ondernomen die de heer Friedrich Nottebohm, staatsburger van Liechtenstein, schade hadden berokkend. Guatemala bestreed deze visie, onder andere omdat Guatemala het niet eens was met de conclusie dat de heer Nottebohm staatsburger van Liechtenstein was.

Guatemala stelde dat het bij de bepaling welke staat ten behoeve van een burger mag optreden vooral belangrijk is welke band een burger met de betreffende staat heeft. Liechtenstein ging ervan uit dat het de taak had de heer Nottebohm te verdedigen, aangezien hij genaturaliseerd was tot Liechtenstein's staatsburger.

De feiten waren als volgt: de heer Nottebohm was in Duitsland geboren, en was nog steeds Duitser toen hij in 1939 een verzoek tot naturalisatie indiende bij de Liechtensteinse autoriteiten. In 1905 had de heer Nottebohm zich in Guatemala gevestigd, van waaruit hij handel dreef. Van tijd tot tijd ging de heer Nottebohm nog wel naar Duitsland en naar Liechtenstein, waar sinds 1931 zijn broer woonde. Hij bleef tot 1943 in Guatemala wonen. De heer Nottebohm kreeg in 1939 de Liechtensteinse nationaliteit en ging terug naar Guatemala, waar hij zijn zaken voortzette. Voor het Hof betwistte Guatemala dat Liechtenstein Nottebohm zou mogen verdedigen, omdat er geen feitelijke band tussen Nottebohm en Liechtenstein was. Door unilateraal Nottebohm de nationaliteit van Liechtenstein te verstrekken, wordt een daad verricht die internationaalrechtelijke consequenties heeft. Het Internationaal Hof van Justitie gaat er dan ook niet op in of de nationaliteit terecht is verleend, maar concentreert zich op de consequenties die dit in het internationaalrechtelijk verkeer met zich meebrengt. Nottebohm hield de Duitse nationaliteit, en in zijn daden bleek niet dat hij afstand van deze nationaliteit wilde nemen of dat hij hechte betrekkingen met Liechtenstein wilde aanknopen. Hij was 34 jaar ingezetene van Guatemala. In 1943 werd hij verwijderd uit Guatemala als gevolg van de oorlog, en er werden maatregelen ten aanzien van zijn bezittingen in Guatemala genomen. Familieleden van Nottebohm wensten dat hij zijn oude dag zou doorbrengen in Guatemala. Hij ging in 1946 naar Liechtenstein, omdat Guatemala hem de toegang tot het land ontzegde. Liechtenstein kwam in deze zaak op voor de rechten van de heer Nottebohm en eiste restitutie en schadevergoeding. Liechtenstein stelt dat Guatemala de naturalisatie heeft geaccepteerd. Er moet rekening gehouden worden met de werkelijke verblijfplaats van de persoon in kwestie, waar deze zijn familie en vrienden heeft en waar deze persoon werkt. Het Hof stelde de vraag of de heer Nottebohm op het moment van aanvragen van de Liechtensteinse nationaliteit een bijzondere relatie met Liechtenstein had. Dat was niet het geval, hij woonde er niet, en had er niet gewoond. Bovendien is hij er nadien niet gaan wonen, tot 1946, toen hij niet meer welkom was in Guatemala. Het Hof constateerde dat de heer Nottebohm relaties met familie en zakenbanden bleef houden in Duitsland, waarvan hij ook de nationaliteit had. Er kan geen band tussen Nottebohm en Liechtenstein worden gevonden, maar wel tussen Nottebohm en Guatemala. De reden voor Nottebohm om de nationaliteit van Liechtenstein te verkrijgen was eerder gebaseerd op het feit dat hij de nationaliteit van een neutrale staat wilde verkrijgen ten tijde van oorlog, aangezien zijn Duitse nationaliteit hem tot last kon zijn. De claim van Liechtenstein werd niet ontvankelijk verklaard.

CONCLUSIE

Uit dit hoofdstuk is gebleken dat er een overdaad aan mogelijkheden is om schendingen van de rechten van de mens aan de kaak te stellen. We hebben ontdekt dat efficiënte invloed erg afhankelijk is van de wil van de regering van een land om de mensenrechten situatie te willen veranderen. We hebben ook gezien dat recht en politiek hier nauw samenwerken, omdat naast juridische en quasi-juridische veroordelingen ook de 'mobilization of shame', het opwekken van gevoelens van schaamte bij een regering ten opzichte van andere regeringen en internationale organisaties, een belangrijk instrument is om regeringen aan te moedigen aan hun verplichtingen te voldoen. Willen de mensenrechten beschermd worden door anderen dan de nationale regeringen, dan moeten intergouvernementele en non-gouvernementele organisaties samenwerken. Het is nodig dat je als burger je rechten kent. Worden ze geschonden, of heb je kennis genomen van situaties waar de mensenrechten geschonden worden, dan weet je nu welke organisaties en welke organen je opmerkzaam kunt maken op de schendingen, en wat je van deze organisaties kunt verwachten. Een deel van de procedures is politiek, en niet juridisch, maar toch belangrijk om in een boek over internationaal publiekrecht te bespreken, omdat het effect van de procedure omschreven kan worden als quasi-juridisch.

VERDER LEZEN?

P. Alston, J. Crawford (eds.), *The Future of UN-Human Rights Treaty Monitoring*, Cambridge University Press, Cambridge, 2000.

D. Fleck, *The Handbook of International Humanitarian Law*, Oxford University Press, Oxford, 2008.

M. Ignatieff, *Human Rights as Politics and Idolatry*, Princeton University Press, Princeton, 2001.

F. Kalshoven, L. Zegveld, *Constraints on the Waging of War: An Introduction to International Humanitarian Law, International Committee of the Red Cross*, Geneva, 2001.

JURISPRUDENTIE

Nottebohm (Liechtenstein vs Guatemala),
http://www3.icj-cij.org/docket/index.php?p1=3&p2=3&code=lg&case=18&k=26

HOOFDSTUK 5

HUMANITAIR RECHT

INLEIDING

Bij humanitair recht gaat het om de bescherming van bepaalde basisrechten van zowel burgers als combattanten (strijders) ten tijde van conflict. Ik schrijf hier conflict en niet oorlog omdat sinds het einde van de Tweede Wereldoorlog de meeste conflicten binnenlandse conflicten waren. Regelgeving rond oorlogvoering bestaat al heel lang, maar in dit hoofdstuk wil ik de ontwikkeling van het humanitaire recht schetsen sinds Henri Dunant in 1863 het Rode Kruis opzette. Deze internationale non-gouvernementele organisatie speelt nog steeds een bijzonder belangrijke rol bij controle op de naleving van het internationale humanitaire recht. Ook speelt de organisatie een rol bij discussies over verdere ontwikkeling van het humanitair recht.

Henri Dunant was geschokt door de misstanden die hij op de slagvelden van Solferino aantrof. Ziekenbroeders werden beschoten terwijl ze trachtten om gewonden van het veld te halen, veldhospitalen waren niet gevrijwaard van aanvallen en paarden werden vaak nog beter behandeld dan militairen, want nodig voor het vervoer.

Henri Dunant beijverde zich voor het codificeren van regels om oorlogvoering humaner te maken. Er zou moeten worden vastgelegd dat gewonde militairen niet meer beschoten zouden worden en zorg zouden krijgen en dat wapens tot doel hadden om strijders buiten gevecht te stellen, niet om hen nodeloos te laten lijden.

General Order 100, Lieber Code
Tijdens de Amerikaanse burgeroorlog werd in 1863 de Lieber Code ondertekend door president Abraham Lincoln. De Code is ook bekend geworden als de Instructions for the Government of Armies of the U.S. in the Field, ook wel General Order No. 100 en de Lieber Instructions genoemd.

Deze Code was bedoeld voor een binnenlands conflict, hoewel zo geformuleerd dat het tevens toepasselijk is in een internationaal conflict. De Order behandelt hoe militairen tijdens een bezetting dienen op te treden. Wreedheid is niet toegestaan (artikel 16), ongewapende burgers moeten zoveel mogelijk worden beschermd (artikel 22). De Order beschermt de burgerbevolking, en in het bijzonder vrouwen. Kunstwerken van belang worden beschermd, net als ziekenhuizen. Krijgsgevangenen zullen voldoende eten en onderdak krijgen en niet gemarteld of gedood worden. Hiermee vormt de Lieber Code een belangrijke codificatie van het humanitair recht en een parallelle ontwikkeling met de ontwikkeling van het humanitair recht in Europa, waar het verder werd gecodificeerd.

Just War theorie
De Romeinse rechtsgeleerde, politicus en redenaar Cicero dacht al na over de vraag onder welke omstandigheden een oorlog gerechtvaardigd kan zijn. De discussie is na Hugo de Groot opgegaan in theoriën over internationaal recht. Michael Walzer heeft in zijn boek *Just and Unjust Wars* de rechtvaardige oorlog in een politiek-filosofisch en historisch perspectief geplaatst. Oorlog kan onder bepaalde omstandigheden noodzakelijk zijn. Een oorlog om materieel gewin of als strafexpeditie is echter niet toegestaan. In het geval van een rechtvaardige oorlog zou er een zuivere oorlog gevoerd moeten worden, waarbij militairen militairen bevechten en geen burgerslachtoffers maken. Er zou alleen in uiterste nood tot geweld moeten worden overgegaan, en dit geweld zou proportioneel en militair gezien noodzakelijk moeten zijn. Ter bescherming van de strijdkrachten en de bevolking geldt het humanitair recht.

Ius in bello, ius ad bellum and ius post bellum
Ius ad bellum betekent letterlijk het recht tot oorlogvoeren. Hieronder valt ook de discussie over wat een rechtvaardige oorlog is. Wanneer mag een oorlog gestart worden? Hier komen we bij de restrictie die sinds 1928 bestaat op het voeren van oorlog: een agressieoorlog, bedoelt om territorium te winnen, is niet langer rechtmatig. Ook het Verdrag van de Volkenbond (artikelen 12, 13, 15, 17) en het Handvest van de Verenigde Naties (preambule en hoofdstuk 6) hebben clausules waarin wordt opgeroepen om een conflict vreedzaam op te lossen. Hiermee wordt getracht het uitbreken van oorlogen uit te bannen danwel te beperken.

Ius in bello betekent letterlijk het recht in (of tijdens) een oorlog. Hieronder vallen de Haagse Conventies, de Geneefse Conventies en haar Protocollen, maar ook ongeschreven oorlogsrecht valt eronder. *Ius in bello* behandelt wat wel en niet is toegestaan tijdens een oorlog. Met name hierover gaat dit hoofdstuk.

Ius post bellum behandelt de situatie na een conflict, wanneer de wederopbouw is begonnen. Vragen waar de bevolking en politici voor gesteld worden is hoe ze zullen omgaan met militairen die verantwoordelijk zijn geweest voor ernstige schendingen van de mensenrechten.

Verantwoordelijken moeten vanuit moreel oogpunt vervolgd worden, er dient wellicht een speciaal tribunaal opgericht te worden, of men richt zich tot het Internationaal Strafhof. Maar het kan ook mogelijk zijn dat de bevolking meer behoefte heeft aan het instellen van een waarheidscommissie. Vredesverdragen vallen ook onder *ius post bellum*, omdat deze gedurende de opbouwfase aangepast en uitgebreid kunnen worden.

Definitie combattant, verboden wapens
In het humanitaire recht wordt onderscheid gemaakt tussen burgers en strijders, in het humanitair recht combattant genoemd. Om vast te stellen wie strijder was werden vier criteria (artikel 4 Derde Geneefse Conventie) vastgelegd:

1. Een combattant draagt zijn wapen openlijk;
2. Een combattant draagt kleding waardoor duidelijk is dat hij bij een bepaalde groep hoort (doorgaans een uniform);
3. Een combattant staat onder leiding van een hogergeplaatste;
4. Een combattant houdt zich aan het oorlogsrecht.

Deze definitie is ook van belang wanneer we gaan onderzoeken hoe men tot de conclusie kan komen dat er sprake is van illegale combattanten, zoals de VS stelt ten aanzien van de mensen die zij gevangen houden in Guantanamo Bay. Het is belangrijk om te definiëren of iemand de status van combattant heeft, omdat alleen combattanten krijgsgevangen kunnen worden gemaakt, een status die een zekere bescherming met zich meebrengt.

Rechten en plichten van krijgsgevangenen
Wanneer een combattant krijgsgevangene wordt gemaakt mag deze naam, rang en nummer geven, maar hoeft verder geen informatie prijs te geven. De combattant mag niet gemarteld worden of geëxecuteerd zonder vorm van proces, hij of zij dient voldoende eten te krijgen, voldoende kleding, hij/zij dient medische zorg te krijgen, mag wel verplicht wat werk doen, maar dit mag geen zwaar werk zijn. Dwangarbeid is dus niet toegestaan. De krijgsgevangene heeft ook het recht om met zijn of haar familie te corresponderen. Dat geschiedt vaak door bemiddeling van het Rode Kruis. Deze organisatie kan ook krijgsgevangenenkampen bezoeken om te controleren of de situatie ter plaatse voldoet aan de regels die hiervoor zijn geformuleerd in het humanitaire recht.

Spionnen genieten in het humanitaire recht geen bescherming. Als zij dus in handen van de vijandige partij vallen kunnen zij geen rechten ontlenen aan krijgsgevangenschap en kunnen dus volgens het plaatselijke recht berecht worden. Op grond van het oorlogsrecht zijn er nog wel minimum eisen waaraan voldaan moet worden, zoals het niet martelen van gevangenen, het niet zonder voorafgaand proces veroordelen van burgers, het niet executeren zonder voorafgaand proces. Deze rechten zijn echter aanzienlijk minder uitgebreid dan wanneer men de status van krijgsgevangene kan claimen.

Positie vrouwen, kinderen, spionnen
Vrouwen hebben een bijzondere positie in het humanitaire recht. Wanneer zij krijgsgevangen worden gemaakt dienen zij apart te worden geïnterneerd van de mannen, en vrouwelijke cipiers te krijgen. Zij dienen speciale medische aandacht te krijgen, met name vanwege hun reproductieve vermogens. Kinderen tot 7 jaar mogen bij de vrouwen verblijven, en zij mogen voor deze kinderen zorgen.

Cultureel erfgoed
In de loop van de 20ste eeuw is het inzicht gerezen dat er speciale regels moeten zijn met betrekking tot het beschermen van gebouwen en monumenten die uniek zijn voor de wereldgeschiedenis en de mensheid. Daarom is afgesproken dat dit soort gebouwen en monumenten moeten worden aangemerkt op militaire kaarten met als doel te voorkomen dat ze worden gebombardeerd. Ook moet door hen te merken van bovenaf duidelijk zijn dat deze gebouwen of culturele uitingen niet verwoest mogen worden. Helaas is dit met name waar het binnenlandse oorlogen betreft nog niet goed gelukt. In Bosnië is bij Mostar midden jaren 90 een eeuwenoude brug verwoest die op de lijst van werelderfgoed van UNESCO stond.

De positie van de burger in het humanitaire recht
In de traditionele situatie was het zo dat bij een gewapend conflict de strijd plaatsvindt tussen combattanten. In praktijk zien we echter dat met name sinds het begin van de 20e eeuw het aantal burgerslachtoffers in een conflict enorm is toegenomen. Een van de regels uit het humanitaire recht is dat men probeert om burgerslachtoffers te beperken. Het is bijvoorbeeld ook niet toegestaan om een dorp waar alleen vrouwen, kinderen en ouden van dagen verblijven (en dus geen combattanten) aan te vallen en er doden te maken. Het is niet toegestaan de burgerbevolking te martelen, zonder voorafgaand proces te doden, of expres gebieden aan te vallen met het doel burgerslachtoffers te maken. Deze regels behoorden al tot het oorlogsrecht, maar zijn ook vastgelegd in de Vierde Conventie van Genève uit 1949, die later in dit hoofdstuk uitgebreider worden besproken. Personen die de wapens opnemen en niet onder de definitie van combattant vallen, kunnen

HUMANITAIR RECHT

nog wel aanspraak maken op de regels en rechten verwoordt in deze Vierde Conventie. Het verschil met deze personen die de wapens opnemen is echter wel dat zij voor iedere persoon die zij in de strijd verwonden of doden voor een nationaal Hof berecht kunnen worden, terwijl dit bij een combattant gezien wordt als een risico dat de strijd met zich meebrengt. Daden van militairen in de strijd vallen daarmee onder de staatsaansprakelijkheid van de staat waarvoor zij strijden.

Haagse Conventies van 1899 en 1907
Op initiatief van de Russische Keizer, en op uitnodiging van de Nederlandse Koningin Wilhelmina, werd in Den Haag in 1899 een conferentie gehouden om over de codificatie van het humanitaire recht te praten. Besloten werd om een lijst op te stellen van wapens die verboden zijn. Ook werd een algemene regel aangenomen die stelt dat wapens die onnodig lijden toebrengen niet waren toegestaan. Een voorbeeld van wapens die hier in die tijd onder vielen waren dumdum kogels. Hier werd dus het belangrijke principe ontwikkeld dat wapens uitsluitend dienen om een combattant buiten gevecht te stellen en niet om nodeloos lijden toe te brengen. Dit is nog steeds één van de belangrijkste regels in het humanitair recht. Een vervolgconferentie in Den Haag in 1907 breidde de lijst nog uit.

Eerste Wereldoorlog
De Eerste Wereldoorlog is van belang geweest voor het ontwikkelen van het humanitaire recht. Het gebruik van gifgas maakte ook duidelijk dat er op dit gebied regelgeving noodzakelijk was. Naast het instellen van een wereldwijde organisatie die een dergelijke oorlog in de toekomst moest voorkomen, de Volkenbond, werd er ook ernst gemaakt met het verder ontwikkelen van regels rond het humanitair recht.

1925 Verdrag inzake Chemische Wapens
Een van de initiatieven die na de Eerste Wereldoorlog werd genomen was het opstellen van een verdrag dat het gebruik van chemische wapens in tijden van oorlog verbood. Dit was een hele stap vooruit, al gold het verdrag alleen voor die staten die het verdrag ratificeerden, en werd er in het verdrag niets gezegd over de productie en opslag van chemische wapens. Maar een eerste stap was gezet, en jaren later was de algemene mening zo ontwikkeld dat men deze wapens inderdaad niet zou mogen gebruiken. Via het gewoonterecht ontstond een overtuiging die zo sterk was dat men nu kan spreken van dwingend recht. Inmiddels mag geen enkele staat dus chemische wapens gebruiken, ongeacht of de staat partij is bij het verdrag van 1925 of niet.

HOOFDSTUK 5

De Geneefse Conventies van 1949
De verschrikkingen van de Tweede Wereldoorlog noopten tot het ontwikkelen van nieuwe internationale verdragen. Hieruit kwamen vier conventies voort, aangenomen in Genève en in werking getreden in 1949. Deze worden kortweg de Geneefse Conventies of de Rode Kruis Conventies genoemd.

- De Eerste Conventie behandelt de positie van zieke en gewonde combattanten van de landstrijdkrachten;
- De Tweede Conventie behandelt de positie van zieke en gewonde combattanten van de zeestrijdkrachten;
- De Derde Conventie behandelt de positie van krijgsgevangenen;
- De Vierde Conventie behandelt de positie van burgers.

Ook hier stond weer centraal dat zieke en gewonde combattanten niet langer beschoten mogen worden, en hulp dienen te krijgen, ook van de vijand. Als een militair krijgsgevangene wordt gemaakt, dient de militair bepaalde basisvoorzieningen op het gebied van eten en drinken, medische verzorging, kleding en levensomstandigheden te krijgen, uiteraard afhankelijk van het gebied waar de militair verblijft. Ook zijn krijgsgevangenen gevrijwaard van marteling, buitengerechtelijke executie en dwangarbeid. Zij mogen communiceren met hun familie, en medewerkers van het Rode Kruis krijgen toegang tot de krijgsgevangenen, om te controleren of zij hun rechten kunnen uitoefenen, en om de brieven die zij aan familie schrijven en van familie krijgen te geven en op te halen. In de Geneefse Conventies staat weer centraal dat de gevechten gericht zijn op het buiten gevecht stellen van de andere partij, en dat het daarom verboden is om wapens te gebruiken die nodeloos lijden toebrengen. De lijst met wapens die verboden zijn is in de loop der tijd aanzienlijk uitgebreid en wordt nog steeds uitgebreid. In de loop der jaren zijn regels die in de Geneefse Conventies staan zozeer gemeengoed geworden, dat ze zijn gaan behoren tot het dwingend recht. Geen enkele staat kan zich dus onttrekken aan de regelgeving uit deze conventies met het argument dat het de Geneefse Conventies niet heeft geratificeerd.

In de jaren 50 is er nog een apart verdrag ontwikkeld dat het beschermen van cultureel erfgoed centraal stelt. Dit verdrag is hierboven reeds behandeld.

Aanvullende Protocollen bij de Geneefse Conventies 1977
Omdat sinds het einde van de Tweede Wereldoorlog de meeste conflicten gevoerd werden binnen een staat en niet langer tussen staten, kwam er behoefte aan regelgeving op het gebied van interne gewapende conflicten.

HUMANITAIR RECHT

Ook was het nodig om meer uitgebreide regelgeving aan te nemen op het gebied van de positie van huurlingen. Dit leidde tot het ontwikkelen van twee aanvullende verdragen op de Geneefse Conventies, de aanvullende protocollen van 1977. Hier moest iedere staat apart partij bij worden. Protocol II handelt over interne conflicten, en geeft aan dat personen tijdens een conflict menselijk behandeld dienen te worden. Kinderen dienen beschermd te worden.

Naast ontwikkelingen op het gebied van de behandeling van combattanten en burgers, heeft er ook een ontwikkeling plaatsgevonden in de ontwikkeling van internationale verdragen op het gebied van humanitair recht. Hieronder worden enkele belangrijke verdragen behandeld.

Bacteriologische wapens (Convention on the Prohibition of Development, Production and Stockpiling of Bacteriological (Biological) and Toxic Weapons and on Their Destruction) (1972)
Hoewel regelgeving op het gebied van chemische wapens al in 1925 was opgesteld, ontbrak er tot 1972 een verdrag dat bacteriologische wapens verbood. Het gaat hier om wapens die ziekten die voor de mens dodelijk zijn verspreiden. Met het uitroeien van bepaalde ziekten wilde men dat deze ziekten niet opnieuw geïntroduceerd konden worden als wapen. Landen die partij werden bij dit verdrag verplichtten zich om geen bacteriologische wapens te gebruiken. Ook hier gold weer dat landen er eerst partij bij moesten worden. Inmiddels behoort het verbod op het gebruik van bacteriologische wapens tot het gewoonterecht.

Conventie en zes protocollen (1980)
In 1980 werd de *Convention on Prohibitions or Restrictions on the Use of Certain Conventional Weapons Which May be Deemed to be Excessively Injurious or to Have Indiscriminate Effects,* ook wel Weapons Convention genoemd, opgesteld, waarna zes protocollen werden vastgesteld. In praktijk kwam het er op neer dat het moederverdrag zelfs minder belangrijk was (omdat er minder in stond) dan de protocollen. Wat ook bijzonder is aan dit verdrag is het feit dat sommige van deze protocollen al direct werden opgesteld en niet pas veel later, nadat een uitbreiding van het verdrag noodzakelijk bevonden was.

De protocollen behandelen de volgende zaken:

- Protocol I on Non-Detectable Fragments (Protocol I). Genève, 10 October 1980. Wapens die niet waarneembare onderdelen in het lichaam achterlaten brengen onnodig leed toe wanneer ze niet kunnen worden opgespoord met röntgenstralen. Daarom horen ze op de lijst met wapens die niet gebruikt mogen worden bij oorlogvoering.

- Protocol II on Prohibitions or Restrictions on the Use of Mines, Booby-Traps and Other Devices (Protocol II). Genève, 10 October 1980. Het gebruik van mijnen en booby traps leidt tot doden en gewonden, lang nadat het conflict voorbij is. Daarom is het niet gewenst dat deze wapens in grote hoeveelheden worden gebruikt. Sterker, er moet naar gestreefd worden ze niet meer te gebruiken.
- Protocol on Prohibitions or Restrictions on the Use of Incendiary Weapons
- (Protocol III). Genève, 10 October 1980. Wapens die door middel van vuuruitstoot schade toebrengen zouden niet gebruikt moeten worden, omdat de branden die ervan het gevolg zijn zonder aanzien des persoons zijn. Dit nu is in het humanitaire recht verboden.
- Protocol on Blinding Laser Weapons (Protocol IV to the 1980 Convention), 13 October 1995. Het gebruik van laserwapens die bij gebruik tot permanente blindheid van de tegenstander leiden is verboden. Het gaat hier om onnodig en onomkeerbaar lijden. Het gebruik van wapens dient slechts om de tegenstander uit te schakelen, maar niet om hem of haar nodeloos leed toe te brengen.
- Protocol on Explosive Remnants of War (Protocol V to the 1980 Convention), 28 November 2003.
- Geamendeerd protocol II betreffende mijnen, booby traps en vergelijkbare apparaten.

1989 Conventie inzake Landmijnen
Eén van de onderwerpen die steeds belangrijker werd tegen het eind van de 20ste eeuw was het probleem van de landmijnen. Jaren na een conflict zie je dat er nog steeds slachtoffers gemaakt worden onder de burgerbevolking als gevolg van landmijnen, die vaak in rurale gebieden liggen. Het vegen van mijnen is een langdurig en kostbaar werk, waar gespecialiseerde arbeidskracht voor nodig is, en gespecialiseerde apparatuur. Bovendien zijn er tegenwoordig mijnen die met de gewone apparatuur niet goed vindbaar zijn.

1993 Verbod op Chemische Wapens (Convention on the Prohibition of the Development, Production, Stockpiling and Use of Chemical Weapons and their Destruction)
In 1993 werden er eindelijk ook verdragen opgesteld die het opslaan en ontwikkelen van chemische wapens verbood. Hiermee waren de bacteriologische en de chemische wapens op alle fronten verboden. Er was echter nog geen regelgeving op het gebied van atoomwapens. Daarom stelde de Algemene Vergadering een vraag aan het Internationaal Hof van Justitie: is het volgens het internationaal publiekrecht toegestaan om te dreigen met het gebruik van atoomwapens, en is het in het internationaal publiekrecht toegestaan om atoomwapens te gebruiken. Wat het Hof hierop

antwoordde kun je lezen onder het kopje Jurisprudentie. Er dienen echter eerst nog twee belangrijke aspecten van het humanitaire recht en het internationaal publiekrecht te worden besproken.

Reciprociteit en represailles
Reciprociteit geldt niet in negatieve zin in het humanitaire recht. Als dus een land zich niet (langer) aan het humanitaire recht houdt, betekent dit niet dat andere landen zich er ook niet aan hoeven te houden. Wel is het zo dat als een land in conflict is en de Geneefse Conventies niet heeft geratificeerd, het zich toch aan de regels houdt.
Represailles zijn toegestaan in het internationale recht, zolang ze proportioneel zijn. Bij een represaille gaat het om een actie die niet rechtmatig is, maar waarvan de onrechtmatigheid wordt opgeheven doordat zij een reactie op een niet rechtmatige daad van de andere partij is.

Compensatie
Ook binnen het humanitaire recht geldt staatsaansprakelijkheid. Wanneer onder de verantwoordelijkheid van een staat schendingen van het humanitaire recht plaatsvinden, heeft de betrokken staat de verantwoordelijkheid om maatregelen te nemen tegen hen die het humanitaire recht geschonden hebben, en is de staat ook verantwoordelijk compensatie te betalen voor de slachtoffers van de schending(en). Dit is terug te vinden in artikel 91 van het eerste Protocol bij de Geneefse Verdragen. De aansprakelijkheid geldt ook voor bevrijdingsbewegingen die aan vijandelijkheden deelnemen (artikel 1 (4) jo. artikel 96 (3) Eerste Protocol).

Internationale humanitaire fact finding missies
Het Rode Kruis onderneemt regelmatig fact-finding missies in gevangenissen en in oorlogsgebieden waar krijgsgevangenen vastgehouden worden om te controleren of de partijen die mensen gedetineerd houden zich houden aan het humanitaire recht. Het Rode Kruis houdt de uitkomsten van deze rapporten doorgaans geheim en gebruikt hen om in onderhandeling te geraken met de partij die krijgsgevangenen vasthoudt. Belangrijk is om je te realiseren dat het Rode Kruis nooit partij kiest. Het is een neutrale organisatie, wat de organisatie ook wel eens op kritiek is komen te staan. Andere organisaties die zich met hulp in oorlogsgebieden bezighouden, zoals Artsen Zonder Grenzen, zijn veel meer bereid om in een conflict partij te kiezen, met het risico niet meer toegelaten te worden in bepaalde gebieden.

HOOFDSTUK 5

Andere activiteiten van het Rode Kruis
Het Rode Kruis draagt zorg voor de correspondentie tussen krijgsgevangenen en hun familie. Dit is belangrijk omdat het de krijgsgevangenen de mogelijkheid geeft om zonder inmenging van de partij die hen gevangen houdt naar hun familie te schrijven. Het garandeert ook dat de brieven daadwerkelijk worden gepost en aankomen.

Een andere belangrijke activiteit van het Rode Kruis is het traceren van zoekgeraakte familieleden in en na een conflict. Door het bijhouden van lijsten van mensen die vermist zijn en mensen die familie kwijt zijn (dit kunnen andere partijen zijn) kunnen familieleden getraceerd worden en met elkaar in contact worden gebracht. Dit was voor mensen in en na de Tweede Wereldoorlog een belangrijke manier om hun familie te vinden wanneer familieleden waren afgevoerd of waren gevlucht. In Afrika helpt het Rode Kruis ook om kinderen die men uit het oog verliest tijdens de vlucht voor oprukkende troepen weer met hun ouders te herenigen.

Het traceren van familie kan soms ook via DNA. Deze methode wordt mede gebruikt bij het identificeren van personen in massagraven. Dit is bijvoorbeeld in Bosnië gedaan midden jaren 90 van de vorige eeuw.

JURISPRUDENTIE: ADVIES INTERNATIONAAL HOF VAN JUSTITIE INZAKE DE VRAAG OF HET IS TOEGESTAAN IN HET INTERNATIONAAL PUBLIEKRECHT OM TE DREIGEN MET HET GEBRUIK VAN ATOOMWAPENS OF ATOOMWAPENS TE GEBRUIKEN

Terwijl er, zoals we gezien hebben, verdragen zijn die regels stellen ten aanzien van het gebruik, de opslag en de vervaardiging van biologische en chemische wapens, zijn er geen verdragen die gebruik, opslag en vervaardiging van nucleaire wapens reguleren, behalve de ontwapeningsverdragen.
Omdat er gedurende de Koude Oorlog een voortdurende wederzijdse dreiging bestond heeft de Algemene Vergadering van de VN uiteindelijk in 1995 besloten om een adviesaanvraag bij het Internationaal Hof van Justitie in te dienen om inzicht te krijgen in de vraag of er gedreigd mag worden met het gebruik van nucleaire wapens, en of het toegestaan is in het internationaal publiekrecht om nucleaire wapens te gebruiken.

Het Hof had grote moeite om tot een advies te komen. Het Hof dient tenslotte het internationaal publiekrecht te interpreteren, en daarbij af te zien van een politiek oordeel. In dit geval was bij het opstellen van het advies regelmatig de stem van de voorzitter doorslaggevend. Het Hof kwam tot de volgende conclusie:

1. Er is geen regel van geschreven of ongeschreven internationaal publiekrecht die het gebruik of het dreigen met het gebruik van

atoomwapens expliciet toestaat.
2. Er is geen regel van geschreven of ongeschreven internationaal publiekrecht die het gebruik of het dreigen met het gebruik van atoomwapens expliciet verbied.
3. In een situatie waar het overleven van de staat in direct gevaar is en een aanval van de vijand onomkeerbaar is, kan het gebruik van atoomwapens gerechtvaardigd zijn.
4. Wanneer besloten wordt tot het gebruik van atoomwapens, dan dient daarbij het humanitair recht nageleefd te worden.
5. Wanneer besloten wordt tot het gebruik van atoomwapens, dan dient er geen onnodige en onomkeerbare schade aan het milieu te worden toegebracht.

Het is duidelijk uit het gestelde onder 4 en 5 dat als geen onnodig lijden mag worden toegebracht, en het milieu geen onomkeerbare schade mag worden aangedaan, er bij 4 en 5 eigenlijk wordt gezegd dat het gebruik van atoomwapens niet mag. Dit is een heel vindingrijk advies, het is puur juridisch, en laat het ontwikkelen van een doctrine met betrekking tot het gebruik van atoomwapens over aan de politiek.

ONTWIKKELINGEN OP HET GEBIED VAN HUURLINGEN

In tegenstelling tot combattanten die onderdeel uitmaken van het leger of van een militie, hebben huurlingen geen recht op krijgsgevangenschap. Een huurling is iemand die voor financieel gewin deelneemt aan gevechtshandelingen voor een staat waarvan hij geen onderdaan is.
De positie van huurlingen is vastgelegd in het Tweede Protocol bij de Geneefse Conventies, en is later uitgebreid door de Organisatie van Afrikaanse Eenheid (de voorloper van de Afrikaanse Unie), toen die in 1989 het verdrag inzake het uitbannen van huurlingen aannam en de definitie in artikel 1 uitbreidde. De definitie luidt als volgt:

> Under the present Convention a 'mercenary' is classified as anyone who, not a national of the state against which his actions are directed, is employed, enrolls or links himself willingly to a person, group or organization whose aim is: (a) to overthrow by force of arms or by any other means the government of that Member State of the Organization of African Unity; (b) to undermine the independence, territorial integrity or normal working of the institutions of the said State; (c) to block by any means the activities of any liberation movement recognized by the Organization of African Unity.

Deze definitie is bij het formuleren van regelgeving van groot belang geweest, ook buiten Afrika.
Ondertussen is het gebruik van huurlingen echter enorm toegenomen: De Amerikaanse regering heeft in Irak veel gebruik gemaakt

van wat men tegenwoordig ook wel *private military contractors* (PMCs) noemt, en veelal worden zij uitgezonden via een *private military company*. Veranderd is dat het vaak gaat om Amerikanen, zodat de definitie iets zou moeten worden opgerekt. Bovendien neemt het overgrote deel van de PMC niet deel aan gevechtshandelingen, maar zorgt voor de bewaking van gebouwen en terreinen, het bevoorraden van de militairen, bewaken van konvooien en trainen van militairen. Omdat deze personen geen aanspraak kunnen maken op de status van krijgsgevangene, heeft de UN Working Group on Mercenaries, en daarvoor de Speciaal Rapporteur op het gebied van huurlingen opgeroepen tot het bijstellen van de wet- en regelgeving op dit gebied. Onder specialisten op het gebied van humanitair recht bestaat echter geen eensgezindheid over de noodzaak tot nieuwe regelgeving. Velen denken dat we het aan de politiek en de ontwikkelingen moeten overlaten om dit te reguleren, en dat meer regelgeving vaak niet beter is.

ANDERE UITDAGINGEN: LIJST MET VERBODEN WAPENS, AFDWINGBAARHEID. GUANTANAMO BAY, DE NIEUWE TERM ILLEGALE COMBATTANTEN

Na de aanval op de Twin Towers in New York op 11 september 2001 startten de VS hun oorlog tegen het terrorisme. Snel werd wetgeving aangepast om beter in te kunnen spelen op deze nieuwe politiek. Gevangen gemaakte personen die verdacht werden van terroristische activiteiten, het voorbereiden van terroristische activiteiten of het behoren tot een terroristische groep werden over gebracht naar Guantanamo Bay, een klein gebied op het Cubaans schiereiland dat in bruikleen is bij de VS. De Amerikanen creëerden een nieuwe term, illegale combattanten, en kozen een selectie rechten uit het geheel van het humanitair recht dat aan deze illegale combattanten werd toegekend. Er kwam vanuit internationaal juridische hoek veel kritiek op deze aanpak, omdat deze gezien kan worden als strijdig met het internationaal publiekrecht. De Amerikanen stelden zich echter op het standpunt dat ze meer handelingsvrijheid nodig hadden om deze oorlog effectief te kunnen voeren. Bepaalde basisrechten uit de Amerikaanse Grondwet werden beperkt, teneinde gemakkelijker na te kunnen gaan of mensen een aanslag met terroristisch oogmerk aan het voorbereiden waren of contacten hadden met groepen met terroristisch oogmerk. Er werd door Amerikaanse militairen en onder leiding van *private military contractors* gemarteld om informatie uit gevangenen te krijgen, zowel op Guantanamo Bay, in Irak als in derde landen, waar Amerika geheime detentieplaatsen opende.

Deze ontwikkelingen hebben tot een crisis in het internationaal publiekrecht geleid. Raakt naleving van het internationaal publiekrecht, en in dit geval het humanitaire recht, in verval doordat het niet meer goed genoeg nageleefd wordt, of is dit een teken van de politiek dat het recht aangepast moet worden?

VERVOLGING SCHENDINGEN HUMANITAIR RECHT DOOR INTERNATIONALE TRIBUNALEN

Omdat niet iedere staat bij schendingen van het humanitaire recht door haar onderdanen de benodigde maatregelen neemt, zijn er na 1945 verschillende internationale tribunalen opgezet die tot doel hebben in een lacune te voorzien wanneer de nationale staat in gebreke blijft schendingen van het humanitaire recht vervolgen. Dit kan enerzijds omdat voor veel van deze misdrijven universele jurisdictie bestaat, en anderzijds omdat de organen door de internationale gemeenschap erkend zijn en als te vervolgen misdrijven benoemen en benoemd hebben die misdrijven die onder het *ius cogens* vallen.

Het gaat hier onder andere om het Neurenberg tribunaal, het Tokyo tribunaal, het Joegoslavië tribunaal en het Rwanda tribunaal. Het Internationaal Strafhof is een permanent hof, en niet zoals de eerder genoemde tribunalen ad hoc en dus tijdelijk. Dit Hof beoogt een permanent juridisch kader te geven waarbij ernstige schendingen van het humanitair recht, zoals oorlogsrecht, misdrijven tegen de mensheid, oorlogsmisdrijven, genocide, en agressie (hoewel een eensluidende definitie nog niet overeengekomen is) vervolgd kunnen worden.

RECHT EN POLITIEK M.B.T. HUMANITAIR RECHT

Internationaal publiekrecht is erg afhankelijk van de wil tot naleving aan de zijde van de politiek. Met name bij humanitair recht is dit belangrijk. In een conflict kan de andere partij al snel gedemoniseerd worden, wat de indruk wekt dat een respectvolle behandeling niet verdiend is. Juist om de menselijke waardigheid en het respect voor de medemens hoog te houden, is het belangrijk dat ook ten tijde van oorlog het recht wordt nageleefd. Daarom is het humanitaire recht zo belangrijk. Sinds de oorlog tegen Al Qaeda en het terrorisme is er een strijd gaande tussen recht en politiek. Bepaalde landen, en met name de VS, kijken hoever ze het internationale recht kunnen oprekken, terwijl andere landen eerder zover als mogelijk binnen de grenzen van het internationale recht blijven. Dit betekent dat een herbezinning op de regelgeving, en de relatie tussen recht en politiek op dit vlak gewenst is. Ook in tijden van conflict moeten de rechten van burgers, combattanten en krijgsgevangenen zo goed mogelijk beschermd worden. Dat is althans het idealistische standpunt.

VERDER LEZEN?

D. Fleck, *The Handbook of International Humanitarian Law*, Oxford University Press, Oxford, 2008.

F. Kalshoven, L. Zegveld, *Constraints on the Waging of War: An Introduction to International Humanitarian Law*, International Committee of the Red Cross, Geneva, 2001.

M. Walzer, *Just and Unjust Wars: A Moral Argument with Historical Illustrations*, Basic Books, New York, 2006.

JURISPRUDENTIE

Legality of the Use by a State of Nuclear Weapons in Armed Conflict, http://www3.icj-cij.org/docket/index.php?p1=3&p2=4&code=anw&case=93 &k=09

Legality of the Threat or Use of Nuclear Weapons, http://www3.icj-cij.org/docket/index.php?p1=3&p2=4&code=unan&case=95&k=e1

HOOFDSTUK 6

CONFLICTBEHEERSING

INLEIDING

Het voorkomen, beheersen en oplossen van conflicten binnen staten en tussen staten is altijd een kwestie van het combineren van politieke en juridische middelen. Bij methoden van conflictbeheersing zal eerst getracht worden om via politieke middelen tot een oplossing te komen. De reden hiervoor is dat regeringen en leiders van opstandige groepen graag de regie over het verloop van hun conflict in handen houden. Dit kan alleen als partijen zeggenschap hebben over voorgestelde oplossingen voor hun conflict. Op het moment dat een internationaal Hof uitspraak doet over een conflict dat is voorgelegd, hebben de partijen die regie niet meer in handen. Ze geven het internationale Hof de mogelijkheid om het conflict voor hen op te lossen en stemmen in met het naleven van de uitspraak, ook als die voor één der partijen nadelig uitvalt.

  In de afgelopen jaren hebben we gezien dat het voorkómen van conflicten, dat wil zeggen het voorkómen dat conflicten gewelddadig worden, meer aandacht heeft gekregen. Men noemt dit conflictpreventie. Deze vorm van conflictbeheersing is in die zin moeilijk, dat het vaak achteraf onduidelijk is hoe effectief de preventieve maatregelen zijn geweest. Pas nadat er doden zijn gevallen en nadat dit weer stopt valt te zien dat de interventie heeft gewerkt, namelijk het geweld is gestopt. Preventie is daarmee een relatief begrip. Desalniettemin is het te hopen dat preventieve maatregelen, inclusief een preventieve militaire interventie, als vorm van conflictbeheersing in de komende jaren meer opgang zal maken.

  In vredesprocessen worden steeds meer akkoorden gesloten. Soms worden akkoorden geschonden en moeten nieuwe akkoorden worden gesloten. In sommige gevallen worden akkoorden gesloten over deelonderwerpen. Juist in situaties waarin zelfbeschikking een rol speelt vragen strijdende partijen om een akkoord waarin territoriale afspraken en afspraken over verdeling van bevoegdheden worden vastgelegd. Belangrijke documenten in dit verband zijn Declaration 1514 (1960), die het dekolonisatieproces legitimeerde, en de Friendly Relations Declaration (Declaration 2625 (1970)). Deze Declaraties stellen beiden dat de territoriale integriteit niet geschonden mag worden bij de uitoefening van

HOOFDSTUK 6

het recht op zelfbeschikking. Wat we zien in Kosovo, Irak en Afghanistan is dat juist na het conflict, in de wederopbouwfase, er nog overeenkomsten nodig zijn om het nationale vredesproces te bestendigen. Hierbij zijn behalve nationale, regionale en locale groepen ook de internationale interventiemacht betrokken.

We gaan in dit hoofdstuk kijken hoe met behulp van zowel niet-juridisch bindende als juridische bindende middelen aan conflictbeheersing kan worden gedaan. Daarna zien we hoe door middel van interventie door de internationale gemeenschap conflictbeheersing vorm krijgt.

CONFLICTBEHEERSING VIA NIET JURIDISCH BINDENDE MIDDELEN

Bij conflictbeheersing via niet juridisch bindende middelen - dus meer politieke middelen - wordt onderscheid gemaakt tussen:

1. Goede diensten;
2. Bemiddeling;
3. Conciliatie;
4. Fact finding missies.

Goede diensten

Wanneer twee of meer partijen in een conflict niet meer met elkaar praten, er dus geen dialoog meer gaande is om een conflict op te lossen, kan een neutrale derde partij helpen om de dialoog weer op gang te brengen. Daarbij kan het gaan om een politicus uit een naburig of bevriend land, een politicus met een bijzondere reputatie op het gebied van conflictoplossing, of een vertegenwoordiger van een internationale intergouvernementele organisatie. De goede diensten bestaan uit hulp bij het aan tafel krijgen van partijen door met beide partijen te praten. Dit heeft soms de vorm van shuttlediplomatie, waarbij de aanbieder van de goede diensten heen en weer reist tussen partijen met als doel de partijen weer aan de onderhandelingstafel te krijgen. De activiteiten van de persoon of personen die de goede diensten aanbiedt/aanbieden moeten door beide partijen geaccepteerd worden, anders werkt het niet. De positie van de brenger van goede diensten blijft neutraal. Deze komt dus niet met eigen oplossingen, maar helpt alleen de dialoog op gang te brengen.

Bemiddeling

Bij bemiddeling, ook wel mediatie genoemd, is vaak ook sprake van een politicus van een bevriend en/of naburig land, of een vertegenwoordiger van een internationale intergouvernementele organisatie als bijvoorbeeld de VN, de OVSE of een (andere) regionale organisatie.

Onderhandelingen vinden plaats in verschillende stadia: de eerste onderhandelingen resulteren in het bestandsakkoord, dan volgt een constitutioneel kader en pas daarna is er ruimte voor afspraken met betrekking tot transitional justice en implementatie mechanismen. Hierbij horen drie onderhandelingsstadia: pre-onderhandelingsakkoorden, framework overeenkomsten, en implementatie akkoorden.

Het is belangrijk dat de bemiddelaar het vertrouwen van de partijen in het conflict heeft. Het is Daarbij stelt de theorie rond bemiddeling dat het belangrijk dat de bemiddelaar zich neutraal opstelt, al leert de politieke praktijk dat met name bij internationale bemiddeling machtspolitiek een rol kan spelen bij de bemiddelaar. Alle partijen doen vrijwillig mee aan de bemiddeling. De partijen spreken met elkaar en met de mediator of mediators af dat zij zich zullen inzetten om het conflict op te lossen (ze tonen commitment), en vaak spreken zij ook af dat er vertrouwelijkheid geldt ten aanzien van wat er besproken wordt. Dat betekent dat de partijen informatie over de voortgang van de onderhandelingen niet voortijdig naar buiten brengen, om zo het onderhandelingsproces te beschermen. Dit geeft de partijen ruimte om concessies te doen die zij niet zouden doen als de achterban mee kan kijken. De bemiddelaar moet kennis hebben van de cultuur en de regio.

Het bemiddelingsproces bestaat dus doorgaans uit drie fasen. De eerste fase wordt de pre-onderhandelingsfase genoemd. In deze fase controleert de mediator of alle relevante partijen aan de onderhandelingstafel zitten – is er niemand vergeten? – en wordt een voor alle partijen aanvaardbare agenda opgesteld. Dat betekent bijvoorbeeld dat er afgesproken wordt of er gewacht wordt met het naar buiten brengen van informatie tot er een eindoplossing is, of dat men er voor kiest ook deelbesluiten naar buiten te brengen. Dit is van invloed op de onderhandelingsstrategie. Gedurende deze fase vinden er op niet gouvernementeel niveau vaak civil society initiatieven plaats, waarbij impliciet of expliciet wordt gestreefd naar conflictoplossing. De overeenkomsten in deze fase hebben eerder de vorm van verklaringen en zijn gericht op wederzijds begrip. In deze fase gaat het nog niet om het aangaan van verplichtingen jegens elkaar.

In de tweede fase zijn de overeenkomsten bedoeld ter ondersteuning van een bestand en om te garanderen dat het conflict niet meer zal oplaaien. De overeenkomst heeft een meer openbaar karakter, wordt op schrift gesteld, en naast de conflictpartijen zijn er ook internationale partijen bij betrokken. Dit is het moment waarop er media aandacht is en er voor de camera's handen geschud worden. Op dit moment is vaak nog maar heel weinig geregeld met betrekking tot soevereiniteit, staatsvorming en identiteit.

Tijdens de derde fase wordt onderhandeld over implementatie-overeenkomsten. Hierbij zijn alle partijen bij het conflict betrokken. Deze overeenkomsten worden niet altijd openbaar gemaakt om partijen de gelegenheid te geven om aan hun achterban hun eigen versie van de overeenkomst te kunnen vertellen. Omdat deze overeenkomsten niet altijd openbaar zijn, is ook duidelijk dat het hier minder om de (precieze) inhoud gaat, en meer om het proces dat vanaf het sluiten van de overeenkomst begint. Hier kunnen regionale stabilisatie overeenkomsten door 'vrienden en buurlanden' een rol spelen bij de versterking van de vrede van buitenaf. Er is bijvoorbeeld in het conflict dat Georgië met Abkhazië en Zuid Ossetië heeft al jaren een 'Group of Friends of Georgia'. Ook worden met nieuwe staten overeenkomsten gesloten die 'goodneighbourly relations' omvatten. De UN peacemaker website maakt nog een verder onderscheid tussen interim overeenkomsten, die gesloten worden wanneer de partijen in een impasse verkeren en waarin de partijen opnieuw hun commitment uitspreken voor het vredesproces, en sub-overeenkomsten, waarin onderdelen worden vastgelegd die deel uitmaken van het grotere geheel van de vredesovereenkomst.

Bij bemiddeling tussen conflictpartijen op statelijk en intrastatelijk niveau moeten de onderhandelaars rekening houden met de vraag of zij bepaalde oplossingen aan hun achterban kunnen verkopen. Op zeker moment kunnen de onderhandelaars er wel uit zijn, maar als de bevolking niet rijp is voor een oplossing, zal de oplossing toch niet haalbaar zijn. In dit kader kan een parallel proces van wat track one en track two diplomatie wordt genoemd uitkomst bieden. Track one diplomatie vindt plaats tussen politieke en militaire elites met staten en internationale organisaties, track two diplomatie heeft als doel een bredere basis te mobiliseren voor de vrede, en het track one vredesproces zo te faciliteren. Gaat het bij track one om onderhandelaars die diplomaat of afgevaardigde van hun groep zijn, bij track two diplomatie wordt een dialoog bevorderd tussen NGO's en andere groepen uit de samenleving van betrokken partijen, onder leiding van een internationale NGO, denktank, of andere niet-statelijke actor. Doordat deze processen parallel lopen kan de bevolking worden voorbereid op een oplossing van het conflict.

De uitdagingen die mediators tegenkomen zijn hoe zij zowel op korte termijn als op lange termijn succes kunnen boeken en kunnen garanderen dat gedurende het proces, dat wordt aangeduid als transitie proces, er instituties zijn die functioneren. Naarmate een bemiddelings-proces langer duurt, kan de interesse van de publieke opinie wegebben, omdat bijvoorbeeld verwachtingen niet waargemaakt worden. Er kan een impasse ontstaan, die moeilijk te doorbreken is. Daarom is het belangrijk dat in bemiddelingsprocessen zo snel mogelijk getracht wordt tot de kern van het conflict door te dringen. Een risico is dat een situatie kan ontstaan waar alle partijen bij het conflict de verschillende posities die mogelijk zijn hebben ingenomen en er meer baat bij hebben het conflict niet op te lossen (want dan is er in ieder geval relatieve zekerheid dat het conflict niet oplaait en weer militair wordt). De status quo geeft soms ook mogelijkheden aan een partij die oplossing van het conflict wellicht niet biedt. Ook bestaat er het risico dat wanneer eerdere pogingen het conflict op te lossen zijn mislukt en nieuwe bemiddelaars worden aangesteld, het lastiger wordt voor de partijen om vertrouwen te krijgen en te houden in de bemiddelaar en het bemiddelingsproces.

Het verschil met het aanbieden van goede diensten is dat de bemiddelaar langer betrokken blijft bij het proces, in principe tot er een oplossing is gevonden of één of beide partijen aangeven niet langer prijs te stellen op de diensten van de bemiddelaar (bijvoorbeeld wanneer een partij meent dat de bemiddelaar niet langer onpartijdig is, of wanneer één of beide partijen het mediationproces willen afbreken). De mediator houdt zich bezig met de begeleiding van het proces, en zal geen inhoudelijke bijdrage leveren. Een voorbeeld van mediation is de bemiddeling door de Algerijnse regering in 1979 tussen de VS en Iran bij de gijzeling van de Amerikaanse ambassade. Andere voorbeelden zijn de onderhandelingen over de status van Nagorno Karabach die onder auspiciën van de OVSE plaatsvinden, en de onderhandelingen tussen Georgië en de Russische Federatie over de gevolgen van de oorlog van augustus 2008, waarna de Russische Federatie Abchazië en Zuid Ossetië erkende. Deze onderhandelingen vinden plaats onder auspiciën van de VN, de OVSE en de EU.

Conciliatie

Wanneer iemand een conciliërende rol op zich neemt gaat dit weer iets verder dan bemiddeling. De conciliator dient ook door alle partijen in een conflict geaccepteerd te worden, en dient in principe onpartijdig te zijn. Beide partijen mogen één of twee conciliators aanwijzen, waarvan één de nationaliteit van die staat mag hebben. De leden uit deze conciliatiecommissie wijzen in onderling overleg een vijfde lid aan, teneinde een oneven aantal conciliators te hebben. Bij conciliatie is de conciliatiecommissie inhoudelijk wel actief, en kan een concept vredesvoorstel opstellen en aan de partijen voorleggen. Wanneer één of meerdere partijen het voorstel afwijzen, kan met de partijen gezocht worden naar een vredesvoorstel dat wel acceptabel is voor alle partijen in het conflict. Ik heb gezegd dat de conciliator *in principe* onpartijdig is, want het is natuurlijk voor te stellen dat de conciliatiecommissie druk uitoefent achter de schermen om een partij die onwillig is naar acceptatie toe te begeleiden. Dit is echter de politieke realiteit, en de theorie gaat er van uit dat in principe bij conciliatie de partijen vrijwillig instemmen met een vredesvoorstel, maar ook de mogelijkheid hebben om het af te wijzen. Verschillende verdragen voorzien in een conciliatieprocedure wanneer zich een conflict voordoet, zoals het Weens Verdragenverdrag uit 1969 en het Zeerechtverdrag uit 1982.

Fact-finding

Ook bij conflictbeheersing kan fact-finding een belangrijke rol spelen. Wanneer inzichtelijk is hoe gespannen de situatie in een bepaald gebied is kan een bemiddelaar of conciliator beter inspelen op de realiteit. De bemiddelaar of conciliator kan, wanneer deze ter plekke gaat kijken, beter inschatten hoeveel risico op escalatie er is. Dit geldt ook wanneer onenigheid bestaat tussen partijen over bepaalde feiten. Daarom wordt fact-finding in dit rijtje genoemd als manier om te helpen bij het beheersen van conflicten. Onderzoek wordt gedaan en partijen worden gehoord teneinde de feiten te achterhalen. Het principe van hoor en wederhoor is bij het horen van de partijen van essentieel belang.

CONFLICTBEHEERSING MET GEBRUIKMAKING VAN JURIDISCH BINDENDE MIDDELEN

Wanneer de bovenstaande methoden niet of onvoldoende voortgang bieden bij de oplossing van een conflict, kunnen beide partijen er voor kiezen om de internationaal rechtelijke weg te volgen. Beide partijen moeten hier mee instemmen, en beide partijen dienen het Internationaal Hof van Arbitrage of Internationale Hof van Justitie, danwel een regionaal Hof, erkend te hebben.

Internationale arbitrage

Bij internationale arbitrage gaan de partijen in een conflict naar een bestaand internationaal hof van arbitrage. In het Vredespaleis in Den Haag is het Internationale Hof van Arbitrage gevestigd. Het Hof kan bijeen komen wanneer dit nodig is, en is dus niet permanent in zitting. De partijen bij een conflict kunnen kiezen uit een lijst met arbiters, die ter inzage ligt bij het Internationaal Hof van Arbitrage. Bij arbitrage kiezen beide partijen in een conflict één of twee arbiters (zodat er twee of vier arbiters in totaal zijn), en gezamenlijk kiezen zij een derde of vijfde arbiter. Op die manier hebben partijen zelfs bij arbitrage nog het gevoel enige invloed op hun lot te hebben. Er dient altijd een oneven aantal rechters te zijn om te voorkomen dat de stemmen staken. De rechters bij dit Hof werken dus min of meer op afroep. Zij worden ingeschreven als rechter op grond van hun bijzondere expertise op een bepaald gebied, en zijn beroepbaar als rechter in hun land van oorsprong.

Het Internationaal Hof van Arbitrage doet een bindende uitspraak in een conflict, waar beide partijen zich van te voren aan gecommitteerd hebben.

Internationale rechtspraak

Partijen kunnen ook kiezen voor internationale rechtspraak. Ze leggen hun conflict voor aan het Internationaal Hof van Justitie, dat ook gevestigd is in het Vredespaleis in Den Haag. In dit Hof spreken 15 rechters recht. Ze worden gekozen voor een periode van 9 jaar, en zijn herkiesbaar. Ze dienen allen de kwalificaties te hebben om rechter te zijn in hun eigen land, en gespecialiseerd te zijn in internationaal publiekrecht. Ze dienen bekend te staan om hun integriteit, onafhankelijkheid, en eruditie, en recht te spreken zonder last en ruggespraak van de nationale regering. De rechters worden zo gekozen dat alle belangrijke rechtssystemen zijn vertegenwoordigd. Ook wordt toegezien op een evenredige verdeling van de verschillende werelddelen in het Hof. De rechters worden op voorspraak van hun nationale regeringen voorgedragen, en deze regeringen lobbyen bij de Algemene Vergadering van de VN. Uiteindelijk kiezen de Algemene Vergadering èn de Veiligheidsraad de rechter bij algemene meerderheid. In de Veiligheidsraad geldt op zo'n moment het vetorecht niet.

Het proces bestaat uit een preliminaire fase, waar bekeken wordt of het Hof rechtsmacht heeft, en een inhoudelijke fase. Wanneer is vastgesteld dat het Hof jurisdictie heeft, kan met de inhoudelijke behandeling van de zaak begonnen worden. Nadat beide partijen tijdens zittingen hun argumenten voor het Hof hebben kunnen uiteenzetten, trekt het Hof zich terug en doet vervolgens uitspraak in een openbare zitting. Een vonnis van een internationaal Hof is belangrijk, omdat het inzicht geeft in de interpretatie van het internationale recht, en bij belangrijke uitspraken ook internationaal recht creëert. Veel conflicten die worden aangebracht betreffen grensconflicten met buurlanden.

CONFLICTBEHEERSING VIA INTERNATIONALE ORGANISATIES

VN Handvest, hoofdstuk 6

De artikelen 33 tot en met 38, oftewel hoofdstuk 6 van het VN Handvest, behandelen de oplossing van conflicten zonder gebruik van geweld.

Artikel 33 geeft aan dat partijen bij het VN Handvest, dus leden van de VN die een conflict hebben welke de vrede en veiligheid van de wereldorde in gevaar kan brengen, hun toevlucht zullen nemen tot onderhandelingen, bemiddeling, conciliatie, arbitrage, of juridische oplossing van het conflict, of de hulp inroepen van regionale organisaties om te helpen het conflict op te lossen. Andere methoden van vreedzame conflictoplossing staan ook open voor partijen. Indien noodzakelijk zal de VN Veiligheidsraad de partijen oproepen om van deze methoden gebruik te maken bij het oplossen van hun conflict.

Artikel 34 geeft aan dat de VN Veiligheidsraad het recht heeft om iedere situatie die kan leiden tot een bedreiging van de vrede en veiligheid in de wereld te onderzoeken, teneinde duidelijkheid te krijgen over de ernst van de dreiging.

Artikel 35 geeft lidstaten van de VN de mogelijkheid om een situatie die de vrede en veiligheid in de wereld in gevaar kan brengen onder de aandacht van de VN Veiligheidsraad of de Algemene Vergadering te brengen. Een staat die geen lid van de VN is mag ook een conflict onder de aandacht van de VN Veiligheidsraad brengen, wanneer het betrokken is bij dit conflict en wanneer het van te voren heeft aangegeven de conflictoplossende methoden van het VN Handvest te aanvaarden.

Volgens artikel 36 mag de VN Veiligheidsraad, wanneer zich een situatie voordoet zoals omschreven in artikel 33, voorstellen doen ter oplossing van het conflict. Hierbij houdt de Veiligheidsraad rekening met stappen die al genomen zijn door de partijen en zal een conflict kunnen worden voorgelegd aan het Internationaal Hof van Justitie, in overeenstemming met het gestelde in het Statuut van het Internationale Hof van Justitie. Het Statuut geeft aan wanneer het Hof rechtsmacht heeft.

Wanneer de partijen er niet in slagen hun conflict op te lossen, zullen zij conform artikel 37 het conflict verwijzen naar de VN Veiligheidsraad.

Met instemming van de partijen bij een conflict mag de Veiligheidsraad vervolgens adviezen geven die zullen leiden tot oplossing van het conflict.

VN Handvest, hoofdstuk 7

Wanneer het niet lukt om een conflict op te lossen met de methoden die hiervoor behandeld zijn, treden de methoden tot conflictbeheersing uit hoofdstuk 7 van het VN Handvest, artikel 39 tot en met 51, in werking. Het gaat hier om actie die ondernomen kan worden wanneer sprake is van een schending van de vrede of een dreiging van een schending van de vrede en veiligheid in de wereld.

Artikel 39 geeft de VN Veiligheidsraad de rol om te bepalen of er sprake is van een dreiging of schending van de vrede, en om passende maatregelen te nemen. Voordat de Veiligheidsraad maatregelen neemt tegen staten die een gewapend conflict hebben of waar een gewapend conflict dreigt, zal de Veiligheidsraad nog één maal de staten oproepen om zelf hun conflict op te lossen, conform artikel 40. Wanneer dit niet lukt, kan de Veiligheidsraad op grond van artikel 39 juncto (samen met) artikel 41 maatregelen nemen tegen de partij die de vrede bedreigt of de vrede schendt, waarbij geen geweld gebruikt zal worden. Het kan gaan om gedeeltelijke of gehele economische boycots, bijvoorbeeld een luchtboycot, of een boycot voor treinverkeer, een boycot ter zee, voor het postverkeer, het luchtverkeer, het radio verkeer, of het verbreken van diplomatieke relaties. Wanneer dit niet afdoende werkt, kan besloten worden tot maatregelen waarbij het gebruik van geweld wel is toegestaan. In dit geval zal de VN Veiligheidsraad gebruik maken van artikel 39 juncto 42 VN Handvest. Hierbij mag gebruik gemaakt worden van landmacht, marine en luchtmacht. Maatregelen die genomen kunnen worden zijn een blokkade via land, zee of lucht, of andere maatregelen.

Op grond van artikel 43 VN Handvest zullen alle lidstaten van de VN op verzoek van de Veiligheidsraad doorgang verlenen aan VN troepen en troepen beschikbaar stellen aan de VN om bij te dragen aan het herstellen en beschermen van de vrede en veiligheid in de wereld. Afspraken kunnen gemaakt worden tussen de VN Veiligheidsraad en individuele lidstaten of tussen de VN Veiligheidsraad en groepen lidstaten. Andere staten kunnen gevraagd worden troepen te leveren (artikel 44 VN Handvest), en in principe houden staten altijd troepen paraat voor activiteiten op verzoek van de Veiligheidsraad. De Veiligheidsraad wordt bijgestaan door het Militaire Staf Comité (artikel 45 VN Handvest). De plannen voor een operatie worden door de Veiligheidsraad en het Militaire Staf Comité gemaakt (artikel 46 VN Handvest). Artikel 47 omschrijft de taken van het Militaire Staf Comité. Artikel 48 bevestigt nog eens dat alle lidstaten, of een aantal staten, verantwoordelijk zijn voor het opvolgen van de taken, opgedragen door de Veiligheidsraad, en de staten zullen hierbij samenwerken (artikel 49 VN Handvest). Wanneer maatregelen tegen een staat genomen worden door de Veiligheidsraad en de staat in kwestie raakt hierdoor economisch of anderszins in de problemen, dan zal de staat dit probleem aan de Veiligheidsraad voorleggen en zal er naar een oplossing voor dit probleem gezocht worden.

Op grond van artikel 51 VN Handvest tenslotte heeft iedere staat het recht om wanneer de staat wordt aangevallen haar recht op individuele of collectieve zelfverdediging te gebruiken.

Het is overigens gewoonte dat wanneer de staat daar gebruik van maakt, de staat dit meldt aan de VN Veiligheidsraad en door kan gaan zichzelf te verdedigen totdat de Veiligheidsraad zodanige maatregelen heeft genomen dat deze de verdediging van de staat kan overnemen. Dit legitimeert dus de inzet van bijvoorbeeld de NAVO bij een aanval op een lidstaat, zonder dat het strijdig is met activiteiten die de VN Veiligheidsraad zal voorstellen. De zelfverdediging dient proportioneel te zijn, wat betekent dat bij het afslaan van een aanval niet het territorium van de aanvallende partij mag worden betreden, en dat de aard van de agressie in overeenstemming moet zijn met de aard van de agressie van de aanvaller (de eerder genoemde principes van proportionaliteit en noodzaak).

Als we kijken naar de maatregelen die de Veiligheidsraad op grond van hoofdstuk 7 VN Handvest mag nemen, dan moeten we onderscheid maken tussen retorsies en represailles. In het geval van retorsies gaat het om maatregelen die vervelend zijn maar niet onrechtmatig en een reactie zijn op een onrechtmatige daad. Je kunt dan denken aan het opschorten van handelsbetrekkingen, het terugroepen van diplomaten of het sluiten van een ambassade. Wanneer dit niet werkt, kan overgegaan worden tot het nemen van represailles. Het gaat hier om een onrechtmatige daad, die gepleegd wordt op grond van een eerdere onrechtmatige daad van de andere partij. Hierbij kun je denken aan het opschorten van verdragsverplichtingen omdat de andere partij zijn verdragsverplichtingen niet nakomt.

VREDESOPERATIES

Vredesoperaties zijn activiteiten die op grond van hoofdstuk 7 worden uitgevoerd. Zij zijn gebaseerd op een resolutie van de VN Veiligheidsraad. Het mandaat van de missie verwijst naar de juridische grondslag, het VN Handvest, en naar de aard van de missie. De reden tot interventie zal altijd een bedreiging of een schending van de vrede zijn. Vredesoperaties worden door verschillende inter-gouvernementele organisaties uitgevoerd, alleen of in samenwerking. De interventie kan worden uitgevoerd door de VN, de NAVO of de EU. Vroeger werden ze wel peacekeeping missies genoemd, maar inmiddels is er zo'n scala aan activiteiten, die niet allemaal onder de noemer peacekeeping vallen, dat de verzamelterm vredesoperatie duidelijker is. Er worden vijf verschillende missies onderscheiden:

1. Early warning;
2. Peace making;

3. Peace keeping;
4. Peace enforcing;
5. Peace building.

Early warning en conflict voorkoming, Macedonië

Bij early warning wordt hulp geboden aan een staat voordat een conflict slachtoffers heeft geëist. Op het moment dat duidelijk is dat er een conflict is tussen staten of binnen staten, bijvoorbeeld tussen de regering en een minderheid, kan via goede diensten of stille diplomatie getracht worden te voorkomen dat het conflict gewapend wordt. Ook kan preventief een vredesmacht worden gestationeerd. Een voorbeeld van een vroegtijdig gestationeerde vredesmacht die een gewapend conflict voorkwam is operatie Amber Fox in Macedonië eind jaren 90. NAVO troepen werden met VN mandaat gestationeerd in Macedonië om een conflict tussen de regering en de Albanese minderheid te voorkomen. De dreiging was reëel en de stationering van de VN macht was bedoeld om een spill over effect van Kosovo naar Macedonië te voorkomen. Na enkele jaren kon de vredesmacht, waaraan ook Nederland deelnam, zich terugtrekken. Macedonië was voldoende gestabiliseerd.

Peace making, Bosnië

Wanneer gebruik wordt gemaakt van peace making worden de vredesonderhandelingen begeleid door een land, een groep landen en/of een internationale inter-gouvernementele organisatie. Een voorbeeld van peace making zijn de onderhandelingen in het Franse Rambouillet waar Amerikanen, Fransen en Britten samen met de VN hulp boden bij het komen tot een vredesverdrag en een oplossing voor de politieke toekomst van Bosnië. Er is wel gesteld dat bepaalde partijen van buiten druk uitoefenden op de Serviërs om een bepaalde oplossing te accepteren. De Amerikanen zijn ook verschillende keren met een vredesvoorstel gekomen, zoals het plan Holbrooke en het plan Vance-Owen.

Peace enforcing, Kongo, Koeweit 1991

Wanneer de situatie al is geëscaleerd en het duidelijk is dat er pas effectieve vredesonderhandelingen kunnen plaatsvinden zodra er een staakt het vuren is, kan in bepaalde situaties gekozen worden voor peace enforcing. De vredestroepen mogen volgens hun mandaat geweld gebruiken, maar dienen daarbij wel neutraal te zijn. Deze vorm van interventie is nog betrekkelijk nieuw. Er is een risico dat bij dit soort interventies de scheidslijn tussen de vredesmacht en de vechtende partijen vervaagd en één of meer partijen kan menen dat de vredesmacht partij kiest. Daarom wordt van peace enforcing weinig gebruik gemaakt. Bovendien is het moeilijk te verkopen dat andere staten hun militairen risico's laten lopen voor de vrede van staten die soms aan de andere kant van de wereld liggen. Desalniettemin participeert ook Nederland in dit soort operaties, zoals in Kongo, waar de vredesmacht onder leiding stond van de Nederlandse generaal Cammaert, en in Afghanistan, waar Nederland tijdens haar stationering in Uruzgan heeft deel genomen aan een missie die elementen van peace building en peace enforcing draagt. Een reden om tot peace enforcing over te gaan kan zijn dat de humanitaire situatie in het land erg slecht is en externe interventie noodzakelijk maakt, of dat er een ernstig risico voor de regionale veiligheid is en risico voor *spill over* naar omliggende landen. Eén van de eerste keren dat er gebruik werd gemaakt van peace enforcement is in Koeweit geweest in 1991, toen dit land via een agressieoorlog werd aangevallen door Irak. Nadat andere maatregelen op grond van hoofdstuk 6 en 7 VN Handvest niet hadden gewerkt, werd besloten tot een multilaterale aanval op de Irakese troepen in Koeweit en werd het land bevrijd van de Irakese overheerser.

Peace keeping

De eerste vorm van vredesinterventie was het sturen van peace keeping troepen. Deze troepen gaan pas naar een gebied toe nadat er een staakt het vuren of vredesverdrag is getekend. De vredestroepen worden op de scheidslijn tussen de twee voormalige vechtende partijen gestationeerd. In het mandaat van de peace keeping missie staat dat zij geen geweld zullen gebruiken, tenzij als zelfverdediging. Ook hier geldt weer het proportionaliteitsvereiste. Er zijn ook regels voor het soort wapens dat mee gaat. Deze vorm van vredeshandhaving bestaat al sinds een jaar of 60 en is effectief. De missies duren echter vaak veel langer dan de bedenkers van het concept vredestroepen ooit hadden kunnen denken. Een voorbeeld van een bijzonder lange peace keeping force is UNIFIL in Libanon, die al sinds 1978 bestaat en de vredestroepen in Kashmir (UNMOGIP) zijn al actief sinds 1949.

Peace building

Wanneer de vrede getekend is, blijft de situatie in een land vaak gespannen. De ervaring leert dat in de eerste vijf jaar na een staakt het vuren er een grote kans is op het opleven van het conflict. Daarom is het vooral net na het conflict, wanneer de wederopbouw van start gaat, dat een land hulp kan gebruiken. Het mandaat van de interventiemacht kan dan in bepaalde gevallen activiteiten krijgen toebedeeld, die eerder bij peace building passen. Te denken valt aan het bouwen van scholen en waterputten en het herstellen van wegen. Bij dit soort werk, dat niet typisch militair is, komt ook de civiel-militaire samenwerking kijken. Vredestroepen werken samen en communiceren met locale en internationale non-gouvernementele organisaties (NGO's), en met de locale en nationale autoriteiten. Deze vorm van vredeshandhaving staat nog in haar kinderschoenen. Nederland heeft onder andere in Afghanistan peace building activiteiten verricht.

Missies met een gemengd mandaat

Een ontwikkeling binnen vredesmissies is het werken met een gemengd mandaat. Hierbij wordt gebruik gemaakt van een combinatie van vredesmissies, zoals in Afghanistan, waar Nederland zowel peace building elementen (onder andere *winning the hearts and minds*) als peace enforcing elementen (het bestrijden van de Taliban en Al Qaeda) toepaste in Uruzgan.

Het is ook steeds meer mogelijk om een missie gedurende haar uitzending zich te laten ontwikkelen, en indien nodig het mandaat aan te passen. Zo kan een peace enforcing missie overgaan in een peace keeping missie, en is het mogelijk om een peace keeping missie, wanneer het conflict weer oplaait, om te zetten in een peace enforcing missie. Hierbij werken de vredestroepen op een ander geweldsniveau en kunnen zij een ander soort wapens kunnen gebruiken. Dit vereist flexibiliteit en snelheid van de VN besluitvormingsmachinerie.

Besluitvorming VN

Binnen de VN besluit de VN Veiligheidsraad tot het instellen van een missie. Zij kan naar aanleiding van informatie die haar ter ore komt via lidstaten, of via de Secretaris-generaal, de situatie in een land op de agenda zetten en resoluties aannemen waarin wordt opgeroepen tot een staakt het vuren te komen. Het Department of Peace Keeping Operations (DPKO) zal een voorstudie doen om te bepalen wat voor soort missie nodig is, hoeveel geld hiermee gemoeid is, of de strijdende partijen instemmen met een missie en welke landen bereid zijn om geld en/of troepen te leveren voor de missie. Wanneer resoluties die oproepen tot een staakt het vuren niet tot resultaat leiden, of tot een noodzaak voor het sturen van peace keepers, dan zal de Veiligheidsraad een resolutie aannemen waarbij zij de reden voor de missie aangeeft, de duur van de missie, de activiteiten die de troepen zullen verrichten, de landen die deelnemen en het budget dat beschikbaar is. Er wordt bepaald wat voor wapens nodig zijn, en onder welke omstandigheden die gebruikt zullen worden (de geweldsinstructie, die overigens geheim blijft). Er dient een garantie te zijn dat troepen afgelost kunnen worden, en er is een begrenzing in de tijd waarbij wordt aangegeven hoe lang de missie zal duren. De missie kan overigens wel verlengd worden. De troepen worden uitgezonden, doen hun werk, en worden teruggetrokken wanneer het doel, vrede, bereikt is, wanneer het mandaat afloopt, of wanneer de missie anderszins wordt beëindigd wegens voldoende succes.

Besluitvorming NAVO

Omdat het voor de VN soms moeilijk is om een coalitie van troepen rond te krijgen komt het regelmatig voor dat de VN de NAVO verzoekt om voor de VN een missie uit te voeren. Dit kan omdat de NAVO niet langer louter een verdedigingsorganisatie is. Wanneer de NAVO een verzoek tot het opzetten van een vredesmacht krijgt, komt dit binnen bij de Noord Atlantische Raad, die besluit of zij gehoor wil geven aan het verzoek. Indien het antwoord bevestigend is, begint de Noord Atlantische Raad met de planning. Het Militair Comité wijst een Strategisch Commandant aan, die vervolgens een Operationeel Commandant aanwijst. Vervolgens worden meerdere opties uitgewerkt, waarna het Militair Comité advies uit brengt. De Noord Atlantische Raad besluit tot het uitvoeren van de vredesoperatie. Er wordt een activation order (ACTORD) gegeven en vervolgens vindt ontplooiing van de troepen plaats, wordt de operatie uitgevoerd en trekken de troepen zich als de missie voltooid is weer terug. De NAVO kan ook samenwerken met de EU en de OVSE in gezamenlijke vredesmissies.

Besluitvorming Nederland (art. 100 Grondwet)

Op grond van artikel 100 van de Grondwet kan Nederland deelnemen aan vredesoperaties met het oog op het bevorderen van de vrede en veiligheid in de wereld, en het beschermen van de rechten van de mens.

De Nederlandse regering kan een informeel verzoek van de VN of de NAVO ontvangen om deel te nemen aan een vredesoperatie. De Ministers van Buitenlandse Zaken en Defensie zullen niet alleen onderling overleggen, maar ook met de Commandant der Strijdkrachten overleggen over de mogelijkheden. Er is dus direct overleg tussen de politiek en het leger. Ook kan er informeel overleg zijn met bondgenoten, andere ministers en internationale organisaties. De Kamer wordt ingelicht dat er een verzoek tot deelname aan een missie onderzocht wordt. Het Ministerie van Defensie maakt een integraal voorstel. De Commandant der Strijdkrachten bekijkt of er voldoende troepen beschikbaar zijn, wat voor bewapening nodig is, met wie (welke landen) er wordt samengewerkt, of er voldoende mogelijkheid tot aflossing door andere landen is, en hoe duur de operatie zal zijn. Als dit rond is, gaat er een notitie naar de regering, die besluit tot deelname, of besluit om niet op het informele verzoek in te gaan. Aan de internationale organisatie wordt nu gemeld dat er een officieel verzoek kan worden gedaan aan Nederland. De regering wordt vervolgens formeel gepolst.

Zodra de regering besloten heeft tot deelname, wordt dit verzoek ook voorgelegd aan de Kamer. Deze kan vragen stellen aan ministers. De vaste Kamercommissies op het gebied van buitenlandse zaken en defensie kunnen experts raadplegen over de politieke en veiligheidssituatie. Tot nu toe heeft de Kamer steeds ingestemd met een missie. Hoewel de regering ook zonder toestemming van de Kamer een missie kan goedkeuren, zal afkeuring door de Kamer kunnen leiden tot een vertrouwensbreuk tussen Kamer en één of meer ministers, danwel een vertrouwensbreuk tussen Kamer en regering. Dit zal vervolgens weer leiden tot de val van één of meer ministers, danwel het vallen van de regering.

Na het debacle in Srebrenica heeft de Nederlandse regering een toetsingskader laten opstellen, waaraan getoetst moet worden voor besloten kan worden tot een uitzending. Het toetsingskader is in 1995 ingevoerd, en in 2001 aangepast. De aandachtspunten zien er als volgt uit:

1. Nationaal belang. Op grond van artikel 90 van de Grondwet (Gw) dienen interventies van Nederlandse militairen het nationaal belang te dienen. Artikel 97 Gw geeft aan dat de krijgsmacht is ingesteld "ten behoeve van de verdediging en ter bescherming van de belangen van het Koninkrijk, alsmede ten behoeve van de handhaving en de bevordering van de internationale rechtsorde." Dit is de grondslag waarop wij Nederlandse militairen uitzenden naar gebieden voor vredesoperaties. Artikel 96 Gw regelt de procedure die gevolgd wordt wanneer ons land betrokken raakt in een oorlog. De Staten-Generaal dient tevoren toestemming te geven voor een oorlogsverklaring. Hierover besluiten beide Kamers in verenigde vergadering. Uiteraard uitsluitend als dit nog mogelijk is. Tenslotte is ook artikel 100 Gw hier van belang. Dit artikel biedt garanties dat de Staten-Generaal vooraf geïnformeerd worden over "de inzet of het ter beschikking stellen van de krijgsmacht voor humanitaire hulpverlening in geval van gewapend conflict". Hier geldt een voorbehoud voor de situatie waarbij er dwingende redenen zijn om de Staten-Generaal niet vooraf in te lichten.
2. Adequate juridische basis. De juridische basis voor internationale humanitaire interventies is te vinden in resoluties van de VN Veiligheidsraad. Deze vinden hun rechtsbasis in artikel 39 juncto artikel 40 of 41VN Handvest (maatregelen waarbij geen gebruik wordt gemaakt van militaire middelen) of artikel 39 juncto 42 VN Handvest (maatregelen waarbij wel gebruik wordt gemaakt van strijdkrachten). Een dergelijke basis laat onverlet dat een staat die wordt aangevallen het recht heeft zichzelf te verdedigen, maar dit wel terstond aan de VN Veiligheidsraad dient te melden. Het recht op zelfverdediging, dat te vinden is in artikel 51 VN Handvest blijft bestaan totdat de VN

Veiligheidsraad maatregelen heeft genomen die tot hulp aan de getroffen staat dienen. Deze zelfverdediging geldt ook voor de NAVO, die in artikel 5 van het NAVO verdrag stelt dat een aanval op één een aanval op allen is. Dit betekent dat de NAVO in actie mag komen voordat er een resolutie van de VN Veiligheidsraad is, wanneer zij gebruik maakt van haar recht op zelfverdediging.

3. Duidelijk mandaat. Een mandaat geeft informatie over de activiteiten die een missie gaat uitvoeren, vermeldt de rechtsbasis van de missie, en geeft informatie over de duur en samenstelling van de missie. Dit mandaat is de basis van de missie, en moet daarom goed geformuleerd en volledig zijn. Het mandaat geeft aan wat de aard van de missie is die wordt uitgevoerd, zoals een preventieve, peacekeeping, peace enforcing of peace building missie. Deze keuze heeft ook consequenties voor het soort wapens en de hoeveelheid wapens die militairen meenemen. In het mandaat vind je informatie over de duur van de missie. Het mandaat dient gebaseerd te zijn op een beslissing van de VN Veiligheidsraad. Die beslissing is neergelegd in een (bindende) resolutie.
4. Heldere militaire taken. Om succesvol te kunnen opereren dient duidelijk te zijn welke militaire taken moeten worden uitgevoerd, en op welke wijze dit zal gebeuren.
5. Transparante bevelstructuur. Er dient een transparante bevelstructuur te zijn, en militairen uit verschillende landen dienen met elkaar te kunnen communiceren. Dit betekent ook dat duidelijk moet worden afgestemd welke aansturing vanuit Nederland mogelijk is, en welke aansturing vanuit de internationale vredesmacht plaatsvindt.
6. Eenduidige geweldsinstructie. De geweldsinstructie dient eenduidig te zijn, dat wil zeggen niet voor meerdere uitleg vatbaar. De geweldsinstructie zal per staat geformuleerd worden en geheim zijn. Dit is nodig omdat de partijen bij het conflict niet op grond van de geweldsinstructie in de gelegenheid mogen worden gesteld om de missie te manipuleren of te frustreren.
7. Solidariteit en te delen risico's. In missies van de VN, NAVO, EU of OVSE dient er solidariteit te zijn onder de deelnemende staten en lidstaten. Er dient regelmatig een wisseling van de wacht te zijn, omdat staten slechts voor een bepaalde periode deelnemen aan een missie, en dan afgewisseld moeten worden door een andere lidstaat.
8. Multinationale operatie. Een multinationale missie geeft een internationaal gedragen commitment af aan de partijen die met elkaar in conflict zijn, danwel waren, om te helpen bij conflictoplossing en vaak ook wederopbouw. Dit is daarmee een sterk politiek instrument.
9. Draagvlak in samenleving/parlement. Het is belangrijk dat het besluit

om deel te nemen aan een militaire interventie wordt gedragen door het parlement en de samenleving. Zou dit niet het geval zijn, dan bestaat er voor de regering een imagoprobleem rond de volgende verkiezingen. Als er serieuze indicaties vanuit het parlement komen dat er partijen zijn die negatief staan tegenover de missie, dan zal willen doorzetten kunnen leiden tot het vallen van de regering.
10. Voldoende eenheden. Wanneer Nederland aan een missie wil deelnemen, dient de beslissing hoe lang en met hoeveel eenheden men participeert mede te zijn ingegeven door de hoeveelheid militairen die uitgezonden kunnen worden. De militairen dienen te worden afgelost, en dat legt een begrenzing op het aantal en de soort in te zetten militairen.
11. Risico's voor personeel. Voordat positief besloten wordt over een missie dient een risicoanalyse te worden uitgevoerd. Wat is de achtergrond van het conflict, wordt er nog gevochten, wat voor wapens zijn er in het gebied aanwezig bij de partijen en de bevolking? Hoe groot is het risico dat Nederlandse militairen in gevechtshandelingen terecht komen en welke andere risico's zijn er (denk aan bermbommen in Afghanistan).
12. Financiële lastenverdeling. De lasten van de missie moeten naar draagkracht verdeeld worden over de verschillende partijen die deelnemen aan de militaire interventie. Zo wordt ook de continuïteit van de missie gewaarborgd.
13. Aansturing vanuit Nederland mogelijk. We zagen eerder dat het mandaat van een missie doorgaans is gebaseerd op een resolutie van de VN Veiligheidsraad. Er is echter ook aansturing vanuit Nederland mogelijk. De Nederlandse regering, in samenspraak met het Ministerie van Defensie en de Commandant der Strijdkrachten, bepalen in welk geweldsspectrum de Nederlandse missie actief zal zijn. Dit punt hangt dan ook nauw samen met nr. 11. Er kan een geweldsinstructie worden afgegeven vanuit Nederland. Dit laat onverlet dat er ook aansturing vanuit de missie op centraal internationaal niveau plaats zal vinden. Dit hangt af van de afspraken die gemaakt worden tussen de regering en de internationale organisatie.
14. Duur van de operatie. Hoewel het de bedoeling is dat een missie kort en efficiënt is, om de partijen bij een conflict te ondersteunen in hun vredesproces, heeft de ervaring geleerd dat sommige missies tientallen jaren duren. Dan is het belangrijk dat er voldoende staten participeren, en daarmee militairen kunnen worden afgelost. In de Nederlandse situatie moet dus tevoren een inschatting worden gemaakt hoe lang de Nederlandse regering een missie wil ondersteunen door het leveren van Nederlandse vredestroepen. Ook hier geldt weer dat de Nederlandse

regering, en zij die betrokken zijn bij de besluitvorming, bij de duur van een missie ook rekening moet houden met de grootte van het Nederlandse leger, en daarmee het aantal keren dat militairen kunnen worden uitgezonden.
15. Aflossing gegarandeerd. Een militaire interventie onder de vlag van een internationale intergouvernementele organisatie dient door meerdere landen ondersteund te worden. Het is belangrijk om zeker te weten dat Nederlandse militairen afgelost zullen worden door militairen van een andere staat. Zou dit niet het geval zijn, dan ontstaat er een probleem met het aflossen van de Nederlandse troepen. Ze moeten dan te vaak weer op missie, terwijl dit slechts een van de taken is die militairen uitvoeren. Daarnaast moet tevoren altijd bedacht worden hoe de militairen, mocht een situatie escaleren en het nodig blijken om militairen terug te halen, terug gehaald kunnen worden zonder gezichtsverlies. Tenslotte wil je dat een militaire interventie altijd slaagt. Daarvoor is het nodig dat aflossing door een andere staat gegarandeerd is.

In 2009 is het Toetsingskader aangepast. Aandachtspunten vormen zoals altijd de gronden voor deelneming en de politieke aspecten, inclusief een politieke analyse van de situatie. Indien het om een peacebuilding missie gaat zijn ook aspecten van ontwikkelingssamenwerking van belang, zoals hervorming van de veiligheidssector en ontwapeningsgerelateerde programma's, de positie van vluchtelingen en vrouwen, ondersteuning van het locaal, regionaal en nationaal openbaar bestuur, toegang van de bevolking tot natuurlijke hulpbronnen zoals land en water, ondersteuning van onderwijs en gezondheidszorg, ondersteuning van zowel de overheid als het bedrijfsleven en ondersteuning van andere vormen van human security. Bij alle aandachtspunten is speciale aandacht voor de participatie van vrouwen en de impact op vrouwen.

Internationaal Recht en Human Security

Bij human security staat de veiligheid van de burger voorop. De onderdelen van het internationaal publiekrecht die het dichtst staan bij human security zijn vreemdelingenrecht, mensenrechten en humanitair recht. Internationaal recht kan staten ondersteunen bij de wederopbouw, die vaak nog gepaard gaat met schendingen van het recht. De staat kan in het kader van internationale overeenkomsten op het gebied van wapenhandel, transnationale georganiseerde misdaad, illegale drugshandel en terrorisme ondersteuning krijgen. Daarnaast dient er speciale aandacht te zijn voor bepaalde groepen in de samenleving zoals voor vrouwen, kinderen en ontheemden.

Er is een politieke, maar ook internationaalrechtelijke en wetenschappelijke discussie gaande over de verantwoordelijkheden van de internationale gemeenschap voor ernstige schendingen van de mensenrechten in een staat, die daar niets of niet voldoende aan doet. Het oprekken van de mogelijkheden om militair te interveniëren op grond van hoofdstuk 7 van het VN Handvest leidt zo tot meer aandacht voor human security. Dit wordt ook ingegeven door de zorg dat ernstige mensenrechtendschendingen gepaard kunnen gaan met regionale destabilisatie en transnationale effecten heeft, zoals transnationale stromen vluchtelingen. Deze ontwikkeling naar een bredere verantwoordelijkheid van de internationale gemeenschap is uitgewerkt in het rapport *Responsibility to Protect*, en kan leiden tot interventie in staten zonder voorafgaande toestemming van de regering van die staat. Dit staat haaks op eerdere documenten die de territoriale integriteit van een staat garandeerden en inmenging in interne aangelegenheden verbieden, zoals artikel 2 (7) VN Handvest en de Declaration on Friendly Relations (1970). Nieuw is dat staten volgens dit rapport verantwoordelijkheid dragen voor de bescherming van zeer basale rechten van burgers van andere staten, die zich in die andere staat bevinden.

Human security houdt ook in dat na een conflict transitional justice plaatsvindt. Dit betekent onder andere dat personen die verantwoordelijk zijn voor oorlogsmisdaden en misdrijven tegen de menselijkheid ter verantwoording worden geroepen. Dit kan door hen te vervolgen voor een nationale rechtbank, of de kopstukken voor een ad hoc tribunaal danwel het Internationaal Strafhof te brengen. Een andere mogelijkheid is om een Waarheidscommissie in te stellen, of via traditionele methoden tot verzoening te komen, zoals in Rwanda is gedaan met de instelling van gacaca's.

Tenslotte is er ook een relatie tussen bepaalde wapens en human security. Met name in interne conflicten wordt veel gebruik gemaakt van kleine en lichte wapens, zoals pistolen, revolvers, handmitrailleurs, van de schouder afgevuurde raketten en handgranaten. Deze zijn makkelijker te vervoeren en makkelijker aan te schaffen dan zwaardere wapens. Doordat er zo'n overdaad aan wapens aanwezig kan zijn of aan te schaffen is in een staat, wordt de onveiligheid voor de burger vergroot, zowel tijdens als net na een conflict. Ontwapening, demobilisatie en reïntegratie zijn heel belangrijk om een bestand te versterken. Wanneer er minder wapens voorradig zijn, kan de staat het monopolie op geweld makkelijker naar zich toe trekken. Minder wapens bij de burgers thuis kan alleen als ze zich voldoende beschermd weten door de staat. Wanneer de burgers thuis geen wapens (meer) hebben verkleint dit ook de kans op 'ongelukken' waardoor een conflict weer kan ontbranden.

Binnen de VN is in 2001 een Actiepogramma tot stand gekomen getiteld *Conference on the Illicit Trade in Small Arms and Light Weapons in All Its Aspects*. Het gaat om een niet-bindend programma dat op nationaal, regionaal niveau maar ook wereldwijd maatregelen voorstelt. Deze maatregelen omvatten: vervolging van personen die de relevante wetten overtreden, het merken van wapens, het bijhouden en traceren van wapens, effectieve regulering van de export, het vervoer en tussenhandel, beveiliging van de opslagplaatsen van wapens, vernietiging van in beslag genomen wapens of wapens die over zijn, programma's gericht op ontwapening, demobilisatie en reïntegratie na een staakt-het-vuren, en samenwerking en coördinatie tussen staten. Ook de OVSE houdt zich bezig met de strijd tegen kleine en lichte wapens in het *Document on Small Arms and Light Weapons*. De OVSE heeft voorts een plan van aanpak geformuleerd. De EU heeft een *Code of Conduct on Arms Exports* geformuleerd om de handel in kleine en lichte wapens te bestrijden. Belangrijk is dat staten proberen de handel in kleine en lichte wapens te beperken tot andere staten, zodat ze niet in handen komen van niet-statelijke actoren. Een ander voorbeeld waar human security en humanitair recht samen komen is het beleid dat ontwikkeld kan worden op grond van de Ottawa *Conventie on the Ban of the Use, Stockpiling, Production and Transfer of Anti-personnel Mines*. In de eerste plaats hebben mijnen een grote impact op de levens van mensen die in gebieden wonen waar mijnen liggen. De campagne om mijnen te ruimen is een voorbeeld van human security politiek in praktijk, gebaseerd op het internationaal publiekrecht. De actieprogramma's zijn een vertaling van bestaande internationale wetgeving, maar kunnen ook een tussenstap vormen naar codificatie van normen. Hier versterken internationaal recht en politiek elkaar en zie je een combinatie van soft law en gepositiveerd recht.

Responsibility to Protect

In 2001 heeft een Internationale *Commission on Intervention and State Sovereignty* in opdracht van de Canadese regering een rapport opgesteld, de *Responsibility to Protect*, die stelde dat de nationale regeringen een verantwoordelijkheid hebben om de bevolking te beschermen, ook in tijden van conflict. Wanneer zij dit niet of onvoldoende doen, kunnen zij hiervoor worden aangesproken door de internationale gemeenschap. Ook de internationale gemeenschap heeft in deze een verantwoordelijkheid. Wanneer er sprake is van ernstige schendingen van mensenrechten en deze op grote schaal voorkomen, wanneer er vermoedens of bewijzen van genocide zijn, mag de internationale gemeenschap niet toekijken, doch heeft de verplichting om in te grijpen, ook al gaat dit in tegen het soevereiniteitsbeginsel uit artikel 2(4) en 2 (7) van het VN Handvest. In feite kan de internationale gemeenschap nu interveniëren bij internationale en interne conflicten.

De *Responsibility to Protect* bestaat uit verschillende momenten van actie: de responsibility to prevent, dus conflictpreventie, de responsibility to react, en de responsibility to rebuild, wederopbouw na een conflict. Het rapport *Responsibility to Protect* kreeg binnen korte tijd zoveel aanzien, dat de inhoud ook is verwerkt in voorstellen voor het hervormen van de VN. Je vindt het bijvoorbeeld terug in de Peace Building Commissie, het nieuwe orgaan dat zich met conflictbeheersing bezighoudt en in de plannen die uitleggen wanneer de soevereiniteit van een land opzij gezet mag worden ten behoeve van bescherming van de bevolking. Dit geeft ook aan dat de positie van het individu in het internationaal publiekrecht aanzienlijk is toegenomen.

Pre-emptive strikes en preventive strikes

Toen de VS in maart 2003 Irak binnen vielen maakten zij gebruik van een pre-emptive strike. We weten dat een agressie oorlog in strijd is met het internationaal recht. Er is echter een uitzondering op het aanvallen van staten. Dat is het geval wanneer het volkomen duidelijk is dat er een aanval van dat andere land aankomt, en je als eerste de aanval opent om onherstelbare schade aan je land te voorkomen. Je hoeft dus, als zeker is dat je aangevallen gaat worden, niet als een *lame duck* te gaan zitten wachten tot de aanval wordt ingezet. De pre-emptive strike is echter een moeilijk concept. De staat die aanvalt moet namelijk wel aantonen dat de aanval aanstaande was, en er geen andere manier meer was om een aanval op het eigen territorium af te wenden anders dan met het gebruik van geweld. Is de staat daar niet afdoende toe in staat, dan is sprake van een agressie oorlog en schendt de betreffende staat het internationaal publiekrecht. De VS moesten in 2003 dus aantonen dat er in Irak massavernietigingswapens lagen, gereed voor een aanval op de VS. Toen deze wapens niet gevonden werden, kwam de regering Bush internationaalrechtelijk in de problemen. Zij heeft toen getracht de aanval te legitimeren door te wijzen op de ernstige mensenrechtenschendingen die werden gepleegd onder het bewind van Saddam Hoessein. Er is namelijk bij de theorie rond pre-emptive strikes een opmerkelijke regeling: als naderhand informatie bekend wordt die de aanval rechtvaardigt, en de publieke opinie is van mening dat de aanval inderdaad gerechtvaardigd was, dan is een eerder probleem rond rechtmatigheid opgelost. Dit is dus een constructie die heel dicht tegen de politiek aanligt. De theorie is echter vaag, en zal meer uitkristalliseren door ervaringen met dit concept. Want hoe meet je de publieke opinie, en wie is de publieke opinie? Wat voor informatie zal naderhand de aanval rechtvaardigen, dat wil zeggen, hoe zwaar moet die informatie zijn? Het grote risico bij het gebruik van een pre-emptive strike is dat er later door een andere staat die wellicht minder nobele doelstellingen heeft naar verwezen kan worden bij een aanval op een ander land. Er heerst tenslotte reciprociteit in het internationaal recht.

De term pre-emptive strike en preventive strike worden door veel internationale juristen door elkaar gebruikt. Toch kun je er een nuance verschil in vinden. Bij een pre-emptive strike gaat het om een aanval die aanstaande is, bij een preventive strike grijp je preventief in, om ernstige schade te voorkomen. De aanval in de jaren 80 door Israel op de in aanbouw zijnde kerncentrale Osiraq in Irak, waar de wereld vreesde dat nucleaire wapens zouden worden vervaardigd, kan gezien worden als een preventive strike. Door de centrale te bombarderen vlak voor hij in werking trad is voorkomen dat Irak op termijn kernwapens zou kunnen fabriceren. De aanval was onrechtmatig, want op ander territoir, maar werd nadat Israel formeel in de Veiligheidsraad was berispt om haar daad door de publieke opinie (inclusief vele lidstaten die blij waren dat de centrale er niet meer was, maar zelf niets hadden gedaan/durven doen) achteraf geaccepteerd. Hiermee werd in ieder geval een deel van de onrechtmatigheid opgeheven.

CONCLUSIE

Relatie tussen internationaal recht en politiek binnen internationale conflictbeheersing

Bij conflictbeheersing zien we dat het recht en de politiek beide een belangrijke rol spelen en elkaar eerder aanvullen dan dat ze strijdig zijn. Wanneer een conflict niet langer via politieke middelen kan worden opgelost, kan het recht uitkomst bieden. Tegelijk zien we dat de politiek houvast heeft aan het recht voor wat betreft het organiseren van vredesoperaties. Deze zijn sinds het begin van de jaren 90 steeds talrijker geworden. De aandacht van de internationale politiek en het internationaal recht voor de burger in conflicten betekent dat human security een toenemende rol speelt, en daarmee zowel het internationale recht als de internationale betrekkingen verandert. Een ondersteuning van die aandacht voor human security is het rapport *Responsibility to Protect*, en de invloed die dit rapport op de politiek ten aanzien van interventie en soevereiniteit heeft, alsmede op de verdere ontwikkeling van het internationaal recht richting een grotere bescherming voor de burger, waar ook ter wereld.

VERDER LEZEN?

Chr. Bell, *On the Law of Peace: Peace Agreements and the Lex Pacificatoria,* Oxford University Press, Oxford, 2008.

S. Chesterman, *Just War or Just Peace? Humanitarian Intervention and International Law*, Oxford University Press, Oxford, 2001.

C. Crocker, P. Aall, F.O. Hampson, *Taming Intractable Conflicts: Mediation in the Hardest Cases*, US Institute of Peace Press, Washington DC, 2004.

S. Hoffman, *The Ethics and Politics of Humanitarian Intervention*, University of Notre Dame Press, Notre Dame, 1996.

J.L. Holzgrefe, R.O. Keohane, *Humanitarian Intervention: Ethical, Legal and Political Dilemmas*, Cambridge University Press, Cambridge, 2003.

M. Ignatieff, *Human Rights as Politics and Idolatry,* Princeton University Press, Princeton, 2001.

Koninklijke Landmacht, *Militaire Doctrine*, SDU Uitgevers, Den Haag, 1995.

H. Miall, O. Ramsbotham and T. Woodhouse, *Contemporary Conflict Resolution: the Prevention, management and Transformation of Deadly Conflicts,* Polity Press, Cambridge, 1999.

B. von Tigerstrom, *Human Security and International Law*, Hart Publishing, Oxford and Portland, Oregon, 2007.

Toetsingskader-2009.pdf.

UN Peacemaker website, peacemaker.unlb.org/

M. Walzer, *Just and Unjust Wars: A Moral Argument with Historical Illustrations*, Basic Books, New York, 2006.

HOOFDSTUK 7

TERRORISME VANUIT JURIDISCH EN POLITICOLOGISCH PERSPECTIEF

GESCHIEDENIS VAN DE TERM TERRORISME

De term terrorisme is veel ouder dan de jaren die sinds 11 september 2001 verstreken zijn. Denk bijvoorbeeld aan de Franse Revolutie en de staatsterreur die volgde na 1789. In de 19^e eeuw ging het bij terroristische aanslagen vooral om religieus en ideologisch getinte daden die als doel hadden te provoceren en informatie over de groep die de aanslag pleegde te verspreiden. In Rusland pleegden populisten en anarchisten aanslagen, geïnspireerd door de werken van onder andere Bakoenin en Proudhon, en vonden opstanden plaats tegen de Tsaar in een roep naar afschaffing van de lijfeigenschap en een wens tot democratisering van het Rijk. De aanslag in Sarajevo op de Habsburgse kroonprins Frans Ferdinand in 1914 leidde tot het begin van de Eerste Wereldoorlog. De periode in de Sovjet Unie onder Lenin en Stalin wordt ook wel onder staatsterreur geplaatst, met de miljoenen Russen die onder dit regime de dood vonden.

In de jaren 70 van de 20e eeuw waren terroristische groepen vooral politiek extreem links georiënteerd, zoals de Rote Armee Fraktion in Duitsland en de Rode Brigade in Italië. Maar ook de PLO en de Baskische afscheidingsbeweging ETA zijn bekende voorbeelden van organisaties die als terroristisch werden bestempeld. Door het kapen van vliegtuigen, het plaatsen van bommen op locaties waar veel burgerslachtoffers zouden vallen, het ontvoeren van grootindustriëlen en bankiers of hun familieleden creëerden zij een sfeer van angst.

Er kan, zoals we hierboven zien, onderscheid gemaakt worden tussen verschillende soorten terrorisme. Bij extreem links geïnspireerd terrorisme was ondermijning van het kapitalisme belangrijk, zoals de acties van de anarchistisch terroristen in de periode 1870-1920, de Rode Brigade in Italië, de Rote Armee Fraktion in West Duitsland en het Lichtend Pad in Peru. Er is extreem rechts geïnspireerd terrorisme, waarbij werd geijverd voor afschaffing van de liberale democratische staat ten faveure van een autoritair regime, en individueel terrorisme, waarvan de aanslag op een gebouw in Oklahoma City door Timothy Mc Veigh een voorbeeld is. Hij streed voor vermindering van de invloed van de overheid op de burger. Er is nationalistisch terrorisme, zoals van de ETA, FLN, PLO, PKK, die streven naar verschillende vormen van zelfbeschikking voor hun bevolkingsgroep We onderscheiden religieus terrorisme, zoals van Al Qaeda, GIA, Aum Shinrikyo en staatsterreur, zoals de Libische regering die medeplichtig is geweest aan de aanslag op een vliegtuig boven het Schotse plaatsje Lockerbie in 1988.

Met de aanslag op de Twin Towers op 11 september 2001 door Al Qaeda is terrorisme opnieuw hoog op de politieke agenda gekomen. De Amerikaanse President Bush verklaarde de *War on Terror*, de oorlog tegen het terrorisme. Naar aanleiding van de aanslagen heeft president George W. Bush een nieuwe veiligheidsdoctrine laten opstellen, de Bush doctrine. Opvallend hierin is de aandacht voor economische en humanitaire steun aan andere landen, met speciale aandacht voor ontwikkelingslanden. De aandacht richt zich op hulp op het gebied van de bestrijding en voorkoming van HIV/Aids en ontwikkelingshulp om mensen een menswaardig bestaan te geven, staten niet te laten imploderen en zo gevoelens van frustratie niet naar terrorisme te laten kanaliseren. Hiermee heeft in de veiligheidsstrategie de aandacht voor ontwikkelingssamenwerking een prominente plaats gekregen. Ook werd de Patriot Act aangenomen, die beperkingen op het vergaren van informatie via email, telefoonverkeer en internet in de VS gedeeltelijk ophief om terroristische aanslagen te voorkomen. Tenslotte leidde de aanslag van 11 september 2001 tot een multinationale inval in Afghanistan, het verdrijven van het Talibanregime en de militaire strijd tegen Al Qaeda.

In de afgelopen jaren zijn nieuwe groepen op lijsten van terroristische organisaties gekomen en worden nieuwe terroristische netwerken ontdekt en soms ontmanteld. Hierbij moeten we ons realiseren dat de term 'terrorisme' zowel gebruikt als misbruikt kan worden. Op dit moment is men binnen de VN nog steeds bezig een definitie te ontwerpen die wereldwijd geaccepteerd kan worden. Vanuit politicologisch oogpunt is ook een tendens zichtbaar om soms groepen die een regering onwelgevallig zijn te bestempelen als 'terroristisch', teneinde hen te kunnen demoniseren en harder aan te pakken dan onder het gewone recht zou zijn toegestaan. De term wordt dus ook wel eens misbruikt.

Om een goed beeld te krijgen van wat terecht als 'terrorisme' kan worden benoemd gaan we nu kijken naar de bestaande juridische definities van de term 'terrorisme' en de door de politiek geformuleerde plannen van aanpak om het terrorisme te bestrijden.

TERRORISME VANUIT JURIDISCH EN POLITICOLOGISCH PERSPECTIEF

DEFINITIE VAN TERRORISME

Er zijn in de loop der jaren verschillende definities van de term 'terrorisme' geformuleerd. De Nationaal Coördinator Terrorisme Bestrijding (NCTb) heeft voor de volgende definitie gekozen:

> Terrorisme is het uit ideologische motieven dreigen met, voorbereiden of plegen van op mensen gericht ernstig geweld, danwel daden, gericht op het aanrichten van maatschappij ontwrichtende zaakschade, met als doel maatschappelijke veranderingen te beïnvloeden. Nederland hanteert bij de bestrijding van terrorisme een zogenoemde brede benadering. Niet alleen de geweldsdaden zelf aanpakken, maar ook het traject dat voorafgaat aan deze daden. (http://www.nctb.nl/onderwerpen/wat_is_terrorisme/)

Andere definities vinden we in Artikel 1 (2) van de Arabische Conventie voor de Bestrijding van Terrorisme die de term aldus definieert:

> Any act or threat of violence, whatever its motives or purposes, that occurs in the advancement of an individual or collective criminal agenda and seeking to sow panic among people, causing fear by harming them, or placing their lives, liberty and security in danger, or seeking to cause damage to the environment or to public or private installations or property or occupying or seizing them, or seeking to jeopardize a national resource.

Het niet-geratificeerde verdrag uit 1937 van de Volkenbond hanteerde de volgende definitie van terrorisme:

> Criminal acts directed against a State and intended or calculated to create a state of terror in the minds of particular persons, or a group of persons or the general public.

De Algemene Vergadering van de VN heeft in 1994 (Res. 49/60 van 9 december 1994) de volgende definitie van terrorisme aangenomen, die in belangrijke mate overeenkomt met de definitie uit 1937:

> Criminal acts intended or calculated to provoke a state of terror in the general public, a group of persons or particular persons for political purposes are in any circumstances unjustifiable, whatever the considerations of a political, philosophical, ideological, racial, ethnic, religious or any other nature that may be invoked to justify them.

De Raad van Europa verwijst in haar *Convention on the Prevention of Terrorism* voor haar definitie naar de annex waarin verdragen staan opgesomd die betrekking hebben op terrorisme. Opmerkelijk in dit verdrag is de aandacht voor public provocation to commit a terrorist offence (artikel 5), recruitment for terrorism (artikel 6), training for terrorism (artikel 7).

De EU definieert terrorisme in het *Kaderbesluit inzake Terrorismebestrijding (Proposal for a Council Framework Decision on Combating*

Terrorism) (COM 2001) 521 langs de lijnen van eerder aangenomen verdragen van de VN, met name de verdragen uit 1997 en 1999. Het EU Kaderbesluit legt in artikel 2 (1) uit wat de EU als terrorisme aanmerkt.

> For the purposes of this Framework Decision, "terrorist group" shall mean a structured group of more than two persons, established over a period of time and acting in concert to commit terrorist offences. "Structured group" shall mean a group that is not randomly formed for the immediate commission of an offence and that does not need to have formally defined roles for its members, continuity of its membership or a developed structure.

Alex Schmid, voormalig senior officer van de Terrorism Prevention Branch van de VN, onderscheid de volgende aspecten die van belang zijn als we een definitie willen opstellen van terrorisme:

> Terrorism is an anxiety-inspiring method of repeated violent action, employed by (semi) clandestine individual, group or state actors, for idiosyncratic, criminal or political reasons, whereby – in contrast to assassination – the direct targets of violence are not the main targets. The immediate human victims of violence are generally chosen randomly (targets of opportunity) or selectively (representative or symbolic targets) from a target population, and serve as message generators. Threat- and violencebased communication processes between terrorist (organization), (imperiled) victims, and main targets are used to manipulate the main target (audience(s)), turning it into a target of terror, a target of demands, or a target of attention, depending on whether intimidation, coercion, or propaganda is primarily sought.
>
> (http://web.archive.org/web/20070129121539/http://www.unodc.org/unodc/terrorism_definitions.html)

Zijn definitie heeft veel waardering gekregen en wordt veel gebruikt.

In het Nederlands Wetboek van Strafrecht is in artikel 83 (a) omschreven wat onder terroristisch oogmerk wordt verstaan:

> Onder terroristisch oogmerk wordt verstaan het oogmerk om de bevolking of een deel van de bevolking van een land ernstige vrees aan te jagen, dan wel een overheid of internationale organisatie wederrechtelijk te dwingen iets te doen, niet te doen of te dulden, danwel de fundamentele politieke, constitutionele, economische of sociale structuren van een land of een internationale organisatie ernstig te ontwrichten of te vernietigen.

In dit hoofdstuk is er voor één specifieke definitie gekozen, omdat die het best lijkt aan te sluiten bij de praktijk na 11 september 2001. Artikel 2 (a) en 2 (1) (b) van de *International Convention on the Suppression of the Financing of Terrorism* formuleert terrorisme als:

> any ... act intended to cause death or serious bodily injury to a civilian, or to

any other person not taking an active part in the hostilities in a situation of armed conflict, when the purpose of such act, by its nature or context is to intimidate a population, or to compel a government or an international organization to do or to abstain from doing an act.

Als we de verschillende definities vergelijken blijkt dat in alle gevallen opzettelijk schade wordt toegebracht aan willekeurige of specifieke personen en objecten. Het doel is beïnvloeding van de politiek (nationaal dan wel internationaal) en de publieke opinie door te provoceren en de bevolking te schokken. De acties worden niet ondernomen in een situatie die als oorlog gekenmerkt wordt, en het humanitair recht geldt dan ook niet in dergelijke situaties.

TERRORISME BEKEKEN VANUIT JURIDISCH PERSPECTIEF

Er wordt sinds 11 september 2001 veel geschreven over terrorisme. Omdat de VS de strijd tegen het terrorisme een oorlog noemen, is mogelijk artikel 5 van het NAVO Handvest in werking getreden: een aanval op één is een aanval op allen. Hiervoor is nodig dat vast komt te staan dat de VS vanuit het buitenland is aangevallen. Alle NAVO lidstaten participeren in de strijd tegen het terrorisme. Op nationaal niveau zien we dat de VS en inmiddels ook Europa indien nodig bepaalde burgerrechten kunnen inperken, teneinde beter controle te houden op personen en groepen die verdacht worden. Ook is gebleken dat mensen die verdacht worden van terroristische daden, het behoren tot een terroristische groep, of het voorbereiden van terroristische daden, niet onder alle omstandigheden op dezelfde rechten kunnen rekenen als een normale verdachte van een vergrijp of misdrijf. We hebben ook gezien dat direct na de aanslag op de Twin Towers Amerika Afghanistan is binnengevallen, omdat het land de terroristische organisatie Al Qaeda herbergde.

Dit precedent leidt tot het risico dat het internationale verbod op een agressieaanval ontlopen kan worden door te verwijzen naar de noodzaak om terrorisme aan te pakken. Het is eenvoudiger om vermeende kopstukken van terroristische organisaties lang in voorarrest te houden voordat een tenlastelegging wordt uitgebracht. Op die manier kunnen ook politieke opponenten (tijdelijk) tot zwijgen worden gebracht. Dit kan natuurlijk niet de bedoeling zijn. Daarom kijken we in het navolgende naar de juridische inbedding van het begrip terrorisme, om daarna te kunnen begrijpen wanneer een regime de term terrorisme in meer juridische zin gebruikt, en wanneer de term misbruikt/gebruikt wordt voor politieke doeleinden.

Al in 1937 nam de Volkenbond een verdrag aan dat terrorisme moest bestrijden. Het verdrag trad echter nooit in werking. Sinds 1963 zijn er 13 internationale verdragen met universele kracht aangenomen. Een 14de verdrag wordt binnen de VN voorbereid. Dit verdrag zal internationaal terrorisme behandelen. Het verdrag moet complementair worden aan het bestaande raamwerk van antiterrorisme verdragen, en zal de volgende componenten bevatten: het criminaliseren van terroristische daden, eenvoudiger uitleveringsregels in het geval van (vermeend) terrorisme, internationale actie om terroristische aanslagen te voorkomen en verdergaande internationale samenwerking door middel van het uitwisselen van informatie en het verlenen van hulp aan die landen die dit nodig hebben.

Bij het aanvaarden van de *Global counter terrorism strategy* van de VN hebben landen aanvaard dat zij zo snel mogelijk partij zullen worden bij verdragen die gericht zijn op de voorkoming en bestraffing van terrorisme. Dit natuurlijk alleen als landen bij enige van deze verdragen nog *geen* partij zijn. Bij de 13 verdragen gaat het om: De Aircraft Convention (1963), Unlawful Seizure Convention (1970), Civil Aviation Convention (1971), Diplomatic Agents Convention (1973), Hostages Convention (1979), Nuclear Materials Convention (1980) Airport Protocol (1988), Maritime Convention (1988), Fixed Platform Protocol (1988), Plastic Explosives Convention (1991), Terrorist Bombing Convention (1997), Terrorist Financing Convention (1997), Nuclear Terrorism Convention (2005).

Op juridisch vlak zie je dat er met name in de jaren 70 veel aandacht is voor de bestrijding van terrorisme in de luchtvaart. Sinds 2001 ligt, mede door de ideologieën van Al Qaeda, de aandacht meer bij religieus terrorisme, met name van de kant van extremistische Moslims. We moeten ons echter realiseren dat er ook andere belangrijke en gevaarlijke vormen van terrorisme mogelijk zijn zoals terrorisme via internet, het gebruik van nucleaire, bacteriologische, radiologische en chemische wapens en het onklaar maken van infrastructuur, naast ideologische aanslagen zoals van de ETA.

Omdat criminaliteit en terrorisme voor wat betreft de strafbaarstelling van de delicten dicht bij elkaar kunnen liggen en het in beide gevallen gaat om misdrijven, waarbij in het geval van een terroristisch oogmerk dit een verzwarende omstandigheid oplevert, dient altijd per geval bekeken te worden of er sprake is van een misdrijf of van terrorisme.

Wanneer we spreken over de strijd tegen het terrorisme moeten we ons realiseren dat het hier altijd om asymmetrische oorlogvoering (of strijd, indien je de Amerikaanse retoriek van oorlog tegen het terrorisme niet volgt) gaat. Door de onzichtbaarheid en de onvoorspelbaarheid van de terrorist is het moeilijk om als staat te anticiperen op bepaald gedrag. Toch is het succes – of gebrek aan succes – van een terroristische aanslag afhankelijk van de reactie van de staat. In de bestrijding van terrorisme is er de mogelijkheid om leger en politie in te zetten en worden juridische middelen gebruikt. Hierbij kunnen staat en terroristische organisatie in een actie-reactie cyclus terechtkomen.

Ook de rol van de media is van belang voor de terrorist èn de staat om de publieke opinie te beïnvloeden. De aanslag zal er toe leiden dat de vijand (volgens de terrorist) haar ware gezicht laat zien wanneer zij reageert op de terroristische aanslag. De bedoeling van de terrorist is dat de staat hard terugslaat.

Terrorisme kan ook als een strategie worden gezien. De relatie tussen middel en doel vertoont bij terrorisme een duidelijk tactisch-strategische logica. Tactische confrontaties (wat voor wapens gebruik je, en waartegen) zijn verbonden met strategische plannen en politieke agenda's. Terrorisme als strategie heeft als doel om een reactie op te wekken, door middel van de inzet door de staat van het politieapparaat, de inzet van het leger en het vervolgen van de daders. De VS hebben er in 2001 voor gekozen de aanslag op de Twin Towers als oorlog te bestempelen. Terrorisme bestaat dan uit provocatie, actie en reactie. Daarnaast is het belangrijk om via het verspreiden van propaganda directe of indirecte steun te verwerven. Omdat de kosten hoog zijn, zijn de doelen van de terroristen gericht op de lange termijn.

Wanneer je in kaart wilt brengen hoeveel steun er is voor een terrorist kunnen er drie cirkels onderscheiden worden. De binnenste cirkel bestaat uit de harde kern, de cirkel daaromheen bestaat uit facilitators, mensen die steun bieden aan de harde kern, en de buitenste cirkel uit sympathisanten. Het is voor de staat vaak lastig om met name de derde groep te beïnvloeden. Staten trachten inzicht te krijgen in de financiële stromen en de communicatie tussen terrorist, facilitator en sympathisant.

Bij het zoeken naar een effectieve manier om de invloed van terroristen en hun aanslagen te minimaliseren, wordt een discussie over de mogelijkheden om burgerrechten in te perken gevoerd. Men kan bij deze inperking denken aan het aftappen van telefoons, en mogelijke terreurverdachten kunnen langer worden vastgehouden en harder worden ondervraagd. Met name de Amerikaanse Patriot Act heeft een aanzet naar beperking van grondrechten t.b.v. terrorismebestrijding gegeven. Ook het bestempelen van terreurverdachten op Guantanamo Bay als 'illegal combatants' is hier een uitvloeisel van.

HOOFDSTUK 7

MENSENRECHTEN, HET RECHT OP ZELFBESCHIKKING EN TERRORISME

Activiteiten van vrijheidsstrijders en bevrijdingsbewegingen vallen *niet* onder de term terrorisme. Dit onderscheid stamt nog uit de tijd van de dekolonisatie. Wanneer groepen streden voor het recht op zelfbeschikking, intern dan wel extern, kon de kolonisator niet claimen dat zij optrad tegen terroristen. Ook vandaag de dag is het belangrijk om onderscheid te maken tussen terroristen en vrijheidsstrijders. Of een groep internationaal erkend wordt als vrijheidsbeweging is na het einde van de dekolonisatie mede een politieke beslissing. De lijst met terroristische organisaties wordt door politici opgesteld. Er kan dus eenvoudig discussie ontstaan over de vraag of een groep terroristisch is of niet. In praktijk blijkt dat een groep die in eerste instantie tot een terroristische organisatie wordt bestempeld in de loop der jaren aan legitimiteit kan winnen en kan veranderen in een vrijheidsorganisatie. Uiteraard is ook het omgekeerde denkbaar.

De volgende artikelen uit niet Westerse verdragen, die deze materie behandelen, geven aan wanneer acties *geen* daden van terrorisme zijn:

Convention of the Organization of the Islamic Conference (OIC) on Combating International Terrorism of 1999:

> Article 2(a) Peoples' struggle including armed struggle against foreign occupation, aggression, colonialism, and hegemony, aimed at liberation and self-determination in accordance with the principles of international law shall not be considered a terrorist crime.

De 1999 OAU Convention on the Prevention and Combating of Terrorism 1999 stelt:

> Article 3(1) notwithstanding the provisions of Article 1, the struggle waged by peoples in accordance with the principles of international law for their liberation or self-determination, including armed struggle against colonialism, occupation, aggression and domination by foreign forces shall not be considered as terrorist acts.

Tenslotte lezen we in Article 2 of the Arab Convention on the Suppression of Terrorism 1998:

> All cases of struggle by whatever means, including armed struggle, against foreign occupation and aggression for liberation and self-determination, in accordance with the principles of international law, shall not be regarded as an offence. This provision shall not apply to any act prejudicing the territorial integrity of any Arab State.

Het feit dat het recht op zelfbeschikking een dwingende norm is betekent dat er niet kan worden afgeweken van dit recht, en dat alle staten een verbod hebben om hulp te bieden teneinde een situatie in stand te houden die wordt veroorzaakt door een ernstige schending van deze norm.

In zijn boek *International Law* vat Antonio Cassese de juridische situatie als volgt samen:

> [t]hird States are legally authorized to support peoples entitled to self-determination, by granting them any assistance short of dispatching armed troops. Conversely, they must refrain from aiding and abetting oppressor States. Furthermore, they are entitled to claim respect for the principle from States denying self-determination.

Deze visie wordt ondersteund door het gezamenlijke artikel 1 van de Internationale Conventie inzake Burgerlijke en Politieke Rechten en de Internationale Conventie inzake Economische, Sociale en Culturele Rechten.

Sinds 2005 is er een Speciaal Rapporteur voor de bevordering en bescherming van de rechten van de mens en fundamentele vrijheden in de strijd tegen het terrorisme (*On the Promotion and Protection of Human Rights and Fundamental Freedoms While Countering Terrorism*). De juridische basis voor de acties van de VN in de strijd tegen het terrorisme is te vinden in de VN Resolutie van de Veiligheidsraad van 28 september 2001, Resolutie 1373, genomen op grond van hoofdstuk 7 van het VN Handvest (http://www.un.org/News/Press/docs/2001/sc7158.doc.htm).

ASPECTEN VAN TERRORISME

Een belangrijke vraag is waarom terroristen willens en wetens slachtoffers maken. Als de kapers van de vliegtuigen van 11 september 2001 zich hadden gerealiseerd dat zij naast niet moslims ook vele moslims om het leven brachten, zouden ze hun daad dan hebben doorgezet? De internationaal jurist Antonio Cassese noemt in zijn boek *International Criminal Law* bepaalde psychologische aspecten die bij het uitvoeren van terroristische daden aan de orde komen, zoals:

- Depersonalisatie van de slachtoffers. Als de slachtoffers als 'de vijand' worden gezien, en er niet wordt gedifferentieerd naar zwangere vrouwen, moeders/vaders met jonge kinderen, briljante mannen/vrouwen die nog een bijzondere bijdrage aan de maatschappij hadden kunnen leveren, dan wordt het makkelijker te doden.
- Intern (binnenlands) of internationaal conflict. Vaak gaat het om een ideologisch of religieus conflict, en wil de terrorist door zijn daad de oude orde verstoren of aan het wankelen brengen, om zo ruimte te scheppen voor een nieuwe orde. In dat opzicht zijn terroristische daden, zowel van Al Qaeda als de Rote Armee Fraktion, (mede) politiek geïnspireerd.
- De daad is politiek, religieus, of ideologisch gemotiveerd, maar niet

voor persoonlijk gewin. Een moeilijk geval is de situatie waar de terroristische organisatie de terrorist (bijvoorbeeld bij een zelfmoordactie) compensatie voor zijn of haar familie belooft. Dit is echter eerder uitzondering dan regel, en komt niet ten goede aan de terrorist.
- De criminele daad is verricht op persoonlijke titel van de terrorist of in opdracht van een organisatie.

VORMEN VAN TERRORISME

Er kan onderscheid worden gemaakt tussen verschillende vormen van terrorisme, waarbij de staat soms betrokken kan zijn bij het terrorisme:
1. Nationaal terrorisme. Hier gaat het om een staat die direct verantwoordelijk is voor het voorbereiden en/of uitvoeren van daden die gekenschetst kunnen worden als terroristisch. Wanneer dit een interne component heeft wordt gesproken over terreur, is het extern gericht dan wordt gesproken van terrorisme.
2. Door een staat gefinancierd terrorisme. Hierbij is de staat weliswaar niet de opdrachtgever tot het uitvoeren van terroristische daden, maar geeft het door het financieren van organisaties en personen die als doel hebben het voorbereiden en/of uitvoeren van terroristische daden toch steun. Hiermee is de staat (in)direct verantwoordelijk. De staat geeft gelegenheid tot het voorbereiden en plegen van ernstige misdrijven.
3. Niet statelijk georganiseerd en gefinancierd terrorisme. Er zijn organisaties die niet direct gefinancierd worden door staten, niet met oogluikende toestemming van een regering een trainingskamp of vestiging op een grondgebied mogen hebben, maar via particuliere fondsen aan geld komen om een infrastructuur te vestigen die het voorbereiden en/of uitvoeren van terroristische daden mogelijk maakt. Het kan zelfs voorkomen dat mensen die geld voor een goed doel geven niet weten dat dit goede doel een dekmantel is voor een organisatie die in verband kan worden gebracht met terrorisme.

INTERNATIONALE INTERGOUVERNEMENTELE ORGANISATIES EN DE STRIJD TEGEN TERRORISME

Op 28 september 2001 nam de VN Veiligheidsraad Resolutie 1373 aan waarin het de lidstaten opriep om in de strijd tegen het terrorisme de samenwerking te intensiveren en financiering van terrorisme aan te pakken door verdachte tegoeden te bevriezen. Ook mochten lidstaten geen gelegenheid geven op hun territoir tot het financieren, voorbereiden en uitvoeren van terroristische activiteiten. Staten dienden te controleren of asielzoekers niet gezocht worden in het land van herkomst voor het voorbereiden en plegen van terroristische aanslagen. Een beroep op het feit dat de persoon gevlucht is om politieke redenen zal in een dergelijk geval niet gehonoreerd worden. De Veiligheidsraad benadrukte de nauwe banden tussen de georganiseerde zware misdaad en terroristen. Deze resolutie werd unaniem aangenomen en is bindend voor de VN lidstaten.

De VN heeft een platform opgericht waarin VN organisaties en organisaties van buiten zich met (aspecten van) de strijd tegen het terrorisme bezighouden, de Counter Terrorism Task Force. Dit is een coördinerend platform waarin afgevaardigden van de verschillende VN organisaties zijn vertegenwoordigd die zich met de bestrijding van terrorisme bezighouden via VN organen en organen van buiten de VN. Lidstaten worden ook geholpen met de strijd tegen het terrorisme. De volgende organen van de VN zijn vertegenwoordigd in de Taskforce: De Counter-Terrorism Executive Directorate (CTED), het Department for Disarmament Affairs (DDA), het Department of Peacekeeping Operations (DPKO), het Department of Political Affairs (DPA), het Department of Public Information (DPI), het Department for Safety and Security (DSS), de Expert Staff of the 1540 Committee, de International Atomic Energy Agency (IAEA), de International Civil Aviation Organization (ICAO), de International Maritime Organization (IMO), het International Monetary Fund (IMF), deInternational Criminal Police Organization (INTERPOL), het Monitoring Team van het 1267 Comité, het kantoor van de High Commissioner of Human Rights (OHCHR), de Office of Legal Affairs (OLA), de Organization for the Prohibition of Chemical Weapons (OPCW), de Special Rapporteur on Promoting and Protection of Human Rights While Countering Terrorism, de United Nations Development Program (UNDP), de United Nations Educational, Scientific and Cultural Organization (UNESCO), de United Nations Interregional Crime and Justice Research Institute (UNICRI), de United Nations Office on Drugs and Crime (UNODC), de World Customs Organization (WCO), de Wereldbank, en de World Health Organization (WHO).

Op 8 september 2006 werd door alle leden van de VN een *global counter terrorism strategy* aangenomen. Het was voor het eerst dat alle landen wereldwijd eenzelfde strategie in hun strijd tegen het terrorisme accepteerden. De strategie is voorbereid door de *High Level Group on Threats, Challenges and Change*. Er wordt een aanpak met vijf pilaren voorgesteld:
1. Groepen ontmoedigen om terroristische daden te plegen;
2. Terroristen hun middelen afnemen om aanslagen voor te bereiden;
3. Staten afschrikken van het idee om terroristische groepen te ondersteunen;

4. Staten ondersteunen in het ontwikkelen van mogelijkheden om terrorisme te voorkomen;
5. Mensenrechten verdedigen in de context van terrorisme en contraterrorisme.

DE EU EN DE STRIJD TEGEN HET TERRORISME

Er zijn in de afgelopen jaren verschillende initiatieven ontplooid om samenwerking op internationaal niveau te intensiveren. Voorbeelden zijn een Actieplan Terreurbestrijding van de EU dat tweejaarlijks moet worden getoetst, het benoemen van de Nederlander Gijs de Vries als speciaal coördinator in de strijd tegen terrorisme binnen de EU (hij bekleedde deze functie tot 1 maart 2007 en is inmiddels opgevolgd door Gilles de Kerckhove d'Ousselghem) en intensievere samenwerking in de onderwerpen die vroeger tot de derde pijler van de EU behoorden.

DE RAAD VAN EUROPA EN DE STRIJD TEGEN HET TERRORISME

De Raad van Europa heeft een Comité van Experts op het gebied van Terrorisme opgericht. Dit Comité werkt samen met onder andere de EU en de VN. In 2007 trad een verdrag in werking ter voorkoming van terroristische aanslagen (Council of Europe Convention on the Prevention of Terrorism). Drie nieuwe aspecten zijn toegevoegd aan de definitie wat vervolgbaar is als terrorisme. Dit zijn: openbaar provoceren om een 'terroristische aanslag' te plegen (artikel 5), personen aanzetten om een 'terroristische aanslag' te plegen (artikel 6), en het trainen ten behoeve van 'terroristische aanslagen' (artikel 7). Staten die het verdrag ratificeren wordt opgeroepen deze nieuwe aspecten te verwerken in hun nationale wetgeving en tot vervolging over te gaan (artikel 9).

AMERIKA EN DE JURIDISCHE STRIJD TEGEN HET TERRORISME

De Patriot Act werd in 2001 door het Huis van Afgevaardigden goedgekeurd, en in 2003 door het Congres aangenomen, met als doel om in de strijd tegen terrorisme meer mogelijkheden te hebben om aanslagen te voorkomen. Daartoe werden voorstellen gedaan die de privacy van de burger aan banden legden, teneinde informatie te kunnen vergaren over mogelijke terroristische aanslagen (De Patriot Act is een afkorting van de Uniting and Strengthening America by Providing Appropriate Tools Required to Intercept and Obstruct Terrorism Act uit 2001). Volgens vele mensenrechtenspecialisten levert dit een schending van de burgerrechten op, maar volgens de Amerikaanse overheid is dit slechts een schijntegenstelling. De Amerikaanse regering onder leiding van George

W. Bush stelde zich op het standpunt dat door de beperking, die met name gericht is op personen en organisaties die verdacht worden van het mogelijk voorbereiden van terroristische aanslagen, het leven voor de burger juist veiliger wordt omdat met meer middelen de staat en haar burgers beveiligd kunnen worden tegen terroristen. Ook werd er een nieuw ministerie in het leven geroepen, het Department for Homeland Security, welke tot doel heeft om de strijd tegen het terrorisme effectiever en efficiënter te voeren.

DE TOEKOMST VAN DE STRIJD TEGEN HET TERRORISME

De volgende tendensen zijn zichtbaar in de mondiale strijd tegen het terrorisme:

- De strijd tegen terrorisme is een gezamenlijke strijd van politici en juristen. Binnen de VN, de EU en de Raad van Europa zijn resoluties en beleidsplannen aangenomen om nadrukkelijker samen te werken in de strijd tegen het terrorisme. Dat betekent ook dat er in veel staten is nagedacht over een (tijdelijke) inperking van de burgerrechten ter bescherming van de staat en haar burgers tegen een terroristische aanslag. Ook binnen internationale organisaties moet nagedacht worden over de consequentie van inperking van burgerrechten. Tevens moeten aanvullende juridische instrumenten worden geformuleerd.
- De dreiging van nucleair terrorisme, en daarmee de dreiging met massavernietigingswapens, moet serieus genomen blijven worden. De Tsjetsjeen Sjamil Basayev dreigde voor zijn dood in 2006 om 'vuile' bommen in parken in Moskou te laten ontploffen. Door de toegenomen mobiliteit is het risico van verspreiding van massavernietigingswapens reëel, en kunnen die in handen van niet-statelijke actoren vallen. Een voorbeeld is de aanslag in Japan in 1995 door Aum Shinrikyo, die gifgas gebruikten bij een aanslag in de metro van Tokyo.
- Aandacht voor terroristische aanslagen middels internet, en dan met name het lamleggen van de infrastructuur van een staat is in theorie mogelijk. Het gaat dan om het verstoren of lamleggen van communicatiemiddelen (telefoon, email, internet), energielijnen (elektriciteit, gas, het onklaar maken van een nucleaire reactor) en daarmee de bevoorrading van een staat lamleggen (winkels worden niet meer bevoorraad, er ontstaat voedselschaarste).
- De noodzaak van een verdrag dat alle aspecten van terrorisme behandelt.

CONCLUSIE

De strijd tegen terrorisme is een strijd van staten en (inter)nationale organisaties, waarbij zowel juridische als politieke overwegingen een rol spelen. Voor de jurist is het belangrijk om naast het creëren van een effectieve opsporingsmethode, ook te garanderen dat de burgerrechten zo min mogelijk geschonden zullen worden. Ook vanuit politicologisch oogpunt is het belangrijk politieke en burgerlijke rechten zoveel mogelijk te beschermen. Er zijn veel definities van terrorisme die allen beogen om de burgerbevolking een zo goed mogelijke bescherming te bieden. Het ontwrichtende karakter van terroristische daden staat in deze definities centraal. Ondanks een zekere overlap in de verschillende definities, is het de VN nog niet gelukt om het eens te worden over een definitie. Vrijheidsstrijders kunnen niet als terrorist gedefinieerd worden. Het kan politiek opportuun zijn voor sommige regimes om de term te gebruiken om bepaalde politieke groepen monddood te maken. Dit is niet de bedoeling. Voor wat betreft de politieke component stellen met name Amerika en Groot Brittannië zich op het standpunt dat armoede, deprivatie, onderdrukking en een zwakke rechtsstaat kunnen leiden tot terroristische broedplaatsen. Teneinde dit te bestrijden dient er meer aandacht voor versterking van staten te zijn, humanitaire hulp aan slachtoffers van oorlogen, en meer aandacht voor problemen als HIV/AIDS die hele samenlevingen kunnen ontwrichten.

VERDER LEZEN?

J. Angstrom, I. Duyvesteyn (Eds), *Understanding Victory and Defeat in Contemporary War*, Routledge, London, 2007.

A. Cassese, *International Criminal Law*, Oxford University Press, Oxford, 2008.

M. Crenshaw (Ed), *Terrorism in Context*, Pennsylvania State University Press, Pennsylvania, 1995.

M. Crenshaw, "The Causes of Terrorism", *Comparative Politics*, 13, 4, pp. 379-399, 1981.

I. Duyvesteyn, "Paradoxes of the Strategy of Terrorism", in J. Angstrom, I. Duyvesteyn, *Understanding Victory and Defeat in Contemporary War*, Routledge, London, 2007, pp. 118, 124-125.

D. Fromkin, "the Strategy of Terrorism", *Foreign Affairs*, 53, 4, pp. 683698, 1975.

K. Martin, *Domestic Intelligence and Civil Liberties*, http://www.cnss.org/KM%20SAIS%20Article1.pdf.

M. de Rosa, *Privacy in the Age of Terror*, The Washington Quarterly, http://www.twq.com/03summer/docs/03summer_derosa.pdf.

A. Schmid, *Political Terrorism, A Research Guide to Concepts, Theories, Data Bases and Literature*, North Holland Publishing Company, Amsterdam, 1984.

HOOFDSTUK 8

EUROPEES RECHT

INLEIDING

De Europese Unie is een intergouvernementele organisatie, waarbij lidstaten meer soevereiniteit hebben overgedragen dan bij andere organisaties. De macht van de EU is daardoor veel groter. De EU is bovendien een organisatie waar wij in Nederland veel mee te maken hebben.

In dit hoofdstuk zal aandacht worden besteed aan de institutionele structuur van de EU. Daarnaast zullen we kijken naar de consequenties van de uitbreiding van de EU, de hervormingen, zoals neergelegd in verdragen en naar het Europees burgerschap.

GESCHIEDENIS VAN DE EU EN LIDSTATEN, OFFICIËLE TALEN

De basis voor de Europese Gemeenschap werd gelegd met het plan Schuman, waarin samenwerking tussen de landen die de Europese Gemeenschap oprichtten centraal stond. Er werd voorgesteld om de besluitvorming over kolen en staal van Frankrijk en Duitsland aan de nationale besluitvorming te onttrekken en over te laten aan een onafhankelijke supranationale autoriteit. Dit was nieuw, omdat hiermee de lidstaten een deel van hun soevereiniteit overdroegen aan de EEG en de EGKS.

De landen die aan de wieg van de Europese Economische Gemeenschap stonden waren België, Nederland, Luxemburg, Frankrijk, Duitsland en Italië.

In 1951 werd de Europese Gemeenschap voor Kolen en Staal opgericht om de landen van Europa economisch en politiek te verenigen. Het idee voor een Europese Gemeenschap kwam voort uit enerzijds de wens Europa op te bouwen na de Tweede Wereldoorlog en daarbij Duitsland en Italië niet uit te sluiten, als gebaar van verzoening maar ook uit pragmatische overwegingen, en anderzijds om een vergelijkbaar federaal systeem als in de Verenigde Staten te realiseren.

Op aandrang van de Verenigde Staten werd in 1948 het Brussels Verdrag opgesteld gericht op Europese Defensie coördinatie, de Europese Defensie Gemeenschap. Omdat Frankrijk tegen dit verdrag was, werd het nooit aangenomen, maar werd in plaats daarvan de West Europese Unie (WEU) opgericht op 23 oktober 1954. De WEU had tot doel verdergaande samenwerking tussen de landen die ook het EGKS verdrag hadden geratificeerd te realiseren, met deelname van Duitsland en Italië, de verliezers van de Tweede Wereldoorlog. De West Europese Unie had 10 leden, 6 geassocieerde leden, 5 waarnemende landen en 7 geassocieerde partners. Per 1 juli 2011 is de organisatie opgeheven vanwege haar geringe rol. Haar taken zijn overgenomen door de EU.

In 1952 werd het EGKS verdrag gesloten voor een periode van 50 jaar. In 2002 werd het verdrag niet hernieuwd, omdat kolen en staal rond 2002 niet meer van belang waren voor de economieën van de lidstaten.

In 1957 werd het Verdrag tot oprichting van de Europese Economische Gemeenschap ondertekend te Rome. Dit verdrag staat bekend als het Verdrag van Rome. Ook werd op aandringen van Frankrijk naast de EGKS een Europese Gemeenschap voor Atoomenergie (Euratom) opgericht. Bij deze drie verdragen, het EEG, EGKS en Euratom verdrag waren de zes oprichters van de EEG partij.

In 1965 werden de organen van de drie organisaties EEG, EGKS en Euratom samengevoegd in het Fusieverdrag, waarbij er een Raad en een Commissie kwamen. Dit verdrag trad in 1967 in werking. De EEG landen besloten om onderling geen douanerechten meer te heffen.

In 1971 werd een begin gemaakt met de fasegewijze overgang naar een Economische en Monetaire Unie (EMU). In 1979 werd een Europees Monetair Stelsel (EMS) ingevoerd. Er waren geen vaste wisselkoersen, maar de bedoeling was om ernstige schommelingen tegen te gaan door interventie wanneer een munteenheid boven of onder een bepaalde gemiddelde waarde kwam (marge) (drie of zes procent boven of onder de gemiddelde waarde). Op een dergelijk moment waren de nationale banken verplicht om in te grijpen. In de jaren 90 ging de EMU deel uitmaken van het EG verdrag, en werd een Europese Centrale Bank opgericht. In het kader van de EMU hebben de meeste landen van de EU nu ook een gezamenlijke munt, de euro. Op dit moment maken het Verenigd Koninkrijk, Denemarken en Zweden nog geen deel uit van de EMU. De Europese Monetaire Unie bestaat uit 17 deelnemende landen, te weten België, Cyprus, Duitsland, Estland, Finland, Frankrijk, Griekenland, Ierland, Italië, Luxemburg, Malta, Nederland, Oostenrijk, Portugal, Slovenië, Slowakije, Spanje.

Met het aannemen van de Europese Akte in 1986 werd de Europese Politieke Samenwerking (EPS) in een verdrag vastgelegd, wat tot dan toe niet het geval was. De EPS kreeg vooral gestalte in periodieke overleggen, waarbij ook buitenlands beleid en veiligheidsvraagstukken op de agenda stonden.

Uitbreiding van de EEG

Op 1 januari 1973 werd de EEG uitgebreid met Denemarken, Ierland en het Verenigd Koninkrijk.

Vanaf 1979 kregen burgers van de EEG het recht om rechtstreeks Europarlementariërs kiezen. Hiervoor gebeurde dit door middel van getrapte verkiezingen.

In 1981 treedt Griekenland toe tot de EEG, in 1986 gevolgd door Spanje en Portugal. Voor deze drie landen gold een overgangsperiode om hun economie en wetgeving verder in overeenstemming met de andere EEG landen te brengen. Er werd een tweesporenbeleid gevoerd, dat tot 1 januari 1992 gold.

In 1985 werd het Schengen Akkoord getekend. Dit verdrag garandeert dat binnen de bij het Schengen Akkoord aangesloten landen geen grenscontroles meer plaatsvinden. Slechts aan de buitengrenzen van het Schengen territoir wordt gecontroleerd.

De Europese Akte werd in 1986 getekend. Hiermee werd een vrij handelsverkeer voor de lidstaten gegarandeerd en na zes jaar een interne markt. Vanaf 1 januari 1992 heeft de EU een interne markt, wat betekent dat er een ruimte zonder binnengrenzen is ontstaan waarin vrij verkeer van goederen, personen, diensten en kapitaal plaatsvindt.

Het verdrag van Maastricht in 1992 regelt de totstandkoming van de Europese Unie. Er komen drie pijlers in de EU: de EG, die supranationaal is (en niet langer EEG heet), het Gemeenschappelijk Buitenlands en Veiligheidsbeleid (GBVB), dat intergouvernementeel is, en Juridische en Binnenlandse Zaken (JBZ), dat ook intergouvernementeel is. Het verdrag trad in 1993 in werking.

Het Verdrag van Amsterdam uit 1997 breidt de besluitvorming met gekwalificeerde meerderheid binnen de EU uit. Het Gemeenschappelijk Buitenlands en Veiligheidsbeleid (GBVB) werd verder uitgewerkt, en er werd een Hoge Autoriteit op het gebied van GBVB ingesteld, die ook Secretaris-Generaal van de Raad van de Europese Unie is. Immigratie en asielbeleid gingen van de derde pijler naar de eerste pijler, en werden daarmee supranationaal. Het verdrag trad in 1999 in werking.

In 1995 werd de EU uitgebreid met drie nieuwe lidstaten: Oostenrijk, Finland en Zweden.

Het Verdrag van Nice werd in 2001 aangenomen, en trad in 2003 in werking. Het verdrag behandelt de criteria rond toetreding en democratisch gehalte van lidstaten en de mogelijkheden op te treden tegen lidstaten die niet (meer) democratisch zijn. Kandidaat lidstaten dienen de elementen van een rechtsstaat te respecteren, democratisch te zijn en het *acquis communautaire* te hebben geïncorporeerd in hun eigen rechtsorde.

HOOFDSTUK 8

De kandidaat lidstaten dienen aan bepaalde economische eisen te voldoen om volledig mee te kunnen doen binnen de EU. Zij rapporteren jaarlijks aan de EU over hun vorderingen.

Op 1 januari 2002 gaan de meeste landen (met uitzondering van het Verenigd Koninkrijk, Denemarken en Zweden) over op één munteenheid, de euro. Hiervoor is van te voren een vaste wisselkoers bepaald per munteenheid.

Naar aanleiding van de aanslagen op de Twin Towers op 11 september 2001 gaan de Europese landen nauwer samenwerken in de bestrijding van terrorisme. De derde pijler krijgt een nieuwe impuls.

Op 1 mei 2004 komen er 10 nieuwe lidstaten bij, te weten: Estland, Letland, Litouwen, Malta, Cyprus, Tsjechië, Polen, Hongarije, Slowakije en Slovenië, vervolgens op 1 januari 2007 nog twee, Roemenië en Bulgarije.

In 2005 worden er in Frankrijk en Nederland referenda gehouden over een concept Grondwettelijk Verdrag voor Europa, dat in de jaren daarvoor door een intergouvernementele commissie onder leiding van de voormalige Franse president Giscard d'Estaing was opgesteld. De Top van de EU had de Grondwet al ondertekend, en nu stond alleen een ja van de bevolking van Europa de ratificatie nog in de weg. Nederland en Frankrijk stemden tegen de Grondwet, en daarmee trad er een impasse op. De noodzaak van de Europese Grondwet ligt in het feit dat er behoefte is aan een bundeling van de vele aanvullende verdragen die de afgelopen 15 jaar zijn aangenomen, alsmede de noodzaak tot institutionele wijzigingen om verdere integratie van de EU te waarborgen en het democratisch gat te dichten. Uiteindelijk is een aangepast verdrag, het Verdrag van Lissabon door de lidstaten geratificeerd en op 1 december 2009 in werking getreden. Het Verdrag bevat een Handvest van de grondrechten van de Unie. Hiermee zijn mensenrechten beter verankerd in de EU. Ook bevat het Verdrag van Lissabon aanpassingen in de instituties die nodig waren na de uitbreiding van de EU. De pijlerstructuur is opgeheven en er zijn een voorzitter van de Europese Raad en Hoge Vertegenwoordiger voor het Gemeenschappelijk Buitenlands en Veiligheidsbeleid benoemd. De rol van het Europees Parlement is toegenomen en besluitvorming met gekwalificeerde meerderheid wordt bij meer onderwerpen toegepast. Ook gaat de EU nu een proces starten om partij te worden bij het Europees Verdrag van de Rechten van de Mens.

De Europese Unie heeft op dit moment 27 lidstaten. De volgende staten zijn lid: Nederland, België, Luxemburg, Duitsland, Frankrijk, Engeland, Italië, Spanje, Portugal, Griekenland, Denemarken, Zweden, Polen, Estland, Letland, Litouwen, Slovenië, Roemenië, Bulgarije, Oostenrijk, Ierland, Tsjechië, Hongarije, Finland, Cyprus, Malta.

Er zijn ook nog enkele kandidaat lidstaten, zoals Kroatië, Turkije, en de voormalige Joegoslavische Republiek Macedonië. Op 10 juni 2011 werd bekend dat Kroatië hoogstwaarschijnlijk per 1 juli 2013 lid mag worden van de EU.

De EU heeft 23 officiële talen. De officiële talen van de EU zijn: Frans, Duits, Engels, Spaans, Nederlands, Zweeds, Fins, Deens, Grieks, Portugees, Fins, Hongaars, Tsjechisch, Lets, Litouws, Ests, Bulgaars, Roemeens, Italiaans, Pools, Sloveens, Slovaaks en Iers. In praktijk zijn Engels, Frans en Duits de werktalen van de EU.

Voor de bijeenkomsten van het Europees Parlement vormt Straatsburg de zetel van de EU, terwijl de commissievergaderingen in Brussel plaatsvinden. De Raad van de EU komt ook in Brussel bijeen. De Europese Rekenkamer, het Hof van Justitie, het Hof van Eerste Aanleg en de Europese Investeringsbank zijn gevestigd in Luxemburg. Europol is gevestigd in Den Haag en de Europese Centrale Bank in Frankfurt.

De EU heeft met het in werking treden van het Verdrag van Lissabon rechtspersoonlijkheid gekregen. Dit betekent dat de EU rechten en plichten heeft, die gebaseerd kunnen zijn op zowel verdragenrecht als gewoonterecht. De EU is handelingsbekwaam in het internationaal publiekrecht. Naast publiekrechtelijke rechtspersoonlijkheid heeft de EU ook privaatrechtelijke rechtspersoonlijkheid. De EU wordt in de uitoefening van deze rechten vertegenwoordigd door de Commissie.

Financiering van de EU
De Raad en het Parlement zijn tezamen de begrotingsautoriteit. De Raad heeft het eindwoord bij verplichte uitgaven, het Parlement heeft het recht van amendement bij niet verplichte uitgaven. Het Parlement heeft bovendien het recht om een door de Raad opgestelde begroting in zijn geheel te verwerpen.

De EU heeft vier soorten eigen middelen:

1. Heffingen die zijn vastgesteld in het kader van het gemeenschappelijk landbouwbeleid;

2. Douanerechten die geheven worden op geïmporteerde goederen op basis van het gemeenschappelijk douanetarief of eventuele andere rechten die geheven worden op uit derde landen afkomstige goederen;

3. Een deel van de belasting op de BTW, die sinds 1977 in alle lidstaten op basis van een uniforme grondslag wordt geheven, tot een maximum van 1,4%;

4. De aanvullende middelenbron, die bestaat uit rechtstreekse bijdragen van de lidstaten. De bijdrage van iedere lidstaat wordt berekend op basis van het BNP. Voor ieder jaar wordt een maximum afgesproken. Rijkere lidstaten betalen meer dan armere lidstaten.

De inkomsten worden maandelijks overgemaakt aan de Commissie.

PRIMAIRE JURIDISCHE BASIS

Bij regelgeving binnen de EU wordt onderscheid gemaakt tussen primaire en secundaire rechtsbronnen. Ook hier wordt weer een historisch overzicht gegeven van verdragen.

EEG verdrag

Het Verdrag van de Europese Economische Gemeenschap geeft aan welke onderwerpen supranationaal zijn. Dit verdrag geeft ook aan hoe we tot een economische unie komen, verder integreren, hoe de EU aan haar geld komt, en hoe besluitvorming ten aanzien van de begroting plaatsvindt. Er staat in dit verdrag hoe concurrentie gereguleerd wordt en monopolievorming binnen de lidstaten wordt bestreden. Het verdrag behandelt het verbod op invoerbeperkingen en kartelvorming. Het beschermen van de eigen economische markt is alleen toegestaan als tijdelijke maatregel wanneer er zich een noodsituatie voordoet en dan nog dient een dergelijke beslissing te worden voorgelegd aan de Commissie. Belangrijke arresten zijn het Van Gend en Loos arrest, Costa/Enel, en het arrest van Binsbergen. Deze arresten worden aan het eind van het hoofdstuk besproken.

Euratom verdrag

Het Euratom verdrag bevat 234 artikelen. In titel II worden de bepalingen ter bevordering van de vooruitgang op het gebied van kernenergie besproken, in titel III de instellingen van de organisatie en in titel IV de financiering van de organisatie.

Europese Grondwet

De inhoud van de Europese Grondwet, die in gewijzigde vorm in het Verdrag van Lissabon is opgenomen, zag er als volgt uit: er wordt een kader geschapen voor sociaal beleid en institutionele vernieuwingen, noodzakelijk vanwege de uitbreiding van 15 naar 27 lidstaten. Te denken valt aan een Europese Minister van Buitenlandse Zaken, die de organisatie mede naar buiten toe kan vertegenwoordigen, meer EU parlementariërs, meer Raadsleden, en nieuwe verhoudingen bij de besluitvorming. Ook de landbouwpolitiek is hervormd, en op het gebied van vrij verkeer van werknemers zijn er in praktijk wat strubbelingen met het toelaten van werknemers van nieuwe lidstaten tot de EU markt. Belangrijk is ook dat in de Europese Grondwet burgerrechten opgesomd worden, die voor alle EU burgers gelden, en dat duidelijk gedefinieerd wordt dat inwoners van EU landen naast burger van hun eigen land ook EU burger zijn. Dit is onder andere te zien aan het EU logo op het Nederlandse paspoort. Je mag als EU burger in een ander land bijvoorbeeld ook deelnemen aan de gemeenteraadsverkiezingen. Deze rechten vinden ook hun weerslag in het Verdrag van Lissabon.

Besluitvorming rond de Europese Grondwet

De meeste landen van de EU besloten om een referendum uit te schrijven betreffende de ratificatie van de Grondwet. Voorafgaand hadden de regeringsleiders van de lidstaten de tekst aangenomen, die was voorbereid door een Intergouvernementele Vergadering onder leiding van de Franse oud-president Valerie Giscard D'Estaing. In vrijwel alle landen waar een referendum werd gehouden was dit referendum raadplegend van aard, wat de mogelijkheid open liet om bij een afwijzing door de bevolking als regering het referendum naast zich neer te leggen.

De eerste twee landen die een referendum organiseerden waren Frankrijk en Nederland. In beide landen werd de Europese Grondwet afgekeurd.

Na de afkeurende referenda in Frankrijk en Nederland werd besloten om het gehele ratificatieproces te bevriezen en een bezinningsperiode in te lassen. Op 13 december 2007 is het Verdrag van Lissabon ondertekend door de regeringsleiders van de lidstaten en op 1 december 2009 is het verdrag in werking getreden. Het Verdrag van Lissabon vervangt alle constituerende verdragen van de EU betreffende de Europese Unie en het Verdrag betreffende de Werking van de Europese Unie. De belangrijkste wijzigingen zijn het opheffen van de pijlerstructuur, een grotere rol voor het Europees Parlement, de introductie van een Voorzitter van de Europese Raad, de introductie van een Hoge Vertegenwoordiger voor buitenlandse zaken en het vergroten van het belang van stemmen bij gekwalificeerde meerderheid.

SECUNDAIRE JURIDISCHE BASIS VAN DE EU

Onder de secundaire juridische basis van de EU worden verordeningen, richtlijnen en beschikkingen begrepen.

HOOFDSTUK 8

Verordening
Een verordening heeft een algemene strekking, is verbindend in al haar onderdelen en is rechtstreeks toepasselijk in elke lidstaat. In dit geval betekent 'algemene strekking' dat een verordening gericht is op een reeks personen of situaties die niet bepaald zijn. Een verordening kan echter ook gericht zijn op personen of situaties die wel bepaald zijn. De werkingssfeer van de verordening is abstract, zodat die personen en situaties eronder vallen, die aan de criteria voldoen welke vervat zijn in de verordening.

Richtlijn
Richtlijnen zijn altijd gericht tot lidstaten. In een richtlijn wordt een staat opgeroepen om binnen een in de richtlijn zelf bepaalde, dwingende termijn een bepaald resultaat in de nationale rechtsorde te verwezenlijken. Doorgaans vereist dit een aanpassing van de bestaande nationale wet- en regelgeving. De lidstaten zijn vrij in de keuze van de middelen en de weg die ze volgen om het resultaat te bereiken. Mocht na het verstrijken van de omzettingstermijn de wetgeving van een lidstaat niet zijn aangepast, dan kan een orgaan van de EU of een lidstaat dit voorleggen aan het Europees Hof van Justitie. Wanneer een lidstaat aan ziet komen dat het niet binnen de termijn de nationale wetgeving kan hebben aangepast conform de richtlijn, dient de lidstaat dat zo spoedig mogelijk aan de instellingen te berichten. De omzettingstermijn kan dan verruimd worden.

Beschikking
Een beschikking is altijd individueel gericht, ofwel tot een lidstaat ofwel tot een natuurlijke of rechtspersoon. Zij zijn een geïndividualiseerde toepassing van een algemene regel van primair of secundair gemeenschapsrecht.
 Verordeningen, richtlijnen en beschikkingen dienen gepubliceerd te worden. Ze dienen voor een ieder kenbaar te zijn. Zij worden gepubliceerd in het Publicatieblad van de Europese Unie. Tenzij anders bepaald, treden besluiten van de EU in werking 20 dagen nadat zij zijn gepubliceerd. Richtlijnen en beschikkingen treden daarnaast pas in werking (zijn verbindend) nadat de geadresseerde van de inhoud in kennis is gesteld.

De volgende bepalingen zijn van belang in het Europese recht:

1. het attributiebeginsel;
2. het subsidiariteitsbeginsel;
3. het proportionaliteitsbeginsel.

Deze beginselen gelden zowel intern als extern.

Attributiebeginsel: Dit betekent bevoegdheidstoedeling. Een orgaan mag slechts die activiteiten verrichten die aan haar geattribueerd zijn. Staten kunnen zich binnen de grenzen van de Grondwet op elk terrein bevoegd verklaren tot optreden. De EU beschikt alleen over de bevoegdheden zoals omschreven in verdragen. Willen instellingen nieuwe bevoegdheden uitoefenen, dan moet daartoe een EU verdrag worden gewijzigd.

Subsidiariteitsbeginsel: De Europese Unie treedt alleen op als dit effectiever is dan nationaal, provinciaal of gemeentelijk optreden. Het optreden van de EU mag niet verder gaan dan wat nodig geacht wordt om de doelstellingen van de EU te bereiken. Het gaat om afbakening van bevoegdheden tussen EU organen en de nationale overheid, waar die elkaar raken of overlappen.

Proportionaliteitsbeginsel: Het optreden van de EU mag niet verder gaan dan noodzakelijk voor het bereiken van haar doelstellingen.

ORGANEN VAN DE EU

Commissie

Iedere lidstaat heeft een Commissielid, wat betekent dat de Commissie 27 leden telt. De Commissie vertegenwoordigt de Europese Unie naar buiten toe en heeft het recht van initiatief. De Commissie heeft als taak om ontwerpen voor richtlijnen en verordeningen te maken. De Commissieleden worden door de lidstaten gezamenlijk gekozen voor een termijn van vijf jaar. Zij worden voorgedragen vanwege hun algemene bekwaamheid en onafhankelijkheid. Het Europees Parlement moet de samenstelling van de Commissie goedkeuren.

Commissieleden doen hun werk zonder last of ruggespraak. De Commissie treedt collegiaal op. Intern wordt er besloten met gewone meerderheid, naar buiten toe geldt het collegialiteitsbeginsel. Wanneer een Commissielid in diskrediet raakt, kan dit Commissielid afgezet worden. De Commissie tekent verdragen voor de EU met andere internationale intergouvernementele organisaties en met niet–EU staten. Zij onderhoudt regelmatig contact met de Raad. De Commissie zetelt in Brussel.

Verdere bevoegdheden van de Commissie zijn: initiatiefrecht, autonome beslissingsbevoegdheid, externe vertegenwoordiging, en een toezichthoudende functie (hoedster van de verdragen).

De Commissie heeft speciale afgevaardigden aangesteld voor bepaalde gebieden waar het belang in stelt en die niet tot het EU grondgebied behoren. Te denken valt aan een speciale vertegenwoordiger voor de Zuid Kaukasus en een speciale vertegenwoordiger voor Afghanistan.

HOOFDSTUK 8

Raad

De Raad is het besluitvormingsorgaan van de EU. De Raad kan in verschillende hoedanigheden bijeenkomen, afhankelijk van het onderwerp dat op de agenda staat. Wanneer dit onderwerp landbouw behelst, zal de Raad in de samenstelling van de ministers van Landbouw van de EU bijeenkomen, wanneer er een sociaal onderwerp op de agenda staat, komt de Raad bijeen in de samenstelling van de ministers van Sociale Zaken en Werkgelegenheid. Sinds 2002 zijn op grond van het reglement van orde van de Raad tien raadsformaties mogelijk: (1) Algemene Zaken, (2) Externe Betrekkingen, (3) Economische en Financiële Zaken, (4) Justitie en Binnenlandse Zaken, (5) Werkgelegenheid, Sociaal beleid, Volksgezondheid en Consumentenzaken, (6) Concurrentievermogen, (7) Vervoer, Telecommunicatie en Energie, (8) Landbouw en Visserij, (9) Milieu, (10) Onderwijs, Jeugdzaken en Cultuur. Defensie heeft dus geen eigen raadsformatie. Er wordt met betrekking tot deze intergouvernementele dossiers informeel vergaderd.

Twee maal per jaar komt de Raad bijeen in de samenstelling van de regeringsleiders en staatshoofden (presidenten en minister-presidenten). Zij worden dan bijgestaan door de ministers van Buitenlandse Zaken. Bij deze Top, zoals hij genoemd wordt, staan onderwerpen op de agenda die de toekomst van de EU betreffen, zoals uitbreiding en nieuwe verdragen van de EU, maar ook wijzigingen in de besluitvorming en het landbouwbeleid.

De Raad is het orgaan dat uiteindelijk, na raadpleging of in samenspraak met het Europees Parlement, verordeningen, richtlijnen en verdragen goedkeurt. Dit is het orgaan waar de nationale staten hun invloed in dit supranationale proces kunnen aanwenden. De agenda voor een Raadsvergadering wordt voorbereid door ambtenaren uit de lidstaten en het Coreper (Comité des représentants permanents), ambtenaren van de verschillende ministeries van buitenlandse zaken, die permanent gevestigd zijn bij de EU en besluiten helpen voorbereiden. Er is dan ook sprake bij een vergadering van de Raad van hamerstukken, waarbij geen discussie meer nodig is, en stukken die nog wel discussie behoeven, omdat de ambtenaren nog niet tot consensus konden komen.

Europees Parlement

Sinds 1979 kiezen de burgers van de lidstaten van de EU iedere vijf jaar direct de nationale leden van het Europees parlement. Deze parlementsleden mogen niet ook in het nationale parlement zitten. De leden van het Parlement organiseren zich naar politieke gezindte, wat betekent dat de Europese Christen Democraten samenwerken, de Europese Liberalen en de Europese Sociaal Democraten. Het Europees Parlement heeft steeds meer invloed gekregen op het besluitvormingsproces. Dit is erg belangrijk, omdat op deze manier ook parlementariërs zich kunnen uitspreken over wetgeving en vaak ook amendementen kunnen voorstellen. Dit verklaart waarom Nederlanders vaak minder op de hoogte zijn van de Europarlementariërs die ons vertegenwoordigen. Versterking van de positie van het Europees Parlement betekent versterking van de legitimiteit van de wet- en regelgeving van de EU.

Hoge Vertegenwoordiger Buitenlandse Zaken en Veiligheidsbeleid

Sinds het in werking treden van het Verdrag van Lissabon heeft de EU een Hoge Vertegenwoordiger voor Buitenlandse Zaken en Veiligheidsbeleid die de EU naar buiten toe kan vertegenwoordigen, op dit moment Lady Catherine Ashton. Deze functie is een combinatie van twee eerdere functies: de Hoge Vertegenwoordiger van het Gemeenschappelijk Buitenlands- en Veiligheidsbeleid en de EU Commissaris voor Externe Betrekkingen. De Europese Raad benoemt de Hoge Vertegenwoordiger. Daartoe is een gekwalificeerde meerderheid in de Raad nodig. De voorzitter van de Europese Commissie dient bovendien zijn of haar instemming te verlenen met de benoeming. Tenslotte dient het Europees Parlement de benoeming goed te keuren. De Hoge Vertegenwoordiger is vice-voorzitter van de Commissie. Zij vertegenwoordigt ook de Ministers van Buitenlandse Zaken van de Raad.

Europese Rekenkamer

Het college van de Europese Rekenkamer bestaat uit 27 leden, één lid per lidstaat, die bij unanimiteit door de Raad worden benoemd voor een periode van zes jaar. Zij zijn herbenoembaar. De Rekenkamer controleert de inkomsten en uitgaven van de Europese Gemeenschap en doet hiervan verslag aan de Europese Commissie en de Europese Raad.

ANDERE OP DE EG VERDRAGEN GEBASEERDE ORGANEN

Europees Economisch en Sociaal Comité (EESC)
Dit is een raadgevend orgaan dat advies geeft op het gebied van economische en sociale aangelegenheden. De leden zijn onafhankelijk en worden door de Raad bij unanimiteit benoemd voor een periode van vier jaar. Het Comité moet bij veel besluiten door Raad en Commissie worden geraadpleegd.

HOOFDSTUK 8

Comité van de Regio's
Dit comité bestaat uit 344 vertegenwoordigers uit regionale en locale lichamen, die net als bij het Economisch en Sociaal Comité geraadpleegd dienen te worden bij bepaalde besluiten. Het gaat om de volgende onderwerpen: economische en sociale cohesie, trans-Europese vervoers-, telecommunicatie- en energienetwerken, volksgezondheid, onderwijs en jeugd, cultuur, werkgelegenheid, sociaal beleid, milieu, beroepsopleiding en vervoer. Het Comité van de Regio's is bij het Verdrag van Maastricht ingesteld. De leden worden door de Raad benoemd voor een periode van vier jaar.

Europese Investeringsbank
Deze bank dient de achtergebleven gebieden van de EU te helpen. Zij financiert onder andere projecten gericht op de bevordering van Europese integratie, alsmede economische en sociale samenhang. Via een bepaalde verdeelsleutel krijgt de bank haar kapitaal van de lidstaten. De bank heeft een eigen rechtspersoonlijkheid en heeft geen winstoogmerk.

Europese Centrale Bank
De Europese Centrale Bank is heel belangrijk in het kader van de Europese Monetaire Unie. De bank kan bindende verordeningen en beschikkingen uitvaardigen, die vergezeld kunnen gaan van een dwangsom. De bank heeft eigen rechtspersoonlijkheid.

Europese Ombudsman
Het Verdrag van Maastricht gaf het Europees Parlement het recht een Ombudsman te benoemen. Tot de taken van de Europese Ombudsman behoort het onderzoeken van wanbeheer door de organen van de EU, met uitzondering van het Hof en Gerecht van Eerste Aanleg. Een onderzoek kan starten na een klacht of op instigatie van de Ombudsman. Hoewel de Ombudsman na elke verkiezing van het Europees Parlement opnieuw wordt gekozen, is hij onafhankelijk van het Europees Parlement. De Ombudsman brengt jaarlijks verslag uit van zijn bevindingen.

BESLUITVORMING

Adviesprocedure
Bij de adviesprocedure wordt het ontwerpbesluit opgesteld door de Commissie. De Commissie stuurt het ontwerpbesluit naar de Raad, die het afkeurt en terugstuurt naar de Commissie, of het goedkeurt en het naar het Europees Parlement stuurt voor advies. Het Europees Parlement kan alleen

ja of nee zeggen. Keurt het parlement het ontwerp goed, dan gaat het terug naar de Raad, die ook goedkeurt. Vervolgens zal de regelgeving in werking kunnen treden na de termijn die hiervoor staat.

Keurt het Europees Parlement het ontwerp af, dan kan de Raad besluiten dit te accepteren. Als de Raad het ontwerp toch wil aannemen, kan zij dit doen met unanimiteit, en daarmee het oordeel van het Europees Parlement *overrulen*. Onderwerpen die besloten worden via de adviesprocedure zijn: kiesrecht, burgerschapsrechten, bestrijding van discriminatie, steunmaatregelen, belastingharmonisatie, visumbeleid, industriebeleid.

Samenwerkingsprocedure

Bij de samenwerkingsprocedure wordt de rol van het Europees Parlement uitgebreid. Nadat het ontwerp is opgesteld door de Commissie en is voorgelegd aan de Raad, kan de Raad het ontwerp voorleggen aan het Europees Parlement. Dit parlement heeft nu het recht van amendement, en kan wijzigingen voorstellen. Is de Raad het ermee eens, dan gaat het stuk terug naar de Commissie en weer terug naar de Raad, die met gekwalificeerde meerderheid een gemeenschappelijk standpunt inneemt. Dit gemeenschappelijk standpunt wordt in tweede lezing aan het Europees Parlement voorgelegd. Als het Europees Parlement binnen drie maanden niets van zich laat horen (stilzwijgende goedkeuring), wordt het voorstel geacht te zijn aangenomen. Hetzelfde geldt als het Europees Parlement het voorstel goedkeurt. Wanneer het Europees Parlement het voorstel afkeurt, dan kan de Raad slechts met unanimiteit besluiten (het Europees Parlement *overrulen*). Ook wanneer het Europees Parlement amendementen heeft ingediend die verwerkt zijn door de Commissie, moet de Raad bij unanimiteit besluiten. De Commissie kan gedurende het besluitvormingsproces het concept wijzigen en intrekken. Wanneer de Commissie besluit om amendementen van het Europees Parlement niet over te nemen kan de Raad ze alsnog overnemen bij unanimiteit. Veel besluiten worden niet meer via de samenwerkingsprocedure besloten, maar via de codecisieprocedure.

Codecisieprocedure

Bij deze besluitvormingsprocedure is de positie van het Europees Parlement nog verder verstevigd. Het voorstel wordt geformuleerd door de Commissie. Die stuurt het voor advies naar de Raad, welke het weer naar het Europees Parlement stuurt. Het Europees Parlement heeft wederom het recht van amendement. De Raad van Ministers besluit met gekwalificeerde meerderheid. De Raad kan ervoor kiezen om voorgestelde amendementen van het Europees Parlement over te nemen. Dan komt er een besluit. Echter, wanneer er onenigheid is over de inhoud van het ontwerp tussen Raad en Europees Parlement, dan wordt een gemeenschappelijk standpunt geformuleerd. De Europese Commissie geeft haar oordeel over het gemeenschappelijk standpunt. Vervolgens gaat het gemeenschappelijk standpunt naar het Europees Parlement. Het Europees Parlement kan het gemeenschappelijk standpunt overnemen, en dan volgt een besluit. Het Europees Parlement kan er ook voor kiezen om het gemeenschappelijk standpunt te amenderen. Tenslotte kan het Europees Parlement het gemeenschappelijk standpunt ook afwijzen. Dan is geen besluit genomen.

Amendeert het Europees Parlement het gemeenschappelijk standpunt, dan gaat het weer terug naar de Commissie, die een standpunt inneemt. Vervolgens gaat het naar de Raad van Ministers die de amendementen overneemt van het Europees Parlement. Unanimiteit is noodzakelijk bij een negatief advies van de Commissie. Vervolgens is het besluit dan genomen nadat een gekwalificeerde meerderheid van de Raad voor het voorstel stemt. Wanneer de Raad van Ministers niet instemt met het standpunt, dan komt een bemiddelingscomité bijeen. Het bemiddelingscomité bestaat uit 15 leden uit de Raad en 15 leden uit het Europees Parlement. De Raad gaat nu met gekwalificeerde meerderheid stemmen, het Europees Parlement met gewone meerderheid. Komt men niet tot een gemeenschappelijke tekst, dan wordt het besluit geacht niet te zijn genomen. Komt men tot een gemeenschappelijke tekst, gebaseerd op het gemeenschappelijk standpunt en de amendementen van het Europees Parlement, dan wordt een besluit genomen. Zowel Raad als Parlement moeten dus expliciet instemmen met de tekst, en hebben daarmee vetorecht. Onderwerpen die onder dit regime vallen zijn: gemeenschappelijk landbouwbeleid, structuurfondsen, handelsbeleid, justitie, migratie en politiezaken.

Instemmingsprocedure

Bij de instemmingprocedure wordt het document (meestal een verdrag met bijvoorbeeld een derde land) voorbereid door de Commissie. Het wordt naar de Raad gestuurd die, wanneer het kan instemmen met het document, dit naar het Europees Parlement stuurt. Deze dient in te stemmen met de tekst van het document of het verdrag, waarna de Raad besluit. Bij deze procedure heeft het Europees Parlement de meeste invloed. Er kan geen besluit worden genomen zonder instemming van het Parlement. Daarmee heeft het Europees Parlement vetorecht. De volgende onderwerpen worden besloten via de instemmingsprocedure: toetreding van nieuwe lidstaten, het sluiten van associatieakkoorden, het opleggen van sancties tegen lidstaten die de democratie en/of de mensenrechten schenden.

Gele en oranje kaart

Een gele kaart wordt gegeven wanneer de Commissie een wetsvoorstel indient en 1/3 van de mogelijke stemmen in het Parlement vindt dat dit onderwerp niet op Europees niveau, maar op nationaal niveau zou moeten worden behandeld. De Europese Commissie moet in een dergelijk geval haar wetsvoorstel in heroverweging nemen. Wanneer het een onderwerp betreft binnen het thema politie en justitie, wordt de gele kaart gegeven bij 1/4 tegenstemmers.

Een oranje kaart wordt gegeven wanneer minimaal de helft van de EU lidstaten meent dat een onderwerp niet op Europees niveau geregeld zou moeten worden, maar op nationaal niveau thuis hoort. De Europese Commissie dient dan het wetsontwerp te heroverwegen, net als bij de gele kaart. Mocht de Commissie tot het oordeel komen dat het wil doorgaan met het wetsvoorstel, dan dient zij dit te motiveren. De Europese Raad kan het wetsvoorstel vervolgens afwijzen met 55% van de leden van de Raad, het Europees Parlement kan het wetsvoorstel afwijzen met een gewone meerderheid van stemmen.

PIJLERSTRUCTUUR

Bij het verdrag van Maastricht werd het beleid van de EU ondergebracht in drie pijlers. De pijlers bestonden uit verschillende graden van supranationaliteit, en bevatten ook verschillende onderwerpen. Het Verdrag van Lissabon voorzag in de afschaffing van de drie pijlers, teneinde de EU wat overzichtelijker te maken. Omdat zij van belang zijn geweest voor de ontwikkeling van de EU, worden de pijlers hier behandeld:

Eerste pijler, supranationaal (EEG)

De eerste pijler bestond uit de EEG (Europese Economische Gemeenschap), EGKS en Euratom. De EGKS (Europese Gemeenschap voor Kolen en Staal) hield in 2002 op te bestaan.

Deze pijler omvatte de oudste onderdelen van de EU, die bij zijn oprichting vooral een organisatie was die de bevordering van de economie van de lidstaten en integratie voor ogen had.

Alle besluitvorming in de eerste pijler was supranationaal. Inmiddels wordt meer dan 60% van de Nederlandse wet- en regelgeving geïnitieerd bij de EU in Brussel.

HOOFDSTUK 8

Tweede pijler, Gemeenschappelijk Buitenlands- en Veiligheidsbeleid, intergouvernementeel

De tweede pijler omvatte het Gemeenschappelijk Buitenlands en Veiligheidsbeleid. Besluitvorming binnen deze pijler was nog volledig in handen van de lidstaten. Dat betekende dat als er op Europees niveau besloten werd, dit bij unanimiteit gebeurde, en staten niet tegen hun zin gebonden konden worden (wanneer zij bijvoorbeeld niet mee hadden gestemd, hadden zij de zogenaamde opt out mogelijkheid, waarbij men niet gebonden was aan bepaalde bepalingen door niet mee te stemmen). Er was in de afgelopen jaren verdergaande samenwerking in deze pijler zichtbaar. Er werd meer vergaderd over onderwerpen, er was toenemende samenwerking, meer overleg en er waren meer initiatieven, zoals de creatie van een Europese *rapid reaction force* en Europese deelname aan vredesoperaties van de VN, zoals in Kongo en Bosnië. Het bleek heel moeilijk om bij deze onderwerpen eensgezindheid te krijgen en er was nog altijd een frisse onwil om op deze vlakken soevereiniteit op te geven, hoewel we wel zien dat onderdelen van legers van verschillende landen intensiever samenwerken (Nederlandse en Duitse landmacht, Nederlandse en Engelse marine). Dit is ook na het opheffen van de pijlers zichtbaar in de rapid reaction force, die via roulerende EU Battle Groups troepen beschikbaar stellen per EU land voor Eufor missies (vredesmissies van de EU).

Ook op het gebied van consulaire bijstand is er verdergaande samenwerking. Wanneer Nederland in een bepaald land geen ambassade of consulaat heeft, kan de Nederlandse burger bijvoorbeeld naar een Belgisch consulaat, of een Belgische ambassade wanneer de burger hulp nodig heeft. Artikel 12 van het EU verdrag noemt vijf middelen om de doelstellingen van het GBVB te realiseren:

1. De formulering van algemene richtsnoeren;

2. De formulering van gemeenschappelijke strategieën voor het GBVB door de Europese Raad;

3. Systematische samenwerking tussen de lidstaten met betrekking tot de beleidsuitvoering, alsmede aanvaarding door de Raad van gemeenschappelijke optredens en gemeenschappelijke standpunten;

4. Gemeenschappelijke optredens hebben betrekking op specifieke situaties waarin een operationeel optreden van de Unie nodig blijkt binnen de lidstaten bij het innemen van standpunten en bij hun verder optreden;

5. Gemeenschappelijke standpunten reflecteren de aanpak van de Unie ten

aanzien van een bepaalde situatie van geografische of thematische aard; de lidstaten zorgen ervoor dat hun nationaal beleid met de gemeenschappelijke standpunten overeenstemmen.

Derde pijler, Politiële en Justitiële Samenwerking in Strafzaken, intergouvernementeel

In de derde pijler, Politiële en Justitiële Samenwerking in Strafzaken genoemd, werd de laatste jaren steeds meer samengewerkt. Onderwerpen als bestrijding van terrorisme en zware criminaliteit horen in deze pijler thuis, en ook mensenhandel en misdrijven tegen kinderen, illegale drugs- en wapenhandel, corruptie en fraude. Het immigratiebeleid was al naar de eerste pijler verhuisd. De samenwerking vond plaats op de volgende manier:

1. Nauwere samenwerking tussen politie-, douane-, en andere autoriteiten;

2. Nauwere samenwerking tussen justitiële autoriteiten;

3. Harmonisatie van de bepalingen betreffende strafzaken in de lidstaten.

De Raad had vier instrumenten om de samenwerking verder vorm te geven:

1. middel van gemeenschappelijke standpunten;

2. Door het nemen van kaderbesluiten, bedoeld voor de harmonisatie van de rechtsstelsels van de lidstaten. Deze kaderbesluiten zijn verbindend ten aanzien van het te bereiken resultaat, maar laten de nationale instanties vrij in het kiezen van de vorm en de middelen. Kaderbesluiten hebben geen rechtstreekse werking;

3. Overige besluiten die de Raad op grond van titel VI van het Unieverdrag kan nemen;

4. Overeenkomsten tussen lidstaten, waarvan aanvaarding door de Raad wordt aanbevolen. Voorbeelden hiervan zijn de Europol overeenkomst (1998), en de Overeenkomst financiële belangen van de EG (1995).

Omdat de onderwerpen in deze pijler zowel nationaal als transnationaal van aard waren, was er nog geen wil onder de lidstaten om soevereiniteit af te staan. Tegelijkertijd was er wèl de wens om nauwer samen te werken. Op het gebied van drugsbeleid en het homohuwelijk heeft Nederland een heel andere nationale politiek dan bijvoorbeeld lidstaat Italië, en soms ook Frankrijk. Wanneer deze onderwerpen supranationaal zouden worden is vooralsnog niet duidelijk of ons vooruitstrevende beleid stand zou kunnen houden. In de ontwikkeling naar een Verenigde Staten van Europa zullen alle lidstaten eigen elementen houden, zoals hun eigen taal en cultuur. Het doel is tezamen een sterk economisch en politiek machtsblok te vormen.

In het kader van Europese eenwording kan men vier vrijheden onderscheiden die gelden binnen de interne markt: de vrijheid van goederen, van diensten, van personen en van kapitaal.

VRIJHEID VAN GOEDEREN

Naast het feit dat de meeste lidstaten van de EU een gezamenlijke munt hebben, de euro, hebben ze ook afgesproken om de import belastingen tussen de lidstaten op te heffen. Hierdoor is er een gezamenlijke markt ontstaan. De markt is sneller geworden, doordat er bij de grenzen niet meer gewacht hoeft te worden door vrachtwagens die goederen vervoeren. Bovendien zijn er nu veel regelingen die garanderen dat lidstaten hun markt intern niet kunnen beschermen. Kwantitatieve beperkingen en maatregelen van gelijke werking als importheffingen zijn verboden. Staatshandelsmonopolies en kartelvorming zijn ook niet toegestaan. Jurisprudentie op dit gebied zijn de arresten van Gend en Loos, Cassis de Dijon, en Dassonville. Deze arresten worden aan het eind van dit hoofdstuk besproken.

VRIJHEID VAN PERSONEN

Binnen de EU heerst er vrijheid van personen. Je hoeft geen visum aan te vragen om naar andere lidstaten te reizen, en binnen het Schengen gebied kun je zelfs zonder grenscontrole van het ene land naar het andere reizen. Vrijheid van personen houdt ook in dat er vrije vestiging is. Een Nederlander mag zich dus in Frankrijk vestigen, heeft daar het recht toe, en zal dan een voorkeursbehandeling krijgen t.o.v. niet EU burgers. Vestig je je in een ander EU land dan dien je je te melden bij de vreemdelingenpolitie. Vervolgens krijg je een verblijfstitel voor vijf jaar. Mocht je binnen die vijf jaar arbeidsongeschikt raken of met pensioen gaan, dan mag je na die vijf jaar opnieuw een verblijfstitel aanvragen, waarbij de bovengenoemde zaken niet tot afwijzing van de vergunning mogen leiden. Mocht je binnen die vijf jaar werkloos zijn geraakt, dan krijg je één jaar om een baan te zoeken. Wanneer je voldoende middelen van bestaan hebt, kun je zonder enig probleem blijven. De eis die in eerste instantie aan je salaris wordt gesteld is minder strikt dan bij niet EU burgers. Wanneer je meent en kunt aantonen van een bepaald bedrag te kunnen leven, dan is dat genoeg.

De eis dat je evenveel verdient als het minimum loon geldt niet voor EU burgers.

Een EU burger die in een ander EU land woont, heeft net als de burgers in het land van verblijf actief en passief kiesrecht bij gemeenteraadsverkiezingen.

In principe heb je toegang tot alle banen in een ander EU land, behalve tot bepaalde overheidsbanen, zoals ambtenaar bij het Ministerie van Buitenlandse Zaken of rechter in een ander land, omdat daarvoor kennis en diploma's van het nationale recht vereist zijn (in het geval van het Ministerie van Buitenlandse Zaken is het voor de hand liggend dat je de nationaliteit van het land hebt dat je wilt vertegenwoordigen).

Op grond van het vrij verkeer van personen is het ook toegestaan om in andere EU landen te studeren. De diploma's van EU landen worden onderling erkend, en in het kader van EU uitwisselingsprogramma's kunnen studenten een semester of jaar in een ander EU land studeren en de studiepunten die ze daar krijgen erkend krijgen binnen hun eigen studie. Dit alles betekent dat de mobiliteit van de Europese burger enorm is toegenomen. Wanneer je werkt binnen de EU worden aanspraken op AOW meegenomen naar het EU land van herkomst. Het is dus niet meer zo dat je, als je enige jaren in een ander EU-land woont, pensioenbreuk lijdt.

VRIJHEID VAN DIENSTEN

Binnen de EU is de EU burger vrij om diensten aan te bieden en te ontvangen. Je mag dus vanuit Nederland in Duitsland diensten aanbieden en je mag deze ook ontvangen. Het gaat hier om diensten die gewoonlijk voor een vergoeding worden verricht. De personele werkingssfeer strekt zich overigens slechts uit tot onderdanen van een lidstaat van de EU die in een lidstaat van de EU gevestigd zijn. Onderdanen van derde landen die in de EU gevestigd zijn kunnen geen aanspraak maken op de vrijheid van diensten, tenzij bilaterale en multilaterale verdragen dit regelen. Het dienstenverkeer dient een grensoverschrijdend karakter te hebben. Voor het aanbieden van diensten moet je gevestigd zijn in een EU land, waarbij het beginsel van het oorsprongsland geldt. Dit houdt in dat je in het land van oorsprong, van waaruit je de diensten aanbiedt, moet voldoen aan de daar geldende wet- en regelgeving. Ook gezondheidszorg valt onder de grensoverschrijdende diensten. Omdat gezondheidszorg collectief gefinancierd wordt, is toestemming om diensten uit het buitenland te betrekken onderhevig aan goedkeuring door de uitkerende verzekering. Europese aanbestedingen zijn een verdere stap naar internationalisering van diensten. Uiteraard dien je je er wel van te vergewissen welk recht van kracht is, omdat de rechtssystemen in de lidstaten nog steeds verschillend

HOOFDSTUK 8

zijn. Beperkingen zijn toegestaan op grond van de openbare orde en veiligheid, en op grond van de volksgezondheid.

VRIJHEID VAN KAPITAAL

Het is toegestaan kapitaal te verplaatsen binnen de EU zonder dat daar juridische barrières voor worden opgebouwd. Het gaat hierbij om in- en uitvoer. Dit geldt ook ten aanzien van investeringen. Het verbod op belemmeringen geldt ook voor maatregelen zonder onderscheid, wanneer daaruit voortvloeit dat investeringen bemoeilijkt worden of in waarde verminderen.

Ook hier heeft het EU recht weer de mogelijkheid van beperkingen in het leven geroepen: dit recht kan worden beperkt met een verwijzing naar de openbare orde en veiligheid. In haar betrekkingen met derde landen kan de EU beperkingen instellen, bijvoorbeeld door het bevriezen van tegoeden die tot groepen of personen behoren die gelieerd worden aan terroristische activiteiten.

Inmiddels is de vrije vestiging en dienstverlening van banken en kredietinstellingen gerealiseerd en is ook de harmonisatie op het gebied van wet- en regelgeving van het verzekeringswezen bijna voltooid.

DE ECONOMISCHE EN MONETAIRE UNIE

Het komen tot een Economische en Monetaire Unie is onderdeel van het realiseren van één interne markt. Economische vrijheden die daartoe verwezenlijkt moeten worden zijn het vrij verkeer van werknemers, van diensten, het recht op vrije vestiging, en de vrijheid van kapitaal, die hierboven besproken zijn. Op 1 januari 2002 zijn de meeste landen van de EU overgegaan op een gemeenschappelijke munt, de euro. De Europese monetaire politiek wordt gevoerd door één centrale bank, de Europese Centrale Bank (ECB). De ECB is verantwoordelijk voor de rentestanden en geeft bankbiljetten uit. Ook heeft het nauw contact met de Centrale Banken van de lidstaten.

HET EUROPEES HOF VAN JUSTITIE EN DE BELANGRIJKSTE ARRESTEN

Het Europees Hof van Justitie en het Gerecht van Eerste Aanleg zijn al in eerdere hoofdstukken besproken. Hier vatten we nog eens samen wat de functies van de Hoven zijn.

Europees Hof van Justitie (EU)

Het Europees Hof van Justitie is het orgaan dat rechtspreekt binnen de EU. Iedere lidstaat heeft een rechter in het Hof en veelal worden zaken aangebracht door de nationale rechter als prejudiciële vraag. De nationale rechter wil in het kader van een lopende zaak advies over de interpretatie van EU wet- en regelgeving. De nationale rechter is niet gerechtigd om zelf het EU recht te interpreteren. Dit houdt in dat de nationale rechter zijn of haar vraag aangaande EU recht stelt, en ondertussen de nationale zaak stillegt, in afwachting van het oordeel van het Europees Hof van Justitie. Wanneer het Europees Hof van Justitie uitspraak heeft gedaan, dan heropent de nationale rechter de zaak weer en spreekt recht, met inachtneming van de uitspraak van het Europees Hof van Justitie. Slechts in twee gevallen hoeft de nationale rechter niet om uitleg te vragen aan het Europese Hof, namelijk wanneer er sprake is van een acte claire of een acte éclairé, dat wil zeggen een zaak die duidelijk is of een zaak waarin al in eerdere soortgelijke gevallen uitspraak is gedaan door het Europees Hof van Justitie.

Naast de prejudiciële procedure kunnen ook staten een zaak aanbrengen bij het Hof, organen van de EU elkaar of een staat aanklagen en kunnen burgers een staat of orgaan aanklagen. Ook is het mogelijk dat een ambtenaar van één van de EU organen een zaak aanspant tegen een orgaan van de EU.

Rechters worden gekozen door de regeringen van de lidstaten gezamenlijk. Alle lidstaten hebben een rechter in het Hof. Rechters worden benoemd voor een periode van zes jaar. Een beslissing van het Hof moet gemotiveerd zijn, waarbij wordt aangegeven welke rechtsgronden aan het oordeel ten grondslag liggen. Ook besluiten van EU organen dienen gemotiveerd te zijn. Wanneer onvoldoende of niet wordt voldaan aan het motiveringsvereiste, wordt de besluitvorming nietig verklaard.

Commissie, Raad en Parlement mogen beroep instellen tegen een besluit van de EU dat vatbaar is voor beroep. Dit is geregeld bij het Verdrag van Maastricht. Het gaat hierbij om besluiten waarbij het Parlement meent dat zij haar rechten niet adequaat kan uitoefenen in het kader van de besluitvorming. Burgers en bedrijven kunnen beroep instellen tegen aan hen gerichte beschikkingen van de EU. Daarnaast kunnen burgers en bedrijven beroep instellen tegen:

1. *de facto* beschikkingen die formeel in de vorm van een verordening zijn aanvaard;

2. beschikkingen gericht tot een derde, vaak een lidstaat.

Er bestaat geen beroepsrecht tegen verordeningen en richtlijnen omdat de particulier 'rechtstreeks en individueel' moet zijn geraakt.

In principe hebben rechtstreekse beroepen (dus geen prejudiciële procedures) bij het Hof geen schorsende werking. Omdat internationale rechtspraak vaak vele jaren in beslag neemt kan het belangrijk zijn om via een verkorte procedure een bepaalde situatie niet te laten doorgaan, omdat hiermee de hoofdzaak van het geding zou komen te vervallen. Via een kort gedingprocedure kan het Hof of het Gerecht van Eerste Aanleg voorlopige voorzieningen treffen. Belangrijk is dat een dergelijke kort geding procedure alleen in werking kan treden als er tegelijk een bodemprocedure is gestart.

Het Europees Hof van Justitie heeft adviesbevoegdheid. Het Europees Parlement, de Commissie en de Raad hebben het recht om het Hof om een advies te vragen over verenigbaarheid van een beoogd internationaal verdrag met EU verdragen. Wanneer het Hof een afwijzend advies uitbrengt, dient het beoogde verdrag via heronderhandelingen 'verdragsconform' te worden gemaakt, of het EU verdrag wordt gewijzigd.

Gerecht van Eerste Aanleg

Sinds het Verdrag van Nice kan het Gerecht van Eerste Aanleg ook in prejudiciële zaken recht spreken. Om te voorkomen dat er andere uitspraken komen van Gerecht en Hof, kan het Gerecht een zaak doorverwijzen naar het Hof wanneer het om principiële zaken gaat, waarbij de eenheid van het EU recht van belang is. Bovendien kan het Hof een uitspraak in een prejudiciële zaak heroverwegen, een soort hoger beroep mogelijkheid, zoals hierboven al gesteld werd.

Het Gerecht van Eerste Aanleg is begin jaren 90 ingesteld. Het Gerecht van Eerste Aanleg behandelt eenvoudige zaken en bekijkt of de zaak ontvankelijk en gegrond is. Hiermee is ook een beroepsmogelijkheid gecreëerd. Hiertoe is een termijn van twee maanden ingesteld. Het Hof kan in kamers van drie of vijf rechters bijeen komen. Hoe belangrijker de zaak, des te groter zal de kamer die rechtspreekt zijn. Het Gerecht van Eerste Aanleg behandelt klachten van ambtenaren van de EU, beroepen tot nietigverklaring ingesteld door natuurlijke personen of rechtspersonen, schadevergoedingsacties tegen de EU en kort gedingen. De EU rechters toetsen aan het primaire en secundaire gemeenschapsrecht. In het Gerecht van Eerste Aanleg hebben ook alle lidstaten een rechter.

Europees Gerecht voor Ambtenarenzaken

Dit gerecht bestaat uit zeven rechters die benoemd worden voor een periode van zes jaar. Uit hun midden wordt een president gekozen voor een periode van drie jaar. Gewoonlijk houdt het gerecht zitting in kamers van drie rechters, maar wanneer dit nodig is kan het gerecht bijeen komen in de samenstelling van alle zeven rechters. Dit gerecht is gespecialiseerd in het ambtenarenrecht van de Europese Unie. Het gerecht kan zaken behandelen tussen instanties van de EU en haar werknemers, inclusief werknemers van Europol, Eurojust, de Europese Centrale Bank en het Bureau voor Harmonisatie binnen de Interne Markt. Er is een mogelijkheid tot hoger beroep. Binnen twee maanden na uitspraak door het Gerecht voor Ambtenarenzaken kan een partij hoger beroep instellen bij het Gerecht van Eerste Aanleg. Een procedure bij dit Hof heeft geen schorsende werking. Daarom is het mogelijk om in kort geding voorlopige voorzieningen te vragen.

MEDEDINGINGSREGELS

Regels op nationaal niveau die de mededinging beperken zijn verboden in het EU recht. Een gezonde mededinging is goed voor de verdere ontwikkeling van de markt. De EU heeft een bijzondere taak bij de volgende onderwerpen:
1. kartelvorming;
2. fusies;
3. liberalisering;
4. staatssteun.

Steunmaatregelen

Subsidies aan in moeilijkheden verkerende bedrijven vallen onder de ongeoorloofde steun aan bedrijven. Het gaat hier om steunmaatregelen. Voorbeelden van steunmaatregelen zijn overheidsparticipatie in noodlijdende bedrijven en korting op overheidstarieven. Deze steun wordt niet als ongeoorloofd gezien wanneer een particuliere investeerder in dezelfde situatie dezelfde beslissing zou hebben genomen.

Gelijke behandeling

Het gaat hier om gelijke beloning voor gelijke arbeid voor mannen en vrouwen. Er mag ook geen verkapte of indirecte discriminatie zijn. Er moet gewaakt worden voor discriminatie van deeltijdwerkers, wanneer zij naar verhouding bijvoorbeeld minder verdienen, of minder voorwaarden opbouwen als pensioen, het mogen volgen van cursussen en bedrijfsgratificaties. Zaken als gelijke promotiekansen zijn uitgewerkt in richtlijnen.

HOOFDSTUK 8

Kwantitatieve beperkingen en maatregelen van gelijke werking

Kwantitatieve beperkingen en maatregelen van gelijke werking hebben als doel om ook niet direct zichtbare barrières tussen lidstaten op te heffen. Het is dan ook niet toegestaan om een beperking op te leggen aan de hoeveelheid te importeren goederen van de ene lidstaat naar de andere lidstaat, en het instellen van invoerverboden is niet toegestaan. Bij een dergelijke maatregel wordt wellicht niet direct beoogt om een invoerbeperking in te stellen, maar is dit wel het gevolg.

Na deze theoretische verhandelingen volgen hieronder enkele belangrijke arresten.

JURISPRUDENTIE

Van Gend en Loos, geen nieuwe invoerbeperkingen, zaak 26/62: NV van Gend & Loos tegen Nederlandse Administratie der Belastingen (Hof van Justitie van de EG, 5 februari 1963)
In het van Gend en Loos arrest stond de vraag centraal of Duitsland na het afschaffen van invoerrechten nog wetgeving mocht aannemen die in praktijk neerkwam op nieuwe heffingen. Het Europees Hof van Justitie oordeelde dat dit niet langer is toegestaan.

Costa/Enel, Europees recht gaat voor nationaal recht, Zaak 6/64: Flaminio Costa tegen E.N.E.L. (Hof van Justitie van de EG, 15 juli 1964)
In dit arrest werd aan het Hof gevraagd hoe moest worden omgegaan met lidstaten die een dualistisch rechtssysteem hebben. In dit geval ging het om Italië, dat een dualistisch rechtssysteem heeft, waarbij nieuwe wetten voor oude wetten gaan, en nog belangrijker, internationaal recht eerst moet worden omgezet naar nationaal recht voordat het van kracht kan worden. Het probleem voor andere lidstaten hierbij is dat het in theorie kan voorkomen dat wanneer een nieuwe nationale wet die strijdig is met EU bepalingen wordt aangenomen, deze eerder aangenomen EU bepalingen voor Italië buiten werking zou kunnen stellen. Het Hof oordeelde dat het Europese recht altijd voor het nationale recht zal gaan.

Van Binsbergen, recht op dienstverlening in andere EU landen, zaak 3374: J.H.M. van Binsbergen tegen Bestuur van de Bedrijfsvereniging voor de Metaalnijverheid (Hof van Justitie van de EG, 3 december 1994)
In dit arrest was de juridische vraag of er beperkingen kunnen worden gesteld aan het laten verrichten van diensten door een EU burger in een ander EU land, oftewel hoe ver de vrijheid van diensten reikte. De heer van Binsbergen was een Nederlands onderdaan die diensten verrichtte in

België, en de vraag was of hij dit zonder problemen kon doen. De uitspraak was dat dit inderdaad het geval was.

Cassis de Dijon, geen indirecte invoerbeperkingen door gezondheidseisen, Zaak 120/78: Rewe Zentral AG tegen Bundesmonopolverwaltung fuer Branntwein ("Cassis de Dijon") (Hof van Justitie van de EG, 20 februari 1979)
In het Cassis de Dijon arrest wilde Duitsland in het kader van haar wetgeving op het gebied van de volksgezondheid specifieke eisen stellen aan de likeur Cassis de Dijon, die volgens Duitsland een ander alcoholpercentage diende te hebben. Frankrijk zag dit als verkapte invoerbeperkingen. Het Hof oordeelde dat specifieke lidstaten geen afwijkende eisen ten aanzien van de volksgezondheid mogen stellen, anders dan in uitzonderlijke situaties. Derhalve diende Cassis de Dijon ook naar Duitsland te kunnen worden geïmporteerd, zonder aanvullende eisen.

Bosman arrest, voetbaltransfers, vrij verkeer van werknemers, Zaak C415/93: VZW Koninklijke Belgische Voetbalbond e.a. tegen Jean-Marc Bosman e.a. (Hof van Justitie van de EG, 15 december 1995)
Het recht dat hier centraal stond was het vrij verkeer van werknemers. De uitspraak van het Hof hield in dat transfergelden in strijd zijn met het vrij verkeer van werknemers. De uitspraak zag er als volgt uit:
1. Artikel 48 EEG-verdrag verzet zich tegen de toepassing van door sportverenigingen vastgestelde regels, volgens welke een beroepsvoetballer die onderdaan is van een Lidstaat, bij het verstrijken van het contract dat hem aan een club bindt, door een club van een andere Lidstaat slechts in dienst kan worden genomen, indien deze club aan de club van herkomst een transfer-, opleidings- of promotievergoeding heeft betaald.
2. Artikel 48 EEG-verdrag verzet zich tegen de toepassing van door sportverenigingen vastgestelde regels, volgens welke de voetbalclubs voor de door hen georganiseerde competitiewedstrijden slechts een beperkt aantal beroepsspelers mogen opstellen die onderdaan zijn van een andere Lidstaat.

Dassonville, whisky import vanuit Engeland via Frankrijk naar België, Zaak 8/74: Procureur des Konings tegen B. En G. Dassonville (Hof van Justitie van de EG, 11 juli 1974)
Engeland besloot om whisky naar België te importeren via Frankrijk, omdat op die manier een bepaalde belasting ontdoken kon worden. Ook handel in boeken ging veelal via de 'u-bocht' constructie. Het Europees

HOOFDSTUK 8

Hof van Justitie oordeelde dat het op deze manier ontduiken van bepaalde regelgeving strijdig was met de bedoelingen van het Europees recht.

Defrenne II arrest, vrouwen hoeven niet eerder met pensioen dan mannen. België, Sabena, Zaak 43/75: Gabrielle Defrenne tegen Belgische Luchtvaartmaatschappij NV Sabena (Hof van Justitie van de EG, 8 april 1976)
De Belgische luchtvaartmaatschappij Sabena had als beleid om stewardessen op hun 40ste verjaardag met pensioen te laten gaan. Stewards konden tot hun 50ste blijven werken bij Sabena. Een stewardess vroeg het Europees Hof van Justitie of dit discriminatie was, aangezien er geen gelijke standaard was voor mannen en vrouwen. Het Hof oordeelde dat er inderdaad sprake was van discriminatie en dat de leeftijd waarop stewards en stewardessen met pensioen gaan gelijk getrokken moest worden. Gelijke situaties dienen gelijk behandeld te worden.

HET DEMOCRATISCH GAT EN VERNIEUWINGEN IN DE EU

Bij een verdergaande samenwerking, en het overdragen van soevereiniteit aan de EU is het belangrijk dat de EU ook een transparante democratische organisatie is. Zoals we bij de besluitvorming al hebben gezien is dat zeker niet altijd het geval geweest, omdat het lang heeft geduurd voordat het Europees Parlement voldoende invloed op de besluitvorming had.

De voorgestelde vernieuwingen in de EU, die ook nodig waren in verband met de uitbreiding, moeten de rechten die we binnen de EU reeds hadden versterken.

DE TOEKOMST VAN DE EU

De vraag waar de EU zich al langer voor ziet geplaatst is hoe het verder zal gaan. Traditioneel waren er de lidstaten die voorstander van verdergaande uitbreiding waren, omdat dit betekende dat de integratie langzamer zou verlopen. Daarentegen waren er ook staten die voorstander waren van verdergaande integratie en daarom tegen uitbreiding waren. Met de huidige 27 leden, binnenkort 28 wanneer Kroatië is toegetreden, is de EU voorlopig even uitgegroeid. Er zitten uiteraard grenzen aan de uitbreiding van de EU. Een land dient geografisch in Europa te liggen.

In de komende jaren zal het de kunst zijn om de Europese Unie verder te verdiepen, waarbij de testcase zal zijn of de EU adequaat kan optreden tegen landen die minder democratisch zijn of worden, of een economische terugval doormaken. Is de EU in staat haar buitengrenzen voldoende te bewaken, en zal de EU erin slagen ook de burger effectief te beschermen? Bij de opbouw van de EU hebben politieke processen en juridische documenten samen de EU gemaakt tot wat het nu is.

Het ideaal van een Verenigde Staten van Europa, of een Europese Federatie, is voorlopig echter nog ver weg.

VERDER LEZEN?

R. Barents, L.J. Brinkhorst, *Grondlijnen van het Europees Recht*, Kluwer, Deventer, 2006.

J. McCormick, *Understanding the European Union: A Concise Introduction*, Palgrave, London, 2008.

Chr. Tobler, J. Beglinger, *Essential EU Law in Charts*, 2nd Lisbon edition, HVG-Orac, Budapest, 2010.

Chr. Tobler, J. Beglinger, *Essential EU Law in Text*, HVG-Orac, Budapest, 2010.

D.W. Urwin, *The Community of Europe: A History of European Integration since 1945*, Longman, London, 1995.

INDEX

A
aanbevelingen 39, 49-53, 56-7, 80, 101-2, 108
aangeklaagde 58, 62, 105-6
aanklager 60-1, 63, 105
aansprakelijkheid 24-6, 131
aansturing 152-3
aanval 8, 66-7, 69, 123, 133-4, 146, 152, 157-8, 165
aanvullende verdragen 83-4, 93, 129, 178
actoren, niet-statelijke 140, 173
ad hoc tribunaal 61-2, 155
advies 6, 16, 39, 50, 57, 59, 80, 93, 103, 112, 132, 144, 185-7, 196
adviesprocedure 186-7
Adviserend Comité 65, 101
Afrika 49, 55-7, 92, 132-3
agressie 19, 23, 60, 135, 146
akkoorden 137
Albanië 27-8, 71
   territoriale wateren van 27-8
Algemene Vergadering 4, 39, 41, 47, 50-2, 55-7, 59, 64, 130, 132, 143-4, 163
ambtenarenrecht 86, 197
amendementen 12, 87, 179, 185, 187-8
Antarctica 22-3
arbitrage 78, 142-4
arrestatie 22, 31, 75, 83, 115-16
arresten 180, 192, 194, 198, 200
atoomwapens 59, 130, 132-3
autoriteiten 19, 22, 98, 107-9, 191

B
Badinter Commissie 18-19
Baltische staten 19, 66
basisrechten 95, 123, 134
bedreiging 39, 144, 146
begroting 47, 180
Behrami 30
België 22, 175-6, 178, 199-200

bellum, ius post 124-5
bemiddelaar 56, 115, 139, 141-2
bemiddeling viii, 125, 138-41, 144
bemiddelingscomité 188
bemiddelingsproces 139-41
beschikkingen 65-6, 151, 181-2, 186, 195
bevoegdheden 2, 28, 39, 47, 51, 137, 183
Binsbergen 180, 198
booreilanden 29-30
Bosnië 62, 68, 71, 126, 132, 147, 190
Brussel viii, 84, 88, 179, 183, 189
buitengerechtelijke executies 64, 128
buitengrenzen 5, 19, 88, 177, 200
burgerrechten 167, 172-4
burgerschapsrechten 187

C
Cambodja 33-5
CERD (Convention on the Elimination of Racial Discrimination) 38
chemische wapens 4, 127, 129-30, 132, 166
codificatie vii, 93, 99, 124, 127, 156
combattanten 3, 123, 125-7, 129, 133, 135
   gewonde 128
Comité van Ministers 79-80, 82, 110
Commissie Gelijke Behandeling Man-Vrouw 83
Commissieleden 183
commissies 11, 27, 47, 51-2, 65-6, 78, 81, 83
conciliatie 77-8, 138, 141-2, 144
conciliatiecommissies 78, 141
conflict 1-2, 4, 34-5, 38-9, 41-2, 53-4, 58-9, 61-3, 77-8, 106,

123-4, 128-32, 137-45, 147-9, 152-3, 155-8
conflict preventie 76
Conflict Prevention Centre (CPC) 76
conflictbeheersing vii-viii, 4, 69, 75, 77, 137-9, 141-5, 147, 149, 151, 153, 155, 157-9
conflictoplossing 2, 75, 138-9, 152
internationaalrechtelijke 89
conflictpartijen 139-40
conflictpreventie 137, 157
conflictvoorkoming 68, 75, 77
continentaal plateau 35-7
Convention on the Elimination of Racial Discrimination *zie* CERD
Convention 129-30, 163, 168
Counter-Terrorism Executive Directorate (CTED) 171
CPC (Conflict Prevention Centre) 76
CTED (Counter-Terrorism Executive Directorate) 171
culturele rechten 5, 49, 91-6, 116, 169

D

dekolonisatie 4, 41, 49, 52, 168
delegaties 47, 108
delimitatie 15, 22, 35-8, 78
Denemarken 29-30, 35, 176-8
Department of Political Affairs (DPA) 171
diensten, goede 103, 138, 141, 147
diplomatie 140
discriminatie 91, 94-5, 97-8, 187, 197, 200
doorvaart, vrije 27-9
douanerechten 21, 176, 179
DPA (Department of Political Affairs) 171
Duitsland 30-1, 36, 42, 55, 119-20, 161, 175-6, 178, 198-9

E

early warning 75-7, 103, 146-7
ECB *zie* Europese Centrale Bank
Economische en Monetaire Unie *zie* EMU
ECOSOC 56-7, 64, 101
EEG 83, 175-7, 189
EEG landen 176-7
EEG-verdrag 199
EESC (Europees Economisch en Sociaal Comité) 185
EG 83, 88, 177, 191, 198-200
EG verdrag 84, 176
EGKS 83, 88, 175-6, 189
EGKS verdrag 176
EMU (Economische en Monetaire Unie) 176, 194
Engeland 22, 36, 57, 118, 178, 199
entiteiten 5, 15, 18-20
EPS (Europese Politieke Samenwerking) 176
erkennen 17-20, 34, 42, 60, 79, 81, 95-6, 106
Ethiopië 40-2
EU 6, 11, 18-19, 37, 45, 69, 83-90, 141, 146, 150, 163-4, 172-3, 175-86, 189-90, 192-7, 200-1
EU burgers 181, 192-3, 198
EU landen 89, 181, 192-3, 198
EU lidstaten 87, 189
EU organen 84, 86, 183, 195
EU recht 85-6, 179, 194-7
EU verdrag 6, 183, 190, 196
Euratom verdrag 180
Eurojust 86, 197
Europees Economisch en Sociaal Comité (EESC) 185
Europees Hof van Justitie 7, 47, 82, 85, 182, 194-6, 198, 200
Europees Parlement 84, 87-9, 178-9, 181, 183-9, 196, 200
Europees Recht 90, 175, 177, 179, 181, 183, 185, 187, 189, 191, 193, 195, 197, 199, 201
Europees Verdrag 33, 78, 81, 83, 90, 109-10, 178

Europees Verdrag voor de Rechten van de Mens *zie* EVRM
Europese Centrale Bank (ECB) 176, 179, 186, 194, 197
Europese Commissie 185, 188-9
Europese Gemeenschap 84, 175, 185
Europese Grondwet 178, 180-1
Europese Politieke Samenwerking (EPS) 176
Europese Raad 181, 185, 189-90
Europese Unie viii, 83-5, 175, 177-8, 181-3, 197, 200
EVRM (Europees Verdrag voor de Rechten van de Mens) 33, 78-9, 81-3, 90, 102, 109-16

F
fact finding missies 64, 75, 77, 100, 103, 107-9, 138
federatie 2, 17, 19-20
Finland 28-30, 43, 71, 176-8
Frankrijk 1, 20, 30-2, 175-6, 178, 181, 191-2, 199

G
GBVB (Gemeenschappelijk Buitenlands en Veiligheidsbeleid) 177-8, 190
gedingen, kort 86, 113-14, 196-7
Gemeenschappelijk Buitenlands en Veiligheidsbeleid *zie* GBVB
gemeenschappelijk standpunt 187-8
Geneefse Conventies 26, 63, 124, 128-9, 131, 133
Geneefse Verdragen 36, 131
genocide 5, 9, 17, 60, 62-3, 66, 91, 100, 106, 135, 156
Georgië 25, 38, 71, 140-1
Gerecht van Eerste Aanleg 86, 194, 196-7
gewapend conflict 3, 38, 99, 126, 145, 147, 151
geweldsinstructie 149, 152-3
gewoonterecht 7-8, 37, 49, 52, 93, 127, 129, 179

grensafbakening 21, 23, 36
grenscommissie 34-5
grensconflicten 23, 26, 33, 143
grenskaart 34-5
grensverdrag 16, 34, 37
groepsrechten vii, 5, 92
grondgebied 8-9, 15-16, 20, 33, 61, 92, 118, 170
grondrechten 167, 178
Grondwet 17, 49, 92-3, 100, 150-1, 178, 181, 183
Groot Brittannië 4, 27-8, 36
Guatemala 119-20

H
harmonisatie 191, 194, 197
hervormingen 55, 64-5, 71, 110, 154, 175
Hof van Justitie 179, 198-200
Hoge Commissaris 65, 77, 102-3
Hoge Verdragsluitende Partij 112
Hoge Vertegenwoordiger 181, 185
hoger beroep 31, 61, 63, 82, 86, 110, 114, 196-7
hoorzitting 35, 61, 96-7
human security viii, 154-6, 158-9
humanitair recht vii-viii, 3-4, 6, 8, 25-7, 62, 123-7, 129, 131, 133-5, 154, 156, 165
huurlingen 6, 65, 129, 133-4

I
ICAO (International Civil Aviation Organization) 171
IMO (International Maritime Organization) 171
inheemse volken 92, 99-100
Institutioneel Recht vii-viii, 33, 45, 47, 49, 51, 53, 55, 57, 59, 61, 63, 65, 67, 69, 71
intergouvernementeel 88, 177, 190-1
intern zelfbeschikkingsrecht 5, 17
internationaal conflict 123, 169
Internationaal Gerechtshof 69, 82

Internationaal Hof van Arbitrage 59, 106, 142-3
Internationaal Hof van Justitie 7-8, 16, 22, 24, 27-35, 37-40, 47, 50, 57, 59, 74, 89, 106, 118-19, 130, 143-4
internationaal humanitair recht 63, 101
internationaal milieurecht vii, 8
internationaal publiekrecht vii-viii, 1, 3, 7, 10-11, 17, 20, 39, 57-9, 99, 120, 130-5, 143, 154, 156-7, 179
  subject van 10
internationaal recht vii-viii, 1, 3, 5-11, 13, 19, 24-7, 36, 40-1, 51-2, 57-8, 93, 111-12, 135, 143, 156-8
  algemeen 37
Internationaal Strafhof 7-8, 47, 60-2, 106, 125, 135, 155
internationaal verdrag 1, 5, 10-11, 17-18, 48, 51, 91, 93-6, 102, 196
International Civil Aviation Organization (ICAO) 171
International Maritime Organization (IMO) 171
internationale gemeenschap 15, 17-19, 24, 33, 61, 135, 155-7
Internationale Hof van Justitie 4, 6-7, 28-30, 50, 58, 73, 142, 144
internationale hoven vii-viii, 7, 33
internationale intergouvernementele organisaties vii-viii, 18, 45-7, 89, 138-9, 154, 170, 183
internationale organisatie rechtspersoonlijkheid bezit 6
internationale organisaties vii, 2, 6, 11, 15, 45-7, 49, 68, 74, 89, 120, 140, 143, 150, 153, 164
internationale verdragen 8, 10, 92, 128-9, 166
interne conflicten 129, 155, 157
interventie 69, 73, 77, 137-8, 146-7, 151, 155, 158, 176

Irak 5, 54, 109, 133-4, 138, 148, 157-8
Italië 118, 161, 175-6, 178, 198
ius cogens 8-9, 54, 135
ius sanguinis 118
ius soli 118

J
Joegoslavië 18-19, 74, 82, 106
Joegoslavië tribunaal 61-3, 106, 135
jurisdictie 8, 22-3, 33-4, 39, 42, 60
  universele 9, 135
jurisprudentie viii, 22, 26-7, 33, 39, 42, 73, 85, 90, 111, 113, 118, 121, 132, 136, 192

K
kaderbesluiten 163, 191
kandidaat lidstaten 67, 71, 89, 177-9
kiesrecht, passief 98, 193
klachtrecht, individueel 96, 99, 105
Koeweit 54, 72, 147-8
Kosovo 19, 30-1, 39-40, 43, 66, 68, 138, 147
krijgsgevangenen 124-6, 128, 131-2, 134-5
Kroatië 42, 71, 179, 200

L
laagwaterlijn 21
landenrapporteurs 64, 109
landmijnen 130
Liberia 40-3
lidmaatschap 25-6, 46, 49-50, 66, 71, 74, 84, 88-9
lidstaten
  aantal 83
  armere 180
  groepen 145
  nieuwe 67, 81-2, 88, 177-8, 181, 188
Lieber Code 123-4
Liechtenstein 119-20
locale rechtsmiddelen 33, 115

luchtruim 23
Luxemburg 87, 175-6, 178-9

M

maatregelen, preventieve 137
Macedonië 31, 42, 69, 147
management, crisis 68, 71, 75-6
mandaat 31, 40-2, 56, 64-5, 68, 80, 103, 108-9, 146, 148-50, 152-3
mandataris 4, 41
MAP (Membership Action Plan) 71
markt, interne 177, 192, 194, 197
massavernietigingswapens 70, 72, 173
mechanismen 52, 77, 91, 93-4, 97, 101, 104-5
mediators 139-41
meerderheid 16-17, 48, 52-3, 58, 112, 183, 188-9
  gekwalificeerde 48, 177-8, 181, 185, 187-8
Membership Action Plan (MAP) 71
mensenrechten vii-viii, 5, 8, 25, 31, 33, 48-51, 56, 60, 64-6, 78-81, 90-5, 99-113, 115-17, 119-21, 154-5
  economische 117
  ernstige schendingen van 17, 64, 156
  fundamentele 74
  generaties 92
mensenrechten situatie 120
mensenrechten werkgroepen 65
mensenrechtenactivist 117
mensenrechtencategorieën 94
mensenrechtendschendingen 155
mensenrechtenmechanismen 103
mensenrechtenorganisaties, nationale 101
mensenrechtenschendingen viii, 33, 62, 64-5, 94, 101, 103, 107-9, 116-17, 157
mensenrechtenschendingen staatsaansprakelijkheid 33
mensenrechtensituatie 64-5, 96, 104, 107

mensenrechtenspecialisten 172
mensenrechtenstandaard 80
mensenrechtenverdragen 65, 93, 100-1, 105-7
  regionale 93
mensheid 9, 23, 60, 62, 106, 126, 135
middelen, juridische bindende 138
mijnen 27, 130, 156
militaire interventie 54, 153-4
Militaire Staf Comité 145
militairen 5, 31, 73, 115-16, 123-4, 127, 134, 152-4
minderheden 5, 16-18, 77, 95, 97, 147
minderheidsrechten 5, 17, 92
Ministeriële Raad 76
ministers 12, 70, 76, 79-80, 82, 87, 89, 110, 113-14, 150-1, 184, 188
missie 73, 107, 146, 148-54
  peace enforcing 149
  peace keeping 148-9
Montenegro 62, 69, 71
moordpartijen 63
munteenheid 84, 176, 178

N

nationaliteit 63, 93, 100, 102, 117-20, 141, 193
natuurrechten 92
NAVO (Noord Atlantische Verdrags Organisatie) 31, 33, 45-6, 66-73, 88, 90, 146, 150, 152
NAVO lidstaten 69-70, 165
NAVO-Russische Raad 72
NAVO Verdrag 67
Nederland vii, 12, 15, 21-3, 35, 73-4, 78-9, 97-8, 110-11, 113-14, 147-50, 152-3, 175-6, 178, 181, 190-1
Nederlanderschap 117
Nederlands recht vii
Nederlandse autoriteiten 22-3
Nederlandse militairen 151, 153-4
Nederlandse rechtssysteem 58

INDEX

Nederlandse regering 7, 150-1, 153
NGO's 6-7, 45, 99, 101-2, 104, 140, 149
Nieuw Zeeland 31-2
non-gouvernementele organisaties, internationale 10, 45, 149
Noord Atlantische Raad 70, 73, 150
Noord Atlantische Verdrags Organisatie *zie* NAVO
Noord Cyprus 19, 33
Noorwegen 30-1, 36
Nottebohm 119-21

O

ODIHR (Office for Democratic Institutions and Human Rights) 76-7
Oekraïne 37, 71-2
Office for Democratic Institutions and Human Rights (ODIHR) 76-7
OIC (Organization of the Islamic Conference) 168
Ombudsman 186
onafhankelijke mensenrechten rapporten 101
onafhankelijke staten 15, 20, 25
onafhankelijkheidsverklaring 39-40
onderdanen 9-10, 56, 87, 97, 133, 135, 193, 199
onderhandelingen 1, 19, 24, 30, 37-8, 40-1, 60, 77, 139, 141, 144, 147
onrechtmatige daad 21-2, 24-6, 146
  internationale 25
onrechtmatigheid 25, 131, 158
ontwapening 52, 68, 71, 155-6
ontwerp 187-8
ontwikkelingslanden 97, 101, 116, 162
oorlog
  agressie 157
  rechtvaardige 124
oorlogsgebieden 131
oorlogsrecht 1, 6, 62, 124-6, 135

OPCW (Organization for the Prohibition of Chemical Weapons) 171
oplossing, vreedzame 28, 30, 53-4, 77
Optioneel Protocol 96, 99, 105
opvolgerstaten 26, 74
organen, juridische 89, 106
organisatie, terroristische 162, 165, 167-8, 170
organisatie rechtspersoonlijkheid 6-7
Organisatie van Amerikaanse Staten 45
Organization for the Prohibition of Chemical Weapons (OPCW) 171
Organization of the Islamic Conference (OIC) 168
overeenkomsten 45, 138-40, 191
OVSE 45, 68-9, 71, 74-6, 139, 141, 150, 152, 156

P

Parlementaire Assemblee 47, 72-3, 75, 79, 82, 111-12
parlementariërs 73, 75, 79, 84-5, 87, 185
partijen, strijdende 137, 149
partnerlanden 71
Partnership 66, 71, 73
peace building 147-8
Peace Building Commissie 65-6, 157
peace enforcing 147-8, 152
peace keeping 147-8
peace making 146-7
permanente leden 52-3, 55-6
personaliteitsbeginsel 9
pijlers
  eerste 84, 88, 177, 189, 191
  tweede 84, 88, 190
PMCs (private military contractors) 134
politie 76, 83, 167, 189, 191

politiek vii-viii, 6, 11-12, 30, 42, 51, 59, 62-3, 70, 82, 94, 120, 133-5, 156-8, 169, 174-5
politieke middelen 78, 137-8, 158
politieke uitspraken 75, 83
politieke wetenschappen vii, 11
Politiële en Justitiële Samenwerking 88, 191
Pre-emptive strikes 157-8
Preah Vihar 16, 33-5, 42
prejudiciële procedure 85-6, 195-6
preventive strikes 157-8
private military contractors (PMCs) 134
Protocol 26, 63, 105, 110-11, 129-30

R
Raad 18, 40, 57, 64-5, 70, 72, 78, 84, 87, 100-3, 107-9, 176-7, 179, 183-9, 191, 195-6
Raad van Europa 2, 45-6, 78-82, 89, 109-12, 163, 172-3
Raad van State 12, 113-14
rapportage 32, 102-4
rapporten 41, 52, 55-6, 64-5, 77-8, 96-7, 101-4, 108-9, 111, 131, 156, 158
rapporteur 64, 108-9, 134, 169
  thematische 64, 108-9
ratificatie 10, 12, 178, 181
rechtbanken 63, 89, 114
rechten
  burgerlijke 5, 174
  dwingend 9, 127-8
  gelijke 41, 49, 74, 99, 102
  nationale 10-11, 21, 40, 62, 82, 86, 193, 198
  partij 36
rechterlijke organen 7
rechterlijke uitspraken 7, 16
rechters 6, 35, 37, 57-9, 61, 63, 75, 81, 83, 85-6, 98, 107, 110, 112-13, 143, 195-7
  nationale 85, 110, 195
rechtsbasis 49, 78, 81, 151-2

rechtsgang 57
rechtsmacht 21, 24, 27-8, 33-4, 38, 58, 60, 69, 74, 81, 95, 106
rechtsmiddelen, nationale 81, 96, 98, 105-6, 110, 116
rechtsorde, nationale 10, 84, 96, 182
rechtspersonen 86, 182, 196
rechtspersoonlijkheid 6-7, 10, 26
rechtspraak 63
  internationale viii, 143
rechtsstaat 78, 84-5, 89, 174, 177
rechtssystemen 57, 143, 193
  dualistisch 198
referendum 181
regelgeving viii, 1, 11, 41, 74, 86-8, 111, 128-30, 133-5, 180, 185, 187, 193-4, 200
regeringen
  effectieve 17-18
  nationale 7, 56, 58, 65, 87, 111, 120, 143, 156
Regionale Autoriteiten 79-80
regionale mensenrechtenorganisatie 96
regionale organisaties 45, 91, 139, 144
represailles 25, 108, 131, 146
resoluties 5, 27-8, 31, 40-1, 49, 53-5, 59, 62-3, 69, 111, 146, 149, 151-3, 169, 171, 173
respect 43, 49, 71, 74, 78, 84-5, 89, 95, 113, 115, 135
richtlijnen 181-4, 195, 197
rivier, internationale 20-1, 36-7
Rode Kruis 3, 6, 123, 125, 128, 131-2
Roemenië 37, 178
Russische Federatie 25-6, 38, 73, 115, 141
Rwanda 63-4, 155
Rwanda tribunaal 61, 64, 106, 135

S
Saint Pierre 1-3
samenwerkingsprocedure 187

sancties 46, 49, 54, 79, 189
schade 6, 21, 24-5, 27-30, 37, 69, 105, 119, 133, 158
schadevergoeding 6, 27-8, 37, 69, 82, 111, 116, 119
schendingen, ernstige 9, 60, 62-3, 66, 124, 135, 155, 168
Secretariaat 12, 46-7, 49, 56, 76, 79, 103
Secretaris-generaal 54-6, 70, 72-3, 75-6, 79, 149
secundaire gemeenschapsrecht 85, 182, 196
Servië en Montenegro 66, 68-9, 74
slavernij 9, 95, 110
soevereiniteit 15, 17, 23, 34-5, 40, 60, 69, 74, 84, 88, 92, 140, 157-8, 175, 191, 200
South West Africa 40, 43
Sovjet Unie 5, 18-19, 23, 25, 46, 48, 55, 66, 68, 76, 93, 116, 161
spreekrecht 79, 82
staatsaansprakelijkheid viii, 8, 24-7, 30, 33, 127, 131
staatsorganen 26
staatsterreur 161-2
staatsvorming vii, 15, 17-21, 23, 25-7, 29, 31, 33, 35, 37, 39, 41-3, 140
standpunt, gemeenschappelijke 190-1
staten
  deelnemende 74-5, 152
  nationale 11, 184
Staten-Generaal 151
statenklacht 94, 105
statenklachtrecht 104-5
statenopvolging 25-6
Statuut Raad van Europa 79
stemrecht 48, 52, 73
steunmaatregelen 187, 197
Strafhof 60-1
strijdkrachten 124, 150-1, 153
supranationaal 88, 177, 189
systeem, dualistisch 10-11

T

talen, officiële 3, 51, 85, 88, 175, 179
tegenmaatregelen 25
Tempel van Preah Vihar 34-5
territoriale wateren 8, 21-2
territorium 8, 15-16, 18, 20-1, 23, 35-6, 67, 87, 124, 146
terrorisme vii-viii, 5, 72, 76, 134-5, 161-74
  bestrijding van 88, 163, 166-7, 171, 178, 191
  gefinancierd 170
  geïnspireerd 161
terroristen 5, 164, 166-71, 173-4
terroristisch oogmerk 134, 164, 166
terroristische aanslagen 5, 161-2, 166-7, 171-3
terroristische activiteiten 134, 170, 194
terroristische daden 165-6, 169, 171, 174
Thailand 33-5, 43
tribunaal, internationale 62-3, 135
troika 40, 75, 101-2
Turkije 33, 118, 179
Tweede Wereldoorlog 4-5, 35, 48-9, 91, 116, 123, 128, 132, 175-6

U

uitbreiding 8, 68, 87-8, 129, 175, 177-8, 180, 184, 200
uitlevering 10, 60
uitspraken 2, 7, 27, 29-32, 35, 42, 58-9, 82, 85-6, 89, 106, 110-11, 114, 143, 195-7, 199
  juridische 105-6
Uitspraken van rechterlijke organen 7
unanimiteit 48, 58, 185, 187-8, 190
UNESCO (United Nations Educational, Scientific and Cultural Organization) 171
unierepublieken 5, 19
United Nations 50, 90

United Nations Educational, Scientific and Cultural Organization (UNESCO) 171
Universele Verklaring 49, 71, 91-3, 100-1

V

Veiligheidsraad 4, 27-8, 39-40, 48-57, 59, 82, 89, 143-6, 149, 158, 169
Veiligheidsraad besluiten 54
Veiligheidsraad doorgang 145
Veiligheidsraad maatregelen 145, 152
verblijfstitel 113-14, 192
verdedigingsorganisatie 46, 66-7, 150
Verdrag van Lissabon 84, 88, 90, 178, 180-1, 185, 189
Verdrag van Lissabon rechtspersoonlijkheid 179
verdragenrecht 8, 179
verdragstckst 11-12, 51
verdragsverplichtingen 32, 101, 104, 106, 146
Verenigd Koninkrijk 28, 176-8
Verenigde Naties 4, 18, 24, 41, 45-6, 48-9, 51, 56, 124
Verenigde Staten 3, 46, 99, 118, 175
verkiezingen 40, 75-7, 79, 87, 153, 186
verordeningen 181-4, 195
verplichtingen 10, 24-6, 71, 94, 116, 120, 139, 157
vestiging, vrije 192, 194
vetorecht 52-3, 55, 59, 143, 188
visum 23, 113-14, 192
VN 5-6, 18-19, 24-7, 39, 41, 45-6, 49-57, 59-60, 62-5, 67-9, 89-91, 100-1, 143-6, 149-52, 162-4, 171-4
VN Handvest 25, 28, 31, 39, 41, 46, 49-50, 52-4, 56, 69, 71, 101, 143-6, 148, 151, 155
VN lidstaten 101-2, 171

VN organisaties 171
VN rechtspersoonlijkheid 6
VN Veiligheidsraad 25, 28, 55-6, 59-60, 62-3, 69, 74, 144-6, 149, 151-3
VN Veiligheidsraad Resolutie 39, 170
VN Vrouwenverdrag 97-8, 102
volken 1, 3, 5, 16-17, 20, 49, 74, 76, 94-5, 100
Volkenbond 3-4, 34, 41, 46, 51, 57, 124, 127, 163, 165
volkenrecht viii, 24
voorlopige voorzieningen 29-30, 32-3, 35, 111, 197
voorzitterschap 75-6
vredeshandhaving 68, 148-9
vredesmacht 147-8, 150
vredesmissies 69, 149-50, 190
vredesoperaties 56, 66-7, 70-1, 75, 88, 146, 150-1, 158, 190
Vredespaleis 57, 59, 142-3
vredesproces 137, 140, 153
vredestroepen 147-9
vredesverdragen 1-2, 18, 125, 147-8
vredesvoorstel 141-2, 147
vrouwen 5, 48, 57, 83, 91, 95, 97-8, 102, 115, 124, 126, 154, 197, 200
VS 3-5, 23, 46, 48, 57, 60, 93, 98, 101, 118, 125, 134-5, 141, 157, 162, 165
vuren 18, 54, 147-9

W

waarnemers 37, 72-3, 77
wapens 3, 70, 123, 125-30, 148-9, 152-3, 155-7
 bacteriologische 129
 lichte 155-6
 nucleaire 132, 158
WCO (World Customs Organization) 171
Weens Verdragenverdrag 9, 142

werknemers, vrij verkeer van 181, 194, 199
West Europese Unie *zie* WEU
Westerse staten 55, 93, 116
wetgeving 6-7, 11-12, 41, 74, 80, 82-4, 86, 89, 97-8, 100, 111, 117-18, 134, 185, 193-4, 198-9
wetsontwerp 12, 189
wetsvoorstel 11-12, 189
WEU (West Europese Unie) 68, 176
WHO (World Health Organization) 171
World Customs Organization (WCO) 171
World Health Organization (WHO) 171

Z

zee, volle 22
zeemijl 21-2
zeerecht 1, 8, 21
  internationale 1, 21
Zeerechtverdrag 37, 142
zelfbeschikkingsrecht 17, 49
  extern 5, 17
zelfverdediging 8, 25, 146, 148, 151-2
zetel 12, 26, 51, 55, 60, 78-9, 84, 179
Zuid Afrika 40-1
Zuid West Afrika 40-1
Zweden 71, 176-8